纳税申报与筹划

（微课版）

主　编　许凤玉
副主编　李　娜　闫冠群　张　静
　　　　张汉玲　蔡　琳　刘其冰

北京理工大学出版社
BEIJING INSTITUTE OF TECHNOLOGY PRESS

内 容 简 介

本书以数智时代新技术和满足国家重大战略需求为抓手，旨在培养拥有数据思维和商业分析能力，富有科学精神、创新意识和实践能力，具有国际视野、本土响应和创造能力的未来商业领袖和创新人才。

本书基于"职业群分析—岗位群划分—典型工作任务技能要求"的分析过程来安排内容，分为七大认知情境，具体包括纳税申报基本认知、增值税纳税申报与筹划、消费税纳税申报与筹划、土地增值税纳税申报与筹划、企业所得税纳税申报与筹划、个人所得税纳税申报与筹划、其他小税种纳税申报与筹划。每个情境包含若干个项目，每个项目又细分为不同的任务，突出了项目导向、任务驱动的实践教学理念。本书可作为本科院校和高职院校财务管理、会计学等专业的教学用书。

图书在版编目（CIP）数据

纳税申报与筹划：微课版／许凤玉主编. --北京：
北京理工大学出版社，2023.11
ISBN 978-7-5763-3073-1

Ⅰ. ①纳… Ⅱ. ①许… Ⅲ. ①纳税-税收管理-教材
②税收筹划-教材 Ⅳ. ①F810.423

中国国家版本馆 CIP 数据核字（2023）第 213864 号

责任编辑：申玉琴　　　　文案编辑：申玉琴
责任校对：刘亚男　　　　责任印制：李志强

出版发行 ╱ 北京理工大学出版社有限责任公司
社　　址 ╱ 北京市丰台区四合庄路 6 号
邮　　编 ╱ 100070
电　　话 ╱ (010) 68914026（教材售后服务热线）
　　　　　　 (010) 68944437（课件资源服务热线）
网　　址 ╱ http://www.bitpress.com.cn

版 印 次 ╱ 2023 年 11 月第 1 版第 1 次印刷
印　　刷 ╱ 河北盛世彩捷印刷有限公司
开　　本 ╱ 787 mm×1092 mm　1/16
印　　张 ╱ 18.25
字　　数 ╱ 429 千字
定　　价 ╱ 92.00 元

前言

本教材是财税相关专业的一门专业实践教材，教材坚持以学生发展为中心，内容包括最新的纳税申报理论知识和最实用的实务操作规程。本教材依据 OBE 教育理念，结合战略意识、经世济民、诚信服务、德法兼修等经管法专业思政特点，充分考虑数智化发展趋势、知识更新速度快、实践能力要求强等课程特点，明确教学目标，有机融入党的二十大精神，优化教材内容，借助 MOOC 平台，丰富数字化教学资源。本教材旨在指导学生夯实企业税务核算等理论知识，熟练掌握税务实操能力，养成诚实守信、遵纪守法、团队协作、大局意识等职业品质，实现知识传授、能力塑造、价值引领的有机融合。

本教材具有以下特色及创新：

（1）强调思政贯通，编写理念新颖。构建全员、全程、全课程育人格局的形式将课程与思想政治理论课同向同行，形成协同效应，把立德树人作为教育的根本任务。引导财务管理专业和会计专业学生要迎接"大智移云物区"新一代信息技术革命带来的机遇与挑战，要清楚专业需要"数字化、智能化、可视化"等转型发展的要求。同时，引导学生以准则和制度为尺，在本职工作中要合法、合规、公允、客观，强调创新与发展，兼顾效率与效果。

（2）突出实践教学，实现理实一体化。依据本教材整体教学设计思路，在教学过程中，加大实践环节比重，丰富实践教学的内容，着重基于项目导向、任务驱动的实践教学设计。通过实践教学环节的设计，增强学生对税务理论知识的理解和感性认识，树立学生的纳税意识，提高税务筹划的基本技能；增强学生的团队合作意识，提高学生发现问题、分析问题和解决问题的实践能力。

（3）案例图文并茂，教学资源丰富。本教材编写强调图文并茂，增加每个项目点思维导图，将枯燥、杂乱的理论用图示进行梳理，使之系统化。同时，本教材配有在线课程，选取知识点录制 81 个视频。教材内容均按最新知识前沿编写，若出版后当年变化，教材编写教师及时补充更正。同时，为扩大学生视野，编者从报纸、杂志、网站精选纳税申报与筹划案例，提高教材的信息量，增强读者的学习兴趣，提高其分析问题和解决问题的能力。

目录

认知情境一
纳税申报基本认知

情境学习目标

○ 描述税务登记的流程及要点，明确合作共赢的征纳关系建立原则。

○ 识别发票管理的规则与要点，明确科学征管的标尺及规范。

○ 阐述纳税申报的流程及要点，感受智慧税务征管服务体系。

○ 理解税务机关对纳税人分类管理和信用评级管理等政策规定，体会褒优罚劣的征管考核导向。

情境工作任务

根据企业的实际情况，完成以下工作任务：

○ 实践公司注册及税务登记的流程，感受"多证合一"的"放管服"改革成果。

○ 登录发票查验平台，掌握发票管理的规则与要点，养成规范管理发票的意识和能力。

○ 实践纳税申报的流程及要点，感受"让数据多跑路，让百姓少跑腿"的智慧税务征管体系的便民服务精神，具备"网络强国"战略意识及"以数治税"的大数据思维。

情境结构图

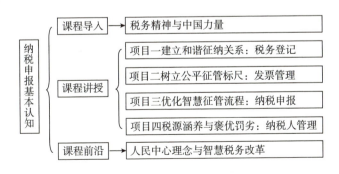

阅读与思考

 1.1 税务精神与中国力量

一、从税务文化墙谈中国税务精神

思考：搜集各地税务局文化墙资料，从税务文化墙建设谈谈中国税务精神。

文化墙资料

二、从集中力量办大事感受中国力量

思考：观看《厉害了，我的国》等电影，阅读二十大报告全文，感受新时期中国的变化，体会"集中力量办大事"的制度优势，谈谈中国力量。

《厉害了，我的国》资料

项目一 建立和谐征纳关系：税务登记

📝 **项目认知目标**

○ 明确国家"放管服"改革背景，体会"多证合一"的营商环境优化趋势。
○ 识别并描述公司注册登记的要点与流程。
○ 识别并阐述公司税务报道（原称为税务登记）的要点与流程。

📍 **项目技能目标**

○ 通过公司注册模块学习，初步具备公司注册登记的实践能力。
○ 通过税务报道模块学习，具备公司税务报道的实践能力。

◎ **项目价值目标**

○ 梳理国家在简政放权方面从"三证合一"到"五证合一"的变革历程，畅想未来"多证合一"的发展趋势，感受国家利用"大数据、智能化、移动互联、云计算、物联网、区块链"等技术，不断简政放权、便民服务的税务服务理念。
○ 通过体会和实践税务登记实操，感悟和养成乐于沟通协作，敢于实践创新，勇于干事创业的"企业家精神"。

🔷 **导入案例**

张航天是财务管理专业的应届毕业生，一直想利用专业优势自主创业，她通过周密的市场调查，发现开一家税务咨询公司是一个不错的创意。于是，她开始考察如何进行公司注册，如何进行税务报道。请根据本节课所学内容，帮她规划一下公司注册和税务报道的流程和要点吧。

任务一　多证合一："放管服"改革成效与趋势

一、"放管服"改革的背景

2015 年 5 月 12 日，李克强总理在全国推进简政放权放管结合职能转变工作电视电话会议上首次提出"放管服"改革的概念，指出"简政放权、放管结合、优化服务、协同推进"是当前和今后一个时期，深化行政体制改革，转变政府职能总的要求。"放、管、服"三管齐下，是民心所盼、施政所向。

"放"即简政放权，降低准入门槛。"放"是指中央政府下放行政权，减少没有法律依据和法律授权的行政权；理清多个部门重复管理的行政权。"管"即公正监管，促进公平竞争。"管"是指政府部门要创新和加强监管职能，利用新技术新体制加强监管体制创新。"服"即高效服务，营造便利环境。"服"是指转变政府职能减少政府对市场进行干预，将市场的事推向市场来决定，减少对市场主体过多的行政审批等行为，降低市场主体的市场运行的行政成本，促进市场主体的活力和创新能力。

二、"放管服"改革的过程及趋势

借着"简政放权，放管结合，优化服务"的春风，秉承"人民为中心"的服务理念，我国政府在进一步深化商事制度改革，提升政府行政服务效率，进行了从"三证合一"到"五证合一"再到"多证合一"的探索和实践，逐步实现企业一照一码走天下，提高了办事效率，优化了营商环境，激发了市场活力和社会创新力。

（一）三证合一

2015 年 10 月 1 日起，营业执照、统一社会信用代码和税务登记证三证合一。所谓"三证合一"，是指将企业依次申请的工商营业执照、统一社会信用代码证和税务登记证三证合为一证，提高市场准入效率；"一照一码"则是在"三证合一"基础上，利用国家网络强国战略及数据强国战略成果作为技术支撑，通过"一口受理、并联审批、信息共享、结果互认"，实现由一个部门核发加载统一社会信用代码和税务登记号的营业执照。

 1.2　公司设立过程

（二）五证合一

2016 年 10 月 1 日起正式实施"五证合一、一照一码"。"五证合一、一照一码"登记制度是指企业分别由市场监督管理部门核发工商营业执照、质量技术监督部门核发组织机

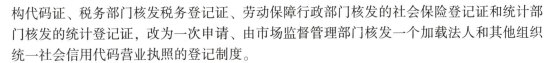

构代码证、税务部门核发税务登记证、劳动保障行政部门核发的社会保险登记证和统计部门核发的统计登记证，改为一次申请、由市场监督管理部门核发一个加载法人和其他组织统一社会信用代码营业执照的登记制度。

（三）多证合一

2017 年 4 月，国务院常务会议审议通过《关于加快推进"多证合一"改革的指导意见》，指出 2017 年 10 月底前，在全国全面推行"多证合一"。2018 年，为落实"多证合一"制度，各省在全面实施企业、农民专业合作社"五证合一、一照一码"登记制度改革和个体工商户"两证整合"基础上，相继推出"24 证合一"。即将 19 项涉企（包括企业、个体工商户、农民专业合作社，下称"企业"）证照事项进一步整合到营业执照上，被整合证照不再发放（企业申请除外）。"多证合一"是秉承以人民为中心的服务理念，进一步优化营商环境的又一大举措，它实现企业"一照一码"走天下，使"一照一码"的营业执照成为企业唯一身份证，使全国统一信用代码成为企业唯一身份证代码。

> 知识小百科：不管是"三证合一""五证合一"，还是"多证合一"，并不是将税务登记取消了，税务登记的法律地位仍然存在，只是政府简政放权将此环节改为由市场监督管理部门"一口受理"，核发一个加载法人和其他组织统一社会信用代码营业执照，这个营业执照在税务机关完成信息补录后具备税务登记证的法律地位和作用。

三、"三证合一"等一系列改革成效

（一）简化申请材料，实现"一窗受理，一表申报"

首先，实现"一窗受理"。通过业务平台，实现部门档案共享，不再要求申请人向工商行政管理、质监、国税、地税等部门重复提交相同的申请材料，比如企业章程、法定代表人（负责人）证明等。其次，实现"一表申报"。在工商登记申请表格的基础上，增加一张信息采集表，采集质监、税务部门需要的信息。在方便企业的同时，也节省了办理成本。最后，按照国务院注册资本登记制度改革要求，不再要求申请人向税务部门提交验资报告或评估报告。同时，鉴于改革后不再核发组织机构代码证，同步取消了组织机构代码年检制度、有效期限制度和收费制度，大大精简了申请和后续管理材料。

（二）实行信息互认，简化审查环节，缩短办理时间

首先，实行信息互认。工商行政管理、质监、国税、地税部门共同审查的申请材料和登记事项，由工商行政管理部门审查，其他部门不再重复审查。其次，简化审查环节。对工商、质监、税务共同审查的申请材料和登记事项，改革前，需要各自审查把关；改革后，由工商行政管理部门审查，其他部门不再重复审查。通过业务平台，由工商部门将审查结果共享给质监、税务部门。最后，缩短办理时间，以设立登记办理期限为例，目前的制度设计是工商部门 3 天、质监部门 3 天，国税、地税各 1 天，最后打印营业执照 1 天。在企业提交材料齐全、符合法定形式的前提下，需要 8 天左右的时间。初步实现了国务院文件提出的"简化手续、缩短时限"的总体要求。

（三）强化部门协同，实行联动监管，提升监管效能

其一，实行信息共享全覆盖。工商行政管理部门在核准公司股东、股权变更登记（备

案）的同时，将公司股东、股权变更登记（备案）信息共享给税务部门，实现信息共享全覆盖，便于税收征管工作开展。其二，实行信用惩戒。对税务部门认定的非正常户纳税人，工商部门督促企业到原税务登记机关办理相应手续，在纳税人办理相关涉税事宜后，再予核准变更登记；对其法定代表人，未取得原税务登记机关出具的已办理完涉税事宜证明的，工商部门不予核准登记为新设企业的法定代表人。其三，实行联动监管。工商部门将吊销、注销企业信息共享给质量技术监督、税务部门，督促企业办理组织机构代码、税务注销登记。其四，严格市场退出。对未办理税务注销登记的企业，工商部门不予办理注销登记。这些制度设计，通过业务工作平台共享信息、联动监管，强化部门协同，实现监管有效衔接，提升监管效能。

任务思考与自测

1. 整理笔记，并通过查找和阅读其他资料，绘制本节课思维导图，厘清知识脉络。
2. 登录当地"市场监管局"网站或实地考察政务大厅，体验"放管服"改革成效。
3. 结合"放管服"改革背景，梳理"三证合一"到"五证合一"到"多证合一"的演变趋势，感受国家如何体现"以人民为中心"的简政放权的服务理念。

任务二　数据跑路：公司注册登记的流程及要点

2014年9月，在夏季达沃斯论坛上李克强总理提出，"在中国960万平方公里土地上掀起'大众创业'、'草根创业'的新浪潮"，"形成'万众创新'、'人人创新'的新态势"。为响应国家号召，培养学生创新创业能力和企业家精神，同时，展现政府为优化营商环境，践行"以人民为中心"的服务理念，本任务以"五证合一"办证模式为例，简要介绍公司注册的流程及要点。

一、公司注册的步骤

注册公司是开始创业的第一步。其主要流程包括：核准名称、提交材料、领取执照、定点刻章、开立公户、税务报道。注册公司的类型包括有限责任公司、股份有限公司和有限合伙企业等。

二、公司注册的流程及要点

以"五证合一"办证模式为例，采取"一表申请、一窗受理、并联审批、一份证照"的流程如下。

1. 第一步：核准名称

操作：确定公司类型、名字、注册资本、股东及出资比例后，可以去当地市场监管局现场或市场监管局网站线上提交核名申请。

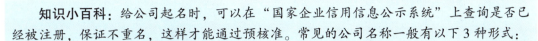

知识小百科：给公司起名时，可以在"国家企业信用信息公示系统"上查询是否已经被注册，保证不重名，这样才能通过预核准。常见的公司名称一般有以下3种形式：

（1）地区+字号+行业+组织形式。

例：山东飞天航空运输有限责任公司

（2）字号+（地区）+行业+组织形式。

例：飞天（北京）航空运输有限责任公司

（3）字号+行业+（地区）+组织形式。

例：飞天航空运输（山东）有限责任公司

时间：1~3个工作日。

结果：核名通过，则进行下一步；核名失败，则需重新进行核名操作。

2. 第二步：线上提交预申请（提交材料）

操作：核名通过后，确认地址、高管信息及经营范围，在线提交预申请。在线预审通过后，按照预约时间去辖区当地市场监管局递交申请材料，进行现场确认。需要提交的材料主要包括以下7项，具体详见当地市场监管局网站。

（1）公司法定代表人签署的《公司设立登记申请书》。

（2）全体股东签署的公司章程。

（3）法人股东资格证明或者自然人股东身份证及其复印件。

（4）董事、监事和经理的任职文件及身份证复印件。

（5）指定代表或委托代理人证明。

（6）代理人身份证及其复印件。

（7）住所使用证明。

知识小百科：第（7）项住所使用证明材料需要注意以下三种情况：

①若是自己的房产，需要房产证复印件，自己的身份证复印件。

②若是租房，需要房东签字的房产证复印件，房东的身份证复印件，双方签字盖章的租赁合同和租金发票。

③若是租的某个公司名下的写字楼，需要该公司加盖公章的房产证复印件，该公司营业执照复印件，双方签字盖章的租赁合同，还有租金发票。

时间：1~3个工作日。

结果：在线预申请通过，收到准予设立登记通知书，预约时间进行现场确认。

3. 第三步：现场确认（领取营业执照）

操作：办证人持工商网报系统申请审核通过后打印的《新设企业五证合一登记申请表》，携带其他纸质资料，前往大厅"多证合一窗口"办理；窗口核对信息、资料无误后，将信息导入工商准入系统，生成工商注册号，并在"五证合一"打证平台生成各部门号码，补录相关信息。同时，窗口专人将企业材料扫描，与《工商企业注册登记联办流转申请表》传递至质监、税务机关、社保、统计四部门，由四部门分别完成后台信息录入；最后打印出载有一个证号的营业执照。

时间：预约当天。

结果：领取营业执照。

4. 第四步：定点刻章

操作：凭营业执照，到公安局指定刻章点办理，刻制公司公章、财务专用章、合同专用章、法人个人名章、发票专用章。

时间：1~2个工作日。

结果：公司注册完毕。

5. 第五步：开立公户

公司成立以后，选择当地任意银行的任意网点开立银行基本户，预留银行印鉴，签署银行划转三方协议，开设税款划款对公账户。

6. 第六步：税务报道

首次办理涉税事项时，通过电子税务局或税局大厅选择相应事项办理税务报道，确认公司相关信息，领购发票，购置税控设备等。

具体流程及要点如图1-1所示。

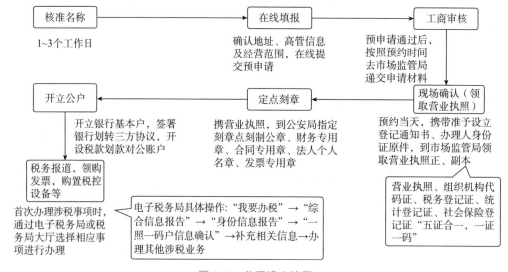

图1-1　公司设立流程

任务思考与自测

1. 整理笔记，并通过查找和阅读其他资料，绘制本节课思维导图，厘清知识脉络。

2. 登录当地市场监管局网站或实地考察政务大厅，亲自体验公司注册流程。

3. 梳理公司注册的步骤、要点及注意事项，搜集相关资料，对比"放管服"改革前后公司注册的不同，感受国家"以人民为中心"的简政放权的服务理念。

任务三　优化服务：税务报道的流程及要点

一、税务报道内容及方式

税务报道，原称税务登记，是指公司在领取营业执照后，一个月内要到税务局办理税务登记。首次办理涉税事项时，可以通过电子税务局或去现场税务局大厅选择相应事项进行办理。

 1.3　税务登记

（一）税务报道的内容

（1）工商登记信息确认。

（2）办税人员实名信息认证（手机扫脸）。

（3）划分主管税务所。

（4）存款账户账号报告。

（5）财务会计制度备案。

（6）税、费种及其他认定（国民经济行业、登记注册类型）。

（7）开通电子申报账户（网上办税服务厅）。

（8）增值税一般纳税人资格登记。

（9）发票票种核定（最高开票限额十万元及以下增值税专用发票）。

（10）税控设备初始发行。

（二）税务报道方式

1. 网络报道——电子税务局

电子税务局具体操作：登录电子税务局，依次选择"我要办税"→"综合信息报告"→"身份信息报告"→"一照一码户信息确认"选项，补充相关信息，办理其他涉税业务。

2. 现场报道——税务局大厅

带好相关资料，到辖区办税大厅取号办理即可。如有不会的问题，可以向服务台及相关工作人员进行咨询。

二、税控设备

税控设备主要包括CA证书、金税盘（税控盘）和税务UKey。

（1）CA证书。CA证书外形是一个U盘，内部装有密钥程序，是进行某项专用操作时，防止别人侵入公司账户的钥匙。CA证书是进行网上申报的钥匙。

（2）金税盘或税控盘。这两种税控设备分别由两家不同的技术服务单位提供。两者功能完全相同，即开具发票、记录和传递税务数据。

金税盘是由航天信息研发生产。税控盘是由国家信息安全工程技术研究中心研制，目前由百望科技负责技术支持服务，属于税控新秀。金税盘大部分以白色为主，俗称"白盘"。税控盘大多数是黑色的，俗称"黑盘"。

（3）税务 UKey。UKey 是税控盘的辅助，税控盘携带不方便，所以配一个小 U 盘，供纳税人用于抄报税、领购发票、清卡等功能，携带方便。

> **知识小百科**：初次购买税控设备、发票是可以全额抵减增值税的。

三、首次领购发票

（1）前提：确保采集实名办税信息已经完成，确定专人领购发票。

（2）首次领购发票的 3 种渠道：

①实名采集信息的本人持有效身份证件到办税大厅窗口领购发票。

②实名采集信息的本人到办税大厅自动领票机自主领购发票。

③登录电子税务局，选择邮寄发票，通过邮递上门取得发票。

（3）网上申领的流程：

①登录当地电子税务局，依次选择"我要办税"→"发票领用（上门自取）或（邮寄）"选项。

②进入界面后按照企业实际情况和需求填写申请单，申请完成。

③如果是非新办企业，登录后要先进行发票验旧。2014 年 5 月 1 日起，取消增值税发票手工验旧。税务机关应用发票税控系统报税数据，通过信息化手段实现发票验旧。具体流程如下：

依次选择"我要办税"→"发票使用"→"发票验旧"选项；单击"查询"按钮；查看准确后进行发票验旧。验旧完成后，再选择"我要办税"→"发票领用（上门自取）或（邮寄）"选项，进入界面后按照企业实际情况和需求填写申请单，申请完成。

任务思考与自测

1. 整理笔记，并通过查找和阅读其他资料，绘制本节课思维导图，厘清知识脉络。

2. 登录山东省电子税务局网站或实地考察政务大厅，亲自体验税务报道流程。

3. 梳理税务报道的步骤、要点及注意事项，感受国家"以人民为中心"的税务服务理念，体会国家利用信息技术支撑，构建智慧税务征管体系的决心。

项目二　树立公平征管标尺：发票管理

✒ **项目认知目标**

○ 准确识别"营改增"后现行发票的种类，明确各类发票的版式要求。
○ 准确描述发票日常开具和管理的注意事项。
○ 准确描述发票查验的方法。
○ 理解全面数字化电子发票时代的特征，对比电子发票与纸质发票的异同。

📍 **项目技能目标**

○ 具备发票查验和鉴别真伪的实践能力。
○ 具备发票开具和日常管理的实践能力。

◎ **项目价值目标**

○ 梳理国家在发票管理方面的变革历程，畅想未来"全电发票"的发展趋势，感受国家利用大数据、智能化、移动互联、云计算、物联网、区块链等技术，不断简政放权、便民服务的税务服务理念。
○ 感受国家为降低税收风险，养成纳税人遵纪守法、诚信纳税的品质，结合日益完善的"大智移云物区"技术，在持续改进提供便捷、优质、高效的纳税服务的同时，通过规范发票管理制度，强化增值税征收监督管理的精神。

导入案例

张航天是财务管理专业的应届毕业生。一天，她收到一张客户发来的电子发票，拿着去报销，财务人员直接拒绝接收，理由是这张电子发票没有加盖销货方的财务专用章。请你根据国家税务总局《关于增值税发票综合服务平台等事项的公告》内容，解释一下这张电子发票的效力，帮小张顺利完成报销。

任务一　全电时代：发票概念与种类

"营改增"的一个重大的成果就是规范了发票的管理。2017 年 1 月 1 日起，税务总局启用全国增值税发票查验平台，取得增值税发票的单位和个人可登录平台对新系统开具的增值税专用发票、增值税普通发票、机动车销售统一发票和增值税电子普通发票的发票信息进行查验。本专题从"营改增"后的现行发票、发票开具的注意事项、发票日常管理注意事项以及管理风险展开阐述，最后指出，要诚信纳税，有些底线不能碰。

一、发票概念及发票管理办法

发票是在购销商品、提供或者接受服务以及从事其他经营活动中，开具、收取的收付款凭证。它是经营活动收付款的法定凭证，是核算纳税人经营活动相关业务的原始凭证，也是税务稽查的重要依据。

在中华人民共和国境内印制、领购、开具、取得、保管、缴销发票的单位和个人，必须遵守《中华人民共和国发票管理办法》（1993 年 12 月 12 日由国务院批准，1993 年 12 月 23 日财政部令第 6 号发布；2010 年 12 月 20 日第一次修订，2019 年 3 月 2 日第二次修订；以下简称《发票管理办法》）。

 1.4　"营改增"后现行发票

二、发票种类

发票按照行业特殊要求分为适用特殊行业发票管理办法的行业专业发票和常规发票。目前，常见的行业专业发票有金融企业的存贷、汇兑、转账凭证，公路、铁路和水上运输企业的客运发票，航空运输企业提供的航空运输电子客票行程单，收费公路通行费增值税电子普通发票等。必须注意的是，行业专业发票仅适用于特殊行业的特殊经营业务，对于特殊行业的常规经营业务，仍应使用常规发票。本教材主要介绍常规发票的类型。

国家税务总局全国增值税发票查验平台如图 1-2 所示。

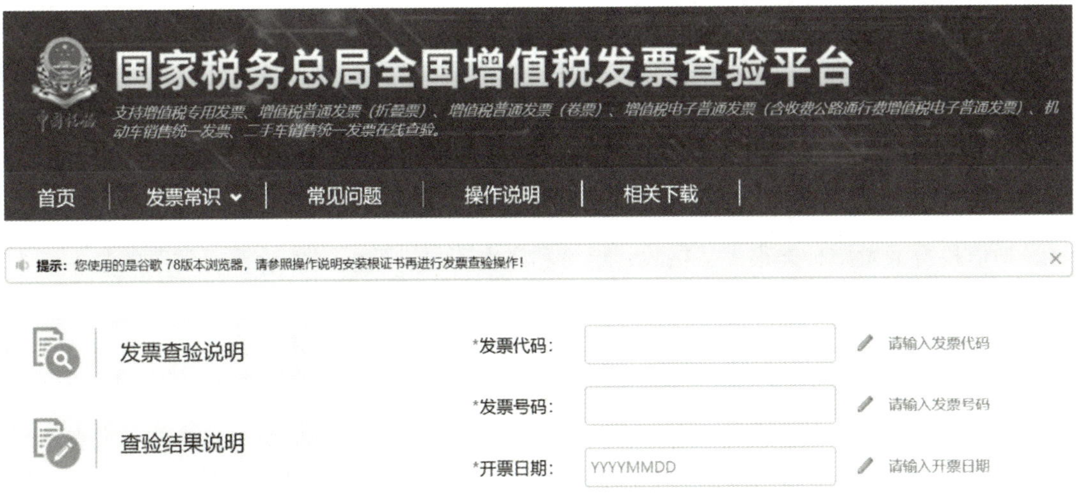

图1-2　国家税务总局全国增值税发票查验平台（https://inv-veri.chinatax.gov.cn/）

（一）增值税专用发票

增值税专用发票是增值税一般纳税人销售货物、劳务、服务、无形资产和不动产开具的发票，是购买方支付增值税额并可按照增值税有关规定据以抵扣增值税进项税额的凭证。增值税专用发票分为纸质发票和电子发票。

1. 增值税专用发票联次及用途

增值税纸质专用发票的基本联次为三联：发票联、抵扣联和记账联。

（1）发票联，作为购买方核算采购成本和增值税进项税额的记账凭证。

（2）抵扣联，作为购买方报送主管税务机关认证确认（自2020年1月起，取消认证确认，改为通过本省增值税发票综合服务平台进行勾选对扣税凭证信息进行用途确认）和留存备查的凭证。

（3）记账联，作为销售方核算销售收入和增值税销项税额的记账凭证。

（4）其他联次用途。从纳税人实际需要出发，国家税务总局还印有六联版专用发票，其中1~3联仍为基本联次，4~6联根据纳税人实际需要使用，全国不作统一规定，也就是说后三联可用做提货、存根联、送货联等。

2. 增值税专用发票开具范围

增值税专用发票通常限于增值税一般纳税人领购使用。自2020年2月1日起，增值税小规模纳税人（其他个人除外）发生增值税应税行为，需要开具增值税专用发票的，可以自愿使用增值税发票管理系统自行开具，也可以向税务机关申请为其代开增值税专用发票。选择自行开具增值税专用发票的小规模纳税人，税务机关不再为其代开增值税专用发票。

知识小百科：并不是所有一般纳税人都可以领用增值税专用发票。不符合增值税专用发票有关规定的，也不得领用增值税专用发票。

（二）增值税普通发票

增值税普通发票是相对于增值税专用发票而言的，是增值税小规模纳税人销售货物、劳务、服务、无形资产和不动产开具的发票。一般纳税人在销售货物或提供应税劳务而不能开具增值税专用发票时，也可以使用增值税普通发票。

1. 增值税普通发票联次及用途

增值税普通发票种类很多，格式、规格和联次不尽一致。增值税普通发票的基本联次包括存根联、发票联、记账联。存根联由收款方或开票方留存备查；发票联由付款方或受要方作为付款原始凭证；记账联由收款方或开票方作为记账原始凭证。

2. 增值税普通发票的版式

目前，常用增值税普通发票主要有：增值税纸质普通发票、机动车销售统一发票、增值税电子普通发票、收费公路通行费增值税电子普通发票、增值税普通发票（卷式）、增值税普通发票（折叠式）、门票、过路（过桥）费发票、定额发票、二手车销售统一发票和印有本单位名称的增值税普通发票等。

> **知识小百科**：并不是所有的普通发票都不可以作为抵扣增值税进项税额的凭证。可以抵扣进项增值税的普通发票包括机动车销售统一发票、农产品销售发票、通行费发票、收费公路通行费增值税电子普通发票，以及国内旅客运输服务的增值税电子普通发票、航空运输电子客票行程单、铁路车票、公路和水路等其他客票。除此之外，增值税普通发票不能作为抵扣增值税进项税额的凭证。

（三）电子发票

电子发票是指在购销商品、提供或者接受服务以及从事其他经营活动中，开具、收取的以电子方式存储的收付款凭证。

1. 电子发票与纸质发票的区别

电子发票突破了传统纸质发票的概念；采取电子签章实现发票签名、电子盖章，实现电子发票唯一性、不可抵赖性、防篡改；通过数字媒体形式传送与保存发票内容，可通过网络、移动通信等方式传送给接收方。

电子发票的法律效力、基本用途、基本使用规定等与税务机关监制的增值税普通发票相同。消费者可将其用于维权或报销；受票企业可将其作为正式的会计凭证入账。

与纸质发票相比，电子发票有以下优点：一是发票样式更简洁；二是领用方式更快捷；三是远程交付更便利；四是财务管理更高效；五是存储保管更经济；六是社会效益更显著。

2. 推行电子发票的好处

推行电子增值税发票系统有利于降低纳税人经营成本，节约社会资源，方便消费者保存使用发票，营造健康公平的税收环境，是税务机关推进税收现代化建设，实现"互联网+税务"的重要举措。与传统纸质发票相比，发票开具更快捷，查询更方便。纸质发票和电子发票开具流程如图1-3、图1-4所示。

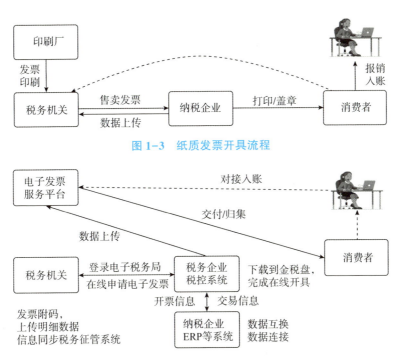

图 1-3　纸质发票开具流程

图 1-4　电子发票开具流程

（1）全电时代，税务系统发票便民服务举措。

为推进办税缴费便利化改革和提升纳税人获得感，不断优化发票服务方式，税务部门推出了以下便利化发票便民服务举措。

①开票设备免费领取。需要开具增值税纸质普通发票（以下简称"纸质普票"）、电子普票、纸质专票、电子专票、纸质机动车销售统一发票（以下简称"纸质机动车发票"）和纸质二手车销售统一发票（以下简称"纸质二手车发票"）的新办纳税人，统一领取税务 UKey 开具发票。税务机关向新办纳税人免费发放税务 UKey。

②电子专票免费开具。税务部门依托增值税电子发票公共服务平台，为纳税人提供免费的电子专票开具服务，纳税人通过该平台开具电子专票无须支付相关费用。

③首票服务便捷享受。税务部门对首次开具、首次接收电子专票的纳税人实行"首票服务制"，通过线上线下多种方式，帮助纳税人及时全面掌握政策规定和操作要点。

④发票状态及时告知。税务部门对增值税发票综合服务平台进行了优化升级，纳税人可以通过该平台及时掌握所取得的电子专票领用、开具、用途确认等流转状态以及正常、红冲、异常等管理状态信息。这一举措有助于纳税人全面了解电子专票的全流程信息，减少购销双方信息不对称或滞后而产生的发票涉税风险，有效保障纳税人权益。

⑤发票信息批量下载。纳税人可以通过增值税发票综合服务平台，批量下载所取得的纸质普票、电子普票、纸质专票、电子专票、纸质机动车发票和纸质二手车发票等发票的明细信息。这既为纳税人实现报销入账归档电子化提供了完整准确的发票基础数据，也有利于纳税人改进内部管理，防范电子发票重复报销入账风险。此外，发票电子信息的便捷获取和拓展应用，还将有助于纳税人更好地开展财务分析，强化资金和供应链管理，为企业提升经营决策水平提供帮助。

（2）全电时代开票企业获得的便利。

①不需要领取纸质票，可远程领取电子发票，无须往返税务机关，不需要保险柜进行存放，开具发票后不需要打印、邮寄，从而能大幅降低纳税人在发票上的成本。

②对于电商行业而言，还解决了货票分离的经营模式带来的发票开具、邮寄的额外负担问题。

③电子发票系统可以与企业内部的 ERP、CRM、SCS 等系统相结合，发票资料全面电子化并集中处理，有助于企业本身的账务处理，大大提升了企业财务人员的工作效率。

④发票作废与红字发票开具更简便易行，避免与消费者因丢失纸质发票产生退货或者售后维修的纠纷。

⑤电子发票在保管、查询、调阅时更加方便，能为企业经营者及时提供公司战略决策支持。

（3）全电时代受票企业或消费者获得的便利。

①在交易的同时取得电子发票并进行查验，降低收到假发票的风险。

②方便保存、使用发票，随时可登录服务平台查询、下载已加盖电子签章的发票信息。

③发票随用随打印，对打印机和纸张没有限制，对打印次数没有限制，不用再担心发票丢失影响维权或报销。

④可报销、可入账，省去了传统纸质凭证入账的环节，提升受票企业财务人员的工作效率。

任务思考与自测

1. 整理笔记，并通过查找和阅读其他资料，绘制本节课思维导图，厘清知识脉络。

2. 登录国家税务总局全国增值税发票查验平台，亲自体验税务报道发票查验流程。

3. 梳理电子发票发展历程，感受国家"以人民为中心"的税务服务理念，体会国家利用信息技术支撑，为实现"让数据多跑路，让百姓少跑腿""纸单变智单、智单变无单"的智慧税务改革策略。

任务二　宽严并济：发票开具基本认知

一、通过什么进行发票开具？

通过增值税发票管理系统进行发票开具和管理。增值税发票管理系统最初用于增值税专用发票的管理。自 2015 年 1 月 1 日起，国家税务总局对新认定的增值税一般纳税人和新办小规模纳税人推行了增值税发票系统升级版，即增值税发票管理新系统；2015 年 4 月 1 日起在全国范围分步全面推行。

增值税发票管理新系统是对增值税防伪税控系统、货物运输业增值税专用发票税控系统、稽核系统以及税务数字证书系统等进行的整合升级完善，实现了纳税人经过税务数字证书安全认证、加密开具的发票数据，通过互联网实时上传税务机关，生成增值税发票电子底账，作为纳税申报、发票数据查验以及税源管理数据分析利用的依据。

纳入增值税发票管理新系统的纳税人不再限于增值税一般纳税人，也包括小规模纳税人；使用的发票也不再限于增值税专用发票，还包括增值税普通发票、机动车销售统一发票、增值税电子普通发票、增值税普通发票（卷式）、印有本单位名称的增值税普通发票（折叠式）和收费公路通行费增值税电子普通发票等。自 2018 年 4 月 1 日起二手车销售统一发票也通过增值税发票管理新系统开具。

目前，尚未纳入增值税发票管理新系统的发票主要有门票、过路（过桥）费发票、定额发票和客运发票。

二、什么单位和个人可以开具发票？

1. 经常使用发票的单位和个人

依法办理税务登记的单位和个人，在领取税务登记证或营业执照到主管税务机关办理落户手续后，可以申请领用发票，这是法定的发票领用对象。

2. 临时使用发票的单位和个人

依法不需要办理税务登记或领取营业执照需要临时使用发票的单位和个人，可以凭购销商品、提供或者接受服务以及从事其他经营活动的书面证明、经办人身份证明，直接向经营地税务机关申请代开发票。

3. 异地使用发票的单位和个人

临时到本省、自治区、直辖市以外从事经营活动的单位或者个人，应当向机构所在地的税务机关填报《跨区域涉税事项报告表》，对按规定需要领用经营地发票的，应在按要求提供保证人或交纳保证金的前提下，向经营地税务机关领用。

三、首次领用发票的注意事项

纳税人在首次申请领用发票时，办理的主要涉税事项包括发票票种核定、增值税专用发票（增值税税控系统）最高开票限额审批、增值税税控系统专用设备初始发行、发票领用等。

（一）发票票种核定

纳税人申领的发票包括增值税普通发票和增值税专用发票两类。税务机关根据纳税人的选择和其他具体情况，核定其可领用的发票种类。一般而言，一般纳税人自生效之日起即可领用增值税专用发票。自 2020 年 2 月 1 日起，小规模纳税人（其他个人除外），可以自愿使用增值税发票管理新系统自行开具增值税专用发票，对于选择自行开具增值税专用发票的小规模纳税人，也可以按规定领用增值税专用发票。

（二）增值税专用发票（增值税税控系统）最高开票限额审批

增值税专用发票（增值税税控系统）实行最高开票限额管理。纳税人申请最高开票限额时，需填报《增值税专用发票（增值税税控系统）最高开票限额申请单》。主管税务机关受理纳税人申请以后，根据需要进行实地查验。一般纳税人申请专用发票（包括增值税专用发票和货物运输业增值税专用发票）最高开票限额不超过 10 万元的，主管税务机关不需事前进行实地查验。

（三）增值税税控系统专用设备初始发行

纳税人在领购金税盘或税控盘后，应到主管税务机关进行专用设备的初始发行，主管税务机关依据综合征管软件同步的税务登记信息、资格认定信息、税种税目认定信息、票种核定信息、离线开票时限、离线开票总金额等信息对专用设备进行发行。

（四）初次发票领用注意事项

1. 领取发票票种核定及数量规定

税务机关为符合规定的首次申领增值税发票的新办纳税人办理发票票种核定。其中，增值税专用发票最高开票限额不超过 10 万元，每月最高领用数量不超过 25 份；增值税普通发票最高开票限额不超过 10 万元，每月最高领用数量不超过 50 份。

2. 发票领取方式

纳税人首次领用发票，可以前往办税大厅现场领取，也可以通过非接触式方式办理，具体操作为：纳税人登录电子税务局后，选择进入"新办纳税人套餐"页面，填写完成相关税务信息报告后，根据系统提示，完成"发票票种核定""增值税税控系统专用设备初始发行""发票申领"等业务申请。税务机关审批完成后，即可领用发票。

四、发票开具主要事项

1. 发票开具的基本要求

 1.5 发票开具注意事项

在开具发票时，应当按照规定的时限，做到按照号码顺序填开，填写项目齐全，内容真实，字迹清楚，全部联次一次打印，内容完全一致，并在发票联和抵扣联加盖发票专用章。开具发票应当使用中文。民族自治地方可以同时使用当地通用的一种民族文字。

2. 纸质发票开具要求

增值税专用发票应按下列要求开具：①项目齐全，与实际交易相符；②字迹清楚，不得压线、错格；③发票联和抵扣联加盖发票专用章；④按照增值税纳税义务的发生时间开具。不符合上述要求的增值税专用发票，购买方有权拒收。

3. 电子发票开具要求

运用增值税发票管理新系统开具发票时，纳税人应在互联网连接状态下在线使用增值税发票管理新系统开具发票，并自动上传已开具的发票明细数据。

如果网络发生故障，无法在线开票的，在税务机关设定的离线开票时限和离线开具发票总金额范围内仍可开票，超限将无法开具发票。纳税人已开具未上传的增值税发票为离线发票。离线开票时限是指自第一份离线发票开具时间起开始计算可离线开具的最长时限。离线开票总金额是指可开具离线发票的累计不含税总金额。离线开票总金额按不同票种分别计算。

纳税人开具离线发票次月仍未连通网络上传已开具发票明细数据的，将无法开具发票。纳税人需连通网络上传发票后方可开票，若仍无法连通网络的需携带专用设备到税务机关进行征期报税或非征期报税后方可开票。

4. 选择相应的编码开具发票

国家税务总局编写了《商品和服务税收分类与编码》，并在增值税发票新系统中增加了编码相关功能，纳税人应使用增值税发票管理新系统选择相应的编码开具增值税发票。

自 2018 年 1 月 1 日起，纳税人通过增值税发票管理新系统开具增值税发票（包括增值税专用发票、增值税普通发票、增值税电子普通发票）时，商品和服务税收分类编码对应的简称会自动显示并打印在发票票面"货物或应税劳务、服务名称"或"项目"栏次中。如纳税人销售黄金项链，在开具增值税发票时输入的商品名称为"黄金项链"，选择的商品和服务税收分类编码为"金银珠宝首饰"。该分类编码对应的简称为"珠宝首饰"，则增值税发票票面上会显示并打印"＊珠宝首饰＊黄金项链"；税务师事务所提供税务顾问服务，选择的商品和服务分类编码为"鉴证咨询服务"，输入的服务名称为"税务顾问"，增值税发票票面上会显示并打印"＊鉴证咨询服务＊税务顾问"。

5. 需要填写购买方的纳税人识别号或统一社会信用代码

自 2017 年 7 月 1 日起，购买方为企业的，应向销售方提供纳税人识别号或统一社会信用代码；开票单位应填写购买方的全称，不符合规定的发票，不得作为税收凭证。

6. 自动打印备注栏的发票

开具下列两类发票时，开票系统会在备注栏自行打印相应的备注内容。一是差额征税开具的发票。按照现行政策规定适用差额征税办法缴纳增值税，且不得全额开具增值税发票的（财政部、国家税务总局另有规定的除外）纳税人自行开具或者税务机关代开增值税发票时，通过增值税发票管理新系统中差额征税开票功能，录入含税销售额（或含税评估额）和扣除额，系统自动计算税额和不含税金额，备注栏自动打印"差额征税"字样。二是异地代开不动产经营租赁服务或建筑服务发票。税务机关为跨县（市、区）提供不动产经营租赁服务、建筑服务的小规模纳税人（不包括其他个人），代开增值税发票时，在发票备注栏中自动打印"ＹＤ"字样。

五、电子发票的领取与开具

（一）电子普通发票的领取与开具

自 2016 年 1 月 1 日起，纳税人应使用国家税务总局组织开发的增值税电子发票系统开具增值税电子普通发票，其他开具电子发票的系统同时停止使用。

电子发票的开具和使用需要建设电子发票服务平台或通过增值税电子发票公共服务平台。电子发票服务平台提供电子发票版式文件的生成、电子签章、存储、打印、查询和交付等基础服务设施，与税控开票系统共同构成增值税电子普通发票系统（企业端）。电子发票服务平台以纳税人自建为主，也可由第三方建设提供服务平台。自 2020 年 1 月起，纳税人也可以通过增值税电子发票公共服务平台开具增值税电子普通发票。

纳税人会根据用票大小选用相应的税控开票系统（企业端），通常情况下，电子商务企业等用票量大的企业可选用服务器版税控开票系统，以满足企业大量集中开票需求；票量小的企业可使用单机版税控开票系统完成电子发票开具及电子数据生成。

领用增值税电子发票形式为发票赋号。使用增值税电子普通发票的纳税人向主管税务机关领取发票，不再领取纸质的增值税专用发票，而是领取增值税电子普通发票的号段。纳税人凭税务登记证件、经办人身份证明和发票领购簿向主管税务机关申请使用电子发票，使用金税盘（或税控盘）申领电子发票号段。税务机关会将赋予纳税人的发票号段通过后台征管系统通过接口方式同步至增值税电子发票系统。

（二）电子专用发票的领取与开具

1. 电子专用发票的发展历程

为全面落实《优化营商环境条例》，深化税收领域"放管服"改革，加大推广使用电子发票的力度，自 2020 年 12 月 21 日起，在天津、河北、上海、江苏、浙江、安徽、广东、重庆、四川、宁波和深圳等 11 个地区的新办纳税人中实行专票电子化，受票方范围为全国。自 2021 年 1 月 21 日起，在北京、山西、内蒙古、辽宁、吉林、黑龙江、福建、江西、山东、河南、湖北、湖南、广西、海南、贵州、云南、西藏、陕西、甘肃、青海、宁夏、新疆、大连、厦门和青岛等 25 个地区的新办纳税人中实行专票电子化，受票方范围为全国。

2. 免费领取税务 UKey 免费开具发票

自各地专票电子化实行之日起，本地区需要开具增值税纸质普通发票、增值税电子普通发票（以下简称"电子普票"）、纸质专票、电子专票、纸质机动车销售统一发票和纸质二手车销售统一发票的新办纳税人，统一领取税务 UKey 开具发票。税务机关向新办纳税人免费发放税务 UKey 并依托增值税电子发票公共服务平台，为纳税人提供免费的电子专票开具服务。

3. 电子专票开具的流程

实行专票电子化的新办纳税人可向税务机关免费领取税务 UKey，通过电子税务局、办税服务厅等渠道申请电子专票票种核定，在国家税务总局增值税发票查验平台（https://inv-veri.chinatax.gov.cn）上下载并安装增值税发票开票软件（税务 UKey 版）后，开具电子专票。开票完成后，纳税人可以通过电子邮件、二维码等方式，远程交付电子专票给受票方。

实行专票电子化的新办纳税人领取税务 UKey 后，既可以开具电子专票，也可以开具纸质专票。部分受票方因自身管理需要，可能仍需使用纸质专票。为保障受票方权益，在受票方索取纸质专票时，开票方应当开具纸质专票。

 任务思考与自测

1. 整理笔记，并通过查找和阅读其他资料，绘制本节课思维导图，厘清知识脉络。

2. 利用学科竞赛平台、实习实践平台等，亲身体验发票开具实操。

3. 搜集有关"全电发票"资料，准备一个有关电子发票的知识点（比如具体开具步骤、开具注意事项等），以 PPT 或视频方式分享展示，构建学习共同体。

任务三　诚信纳税：发票管理基本认知

一、发票审核

当购买方取得发票时，会对发票进行审核，审核其是否按规定取得或按规定使用发票，经审核后的发票才能登记入账，记录企业经营活动支出。

（一）发票取得审核

所有单位和从事生产、经营活动的个人在购买商品、接受服务以及从事其他经营活动支付款项时，应当向收款方取得发票。取得发票时，不得要求变更品名和金额。

要取得与经营活动相符的发票，不符合规定的发票，不得作为财务报销凭证，任何单位和个人有权拒收。

1. 审核发票记载业务真实性

入账前，购买方审核取得发票的票面记载内容与真实的经济业务是否相符。对照发票"货物或应税劳务、服务名称"记载内容，审核是否是纳税人实际购进，是否与其从事的行业和经营的业务相符合，有无变更品名的情况。结合发票所记载的数量和金额，审核购进货物或劳务、服务与其经营规模是否相匹配。

2. 审核发票开具规范性

入账前，购买方审核取得发票销售方是否按规定开具，有无开具不规范而成为无效凭证的风险。发票开具规范性审核主要包括以下几点。

（1）发票的购买方信息是否相符。有无出现发票的购买方信息没有填写、填写购买方简称或者填写的购买方信息与实际受票不符情况。

（2）发票的内容是否填写齐全。有无出现取得的发票项目未填写齐全，尤其是那些未通过增值税发票管理新系统开具的发票，出现开票日期、购买方名称或销售方名称、数量等未填写情况。

（3）发票专用章是否按规定加盖。有无出现取得的发票未加盖发票专用章、取得的税务机关代开的增值税普通发票未加盖税务机关代开发票专用章，或者取得的税务机关代开的增值税专用发票未加盖销售方发票专用章。

（4）发票的填写是否符合规范。有无出现取得的 2017 年 7 月 1 日后通过增值税发票管理新系统开具的增值税普通发票中没有填写纳税人识别号或统一社会信用代码；有无出现取得的 2018 年 1 月 1 日后通过增值税发票管理新系统开具的增值税发票，商品和服务税收分类编码对应的简称未显示并打印在发票票面"货物或应税劳务、服务名称"或"项目"栏次中；有无出现汇总开具的增值税专用发票，未附有增值税发票管理新系统开具《销售货物或者提供应税劳务清单》并加盖发票专用章。

（5）发票的备注栏是否按规定注明。对于取得货物运输服务、建筑服务等必须在备注栏注明信息的发票，是否出现未按规定在备注栏注明相关信息或者注明的相关信息不符合规定。

3．审核发票开具的内容逻辑性

对于纳税人取得发票所记载的内容，还应审核是否符合常规，是否符合现行税收法律规定。内容逻辑性的审核，着重从如下方面入手。

（1）适用的税率或征收率是否准确。根据发票显示的商品和服务税收分类编码简称，是否出现发票填开的税率或征收率完全不符合的情况，如出现"＊建筑服务＊"工程适用5%征收率。

（2）计量单位是否符合常规。审核货物或劳务、服务的计量单位，有无人为地改变计量单位或者使用非常规的计量方法，以掩盖购进业务的真实情况。

（3）单价是否大幅偏离公允价值。审核购进货物或劳务服务的单价，有无出现与常规的价格大幅偏离、没有真实经营业务开具发票的情况。

（二）发票真伪鉴别

伪造的虚假发票，不能作为财务核算、税前扣除等有效凭证，发票的真伪鉴别是发票使用审核的首要内容。发票真伪鉴别主要有以下三种。

1．依据发票的防伪措施鉴别

每种、每批次印制的发票都有相应的防伪措施，对照相应种类和批次的发票对应的防伪措施对取得的发票进行鉴别，是最基本的鉴别方法。

各种发票的防伪措施不尽相同，通常主要有：发票的用纸，发票的规格，发票监制章，发票的代码、号码及字体，发票联次的颜色，发票的水印或荧光防伪标志，变色等防伪油墨在发票印制中使用等，此外，有些发票还采用校验码、二维码码区等，以抑制发票的伪造及其使用。

2．通过发票查验平台查验

取得增值税发票的单位和个人可登录全国增值税发票查验平台（https：//inv veri. chinatax. gov. cn），对增值税发票新系统开具的增值税专用发票、增值税普通发票、机动车销售统一发票、增值税电子普通发票和增值税电子专用发票的发票信息进行查验。可以通过全国增值税发票查验平台下载增值税电子发票版式文件阅读器，查阅电子专票并验证电子签名有效性，通过查验平台查验，可以判定取得的增值税发票是否合法有效。

3．申请税务机关进行鉴别

除通过税务机关提供的便捷渠道查询发票真伪外，用票单位和个人有权申请税务机关对发票的真伪进行鉴别。收到申请的税务机关应当受理并负责鉴别发票的真伪；鉴别有困难的，可以提请发票监制税务机关协助鉴别。

（三）发票使用审核

 1.6　发票管理

任何单位和个人应当按照发票管理规定使用发票，不得有下列行为：
①转借、转让或介绍他人转让发票、发票监制章和发票防伪专用品。

②知道或者应当知道是私自印制、伪造、变造、非法取得或者废止的发票而受让、开具、存放、携带、邮寄、运输。

③扩大发票使用范围。

④以其他凭证代替发票使用。

二、发票的日常管理制度

开具发票的单位和个人应当建立发票使用登记制度，设置发票登记簿，并定期向主管税务机关报告发票使用情况。

使用发票的单位和个人应当妥善保管发票。发生发票丢失情形时，应当于发现丢失当日书面报告税务机关。

> **知识小百科：** 根据《国家税务总局关于公布取消一批税务证明事项以及废止和修改部分规章规范性文件的决定》（国家税务总局令第48号）第二条第二款规定，删去《中华人民共和国发票管理办法实施细则》（国家税务总局令第25号公布，国家税务总局令第37号、第44号修改）第三十一条中的"并登报声明作废"。因此，发生发票丢失情形时，应当于发现丢失当日书面报告税务机关，不再需要登报声明作废。
>
> 开具发票的单位和个人应当在办理变更或者注销税务登记的同时，办理发票和发票领购簿的变更、缴销手续。使用增值税发票管理新系统的纳税人，发生注销或票种变更的，需在增值税发票管理新系统中对未开具的发票进行退回或作废操作，并携带增值税发票、专用设备及相关资料到主管税务机关办理发票退回或缴销手续。
>
> 开具发票的单位和个人应当按照税务机关的规定存放和保管发票，不得擅自损毁。已经开具的发票存根联和发票登记簿，应当保存5年。保存期满，报经税务机关查验后销毁。

任务思考与自测

1. 整理笔记，并通过查找和阅读其他资料，绘制本节课思维导图，厘清知识脉络。

2. 利用学科竞赛平台、实习实践平台等，亲身体验发票管理实操。

3. 阅读微信公众号"财务第一教室"发表于2022年9月29日的微信推文《四流不一致最新案例！税局：虚开发票！严查!》，感受理论知识与税务实操的碰撞，自觉践行诚信纳税的职业道德底线。

思考：

（1）什么是"四流不一致"？

（2）"四流不一致"引发怎样的税务风险？

（3）如何规避"四流不一致"？

4. 观看微信公众号"税务学苑"的视频"金税三和金税四有什么区别"，理解国家利用大数据、区块链等新信息技术对智慧征管所做的改革，把握发票管理新趋势。

项目三 优化智慧征管流程：纳税申报

📝 **项目认知目标**

○ 描述我国税制结构的变迁，尤其是"双碳战略"背景下的绿色税制结构的构建。
○ 准确识别和阐述"营改增"之后具体税种开征情况。
○ 准确识别和阐述公司纳税申报的要点与流程。

📍 **项目技能目标**

○ 具备税种认定的实践能力。
○ 具备纳税申报的实践能力，能够在12366纳税服务平台和各省市电子税务局进行各税种的纳税申报。

◎ **项目价值目标**

○ 理解国家"要集中力量办大事"的税收立法理念，体会国家利用日益完善的"大智移云物区"技术，秉承"以人民为中心"服务理念，持续改进，提供便捷、优质、高效的纳税服务，构建智慧税务征管体系，在法治轨道上推进国家治理体系和治理能力现代化的决心和能力。
○ 理解国家"碳达峰、碳中和"战略导向下构建绿色税制的理念。认识新发展理念和"双碳战略"的提出展示给世界的大国担当和大国气度，明确党和国家在理论探索、道路选择和文化传承上的先进性；能够捕捉课程发展前沿，明确绿色税制改革的方向，明确国家在制度优化上的正确性，树立中国自信；认识"双碳战略"体现的"集中力量办大事"的税收精神以及中国生态文明建设取得的成绩，感受中国力量。

导入案例

张航天是财务管理专业的应届毕业生，一直想利用专业优势自主创业，她结合自身专业，开办了一家税务咨询公司（有限责任公司）。请根据本节课所学内容，帮她梳理一下一个新成立的咨询公司需要交哪些税费。

任务一　智慧认定：公司要交哪些税？

一、"双碳战略"与绿色税制

经济高速发展伴生的气候和环境问题备受党和国家领导人的关注，解决气候和环境问题也成为全球共识。2015年，我国倡导的绿色发展理念与随后召开的巴黎气候大会提出的无碳未来愿景不谋而合。在全球低碳共识和绿色发展理念的指导下，中国积极探索绿色发展战略。2020年，"双碳战略"应运而生并成为我国政府的重点工作，碳达峰、碳中和成为当下及未来学术界和实务界关注的重点。财税政策是国家宏观调控的重要手段，积极响应国家战略需求，构建绿色税制结构。

绿色税制也称"环境税制"，包括直接为保护环境等特定目的开征的绿色目的税、通过税目设计和税收优惠导向体现环境保护色彩的绿色性质税和通过税收优惠促进企业参与节能减排、废物利用和环保设备购置的绿色元素税，具体如图1-5所示。

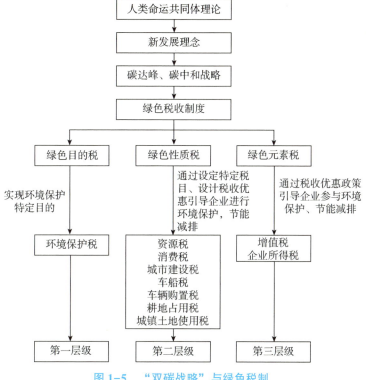

图1-5　"双碳战略"与绿色税制

二、公司要交哪些税？

 1.7 我们身边的税

一个公司到底要交哪些税呢？用一张图（如图1-6所示）来表示。

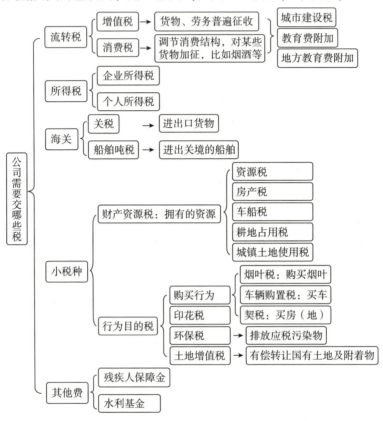

图1-6 我国税种结构

知识小百科：残疾人保障金按员工人数计算，30人以下小微企业免征，超过30人的用人单位安排残疾人就业的比例不得低于本单位在职职工总数的1.5%。具体比例由各省、自治区、直辖市人民政府根据本地区的实际情况规定。（其中北京为1.7%，上海为1.6%）；假定您的公司在北京，贵公司上年度职工年平均工资为80 000元，单位上年度在职职工总数为200人，无残疾人。则应缴纳的保障金＝200×80 000×1.7%＝272 000元。水利基金是用于水利建设的专项资金，采掘业、制造业、城市供水、电力、蒸汽、热水、煤气和建筑业等生产性企业及交通运输业，按销售额或营业额的1‰征收。其余行业按销售额或营业额的2‰征收。网络流传新注册公司还要交"智商税"，主要是指因为各种不合理不合规的操作导致的罚款。

三、税与会计

一个公司要交税如何入账呢？用一张图（如图 1-7 所示）来表示。

1.8 税与会计

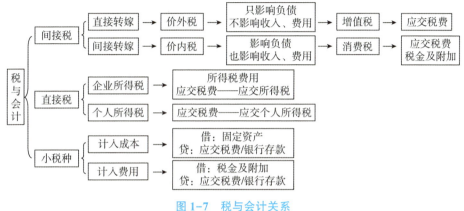

图 1-7 税与会计关系

四、税种认定

在实际业务中，公司税务登记后税务机关会给公司做税种认定，告诉你的公司每个月都要申报什么税。

登录本单位的电子税务局，就能查到本单位的税种认定信息。

其中"征收项目"模块，认定税种；"征收品目"认定某个税种下，具体征收哪个项目；"税率"模块认定该税种执行的税率；"征收方式"模块包括两种，其中代扣代缴（个税：工资薪金）在个税代扣代缴客户端申报，自主申报在电子税务局申报。"纳税期限"模块认定什么时候申报税费，按次申报的要求发生时就要申报，按月申报的要求每个月 1—15 日申报期内申报，按季申报的要求 4 月、7 月、10 月、1 月时申报。

> **知识小百科：** 会计人员申报税费要注意，诚信纳税是义务，税务局如果没有进行认定，不意味着你可以不交税，要积极配合税务局进行认定信息修改，按时交税。

任务思考与自测

1. 整理笔记，并通过查找和阅读其他资料，绘制本节课思维导图，厘清知识脉络。

2. 利用学科竞赛平台、实习实践平台等，亲身体验税种认定实操。

3. 观看微信公众号"税务学苑"视频《新注册公司要交哪些税》或者类似自媒体视频，让学生对公司纳税有一个整体认知，培养学生解决问题、系统思维的能力。

任务二　诚信申报：纳税申报的流程与要点

一、纳税申报基本概念

（一）纳税申报含义

纳税申报是指纳税人按照税法规定的期限和内容向税务机关提交有关纳税事项书面报告的法律行为，是纳税人履行纳税义务、承担法律责任的主要依据，是税务机关税收管理信息的主要来源和税务管理的一项重要制度。

纳税申报就是一个按照税收法律法规的要求，定期计算税款，上报给税务机关的过程。多数公司的多数税种都是自己计算自己应交的税款，称为纳税人（或者纳税义务人），但有些税种或者特殊群体，无法自己计算自己的税种，则由扣缴义务人进行纳税申报，比如个人所得税。

（二）纳税申报内容

纳税人、扣缴义务人的纳税申报或者代扣代缴、代收代缴税款报告表的主要内容包括：税种，税目，应纳税项目或者应代扣代缴、代收代缴税款项目，适用税率或者单位税额，计税依据，扣除项目及标准，应纳税额或者应代扣代缴、代收代缴税额，税款所属期限等。纳税申报是指纳税人、扣缴义务人在发生法定纳税义务后，按照税法或税务机关相关行政法规所规定的内容，在申报期限内，以书面形式向主管税务机关提交有关纳税事项及应缴税款的法律行为。

（三）纳税申报期限

实际工作中，各个税种的申报期限以按税法规定的期限申报。税法未明确规定纳税申报期限的，按主管国家税务机关根据具体情况确定的期限申报。

一般情况下，一般纳税人会选择按月申报，小规模纳税人会选择按季申报，正常每月1—15日为报税期，遇节假日或特殊情况可以顺延。

（四）纳税申报方式

（1）直接申报，也称上门申报，是指纳税人和扣缴义务人在规定的申报期限内，自行到税务机关指定的办税服务场所报送纳税申报表，代扣代缴、代收代缴报告表及有关资料。

（2）邮寄申报，是指经税务机关批准，纳税人、扣缴义务人使用统一的纳税申报专用信封，通过邮政部门办理交寄手续，并以邮政部门收据作为申报凭据的一种申报方式。

（3）数据电文申报，也称电子申报，是指纳税人、扣缴义务人在规定的申报期限内，通过与税务机关接受办理纳税申报、代扣代缴及代收代缴税款申报的电子系统联网的电脑终端，按照规定和系统发出的指示输入申报内容，以完成纳税申报或者代扣代缴及代收代缴税款申报的方式。

（4）简易申报，是指实行定期定额的纳税人，通过以缴纳税款凭证代替申报或简并征收的一种申报方式。

实际工作中，企业大多选择上门申报方式来进行税款申报，纳税人或扣缴义务人可以在纳税申报期间内到主管部门的办理大厅办理纳税申报工作。当然，税务机关鼓励网上申报，经税务机关批准，纳税人、扣缴义务人亦可以采取邮寄、数据电文方式办理纳税申报或者报送代扣代缴、代收代缴税款报告表。

二、纳税申报的流程

 1.9 纳税申报

（一）汇总上报（原抄税）

税务实务中，经常习惯听到"抄报税"这个词。抄报税就是把当月开出的发票全部记入发票 IC 卡（现在是金税盘或者税控盘），这个过程一般叫作抄税，然后再把抄报的数据上报给税务机关，即填写纳税申报表的过程称为报税，合起来叫作抄报税。

抄税其实现在正确叫法叫汇总上报，只是我们习惯了叫抄税。汇总上报（抄税）是在开票系统里操作，将上个月开出的发票（收入数、销项税额等）全部计入发票 IC 卡，然后由报税部门读入它们的服务器，类似会计上的结账工作，起到将本期数据与非本期数据区分开来的功能。同时，纳税人汇总上报的数据会和纳税申报填写的数据进行比对，比对不符无法通过申报，因此系统设置了要先抄报再纳税申报的流程，纳税申报之前先做汇总上报（抄税）处理。

一般纳税人在征期内可以通过登录"增值税税控系统"进行网上抄报或者携带税控盘或金税盘到办税厅抄报。

（二）增值税专用发票抵扣认证

一般纳税人可以使用"抵扣联信息采集系统"进行网上发票认证操作或者携带增值税专票到办税厅办理。

（三）纳税申报

一般纳税人登录网上申报软件进行网上申报。成功后可通过税库银联网扣缴税款。

（四）清卡或反写监控

申报成功后，纳税人需要再次登录税控系统进行清卡或反写。提醒大家要及时查询截止日期，确认是否成功，这是对抄税和报税的对比清除。

综上所述，纳税申报的基本操作流程是先抄税，后报税，最后清卡。对于小规模纳税人来说，在非季度不需要申报增值税时，开票电脑联网稳定且软件中服务器地址和端口号正确的情况下，月初登录开票软件会自动上报汇总，申报完成后，再次打开开票软件，会自动反写，系统直接自动完成抄税和清卡。对季度需要申报增值税的小规模纳税人，则必须先进行汇总报送，然后进行纳税申报，完成纳税申报后才能进行清卡（反写）操作。纳税人必须严格按照流程操作，操作不当，税控盘被锁定，将无法开出任何一张发票，也无法领购发票。

三、纳税申报的注意事项

（1）申报期内，未发生应税收入，同时也没有应纳税额，也应该按期进行纳税申报。可以申请零申报，但是注意，按规定连续三个月零申报或负申报就属于异常申报，列入重点对象。

（2）逾期申报会产生罚款，并且影响企业纳税信用等级。

任务思考与自测

1. 整理笔记，并通过查找和阅读其他资料，绘制本节课思维导图，厘清知识脉络。

2. 利用学科竞赛平台、实习实践平台等，亲身体验纳税申报实操。

3. 城镇街边随处可见的小饭馆、水果店、蛋糕店、精品店，给高节奏的城市生活带来了很多便利和色彩，它们有一个共同的名字：个体工商户。个体工商户是依法经工商行政管理部门核准登记，以个人或家庭为单位从事生产经营活动的组织。请阅读微信公众号"会计网"推文"个体工商户纳税申报流程"或者类似自媒体资料，弄清楚个体工商户要不要交税，交哪些税，怎么交税，对个体工商户纳税有一个整体认知，养成解决问题的能力、创新创业的思维和诚信纳税的意识。

项目四　税源涵养与褒优罚劣：纳税人管理

📝 **项目认知目标**

○ 明确识别小规模纳税人和一般纳税人的划分标准及不同征税办法。
○ 准确描述小型微利企业的划分标准及税收优惠政策。
○ 分析和评价纳税人纳税信用等级评定管理办法，准确理解纳税信用等级对纳税人的影响。

📍 **项目技能目标**

○ 具备进行纳税人科学管理的实践能力。
○ 具备进行纳税信用评级管理的实践能力。

◎ **项目价值目标**

○ 理解国家按照公平合理、涵养税源的要求，感受纳税人分类管理的税收管理理念。
○ 理解国家对纳税人进行纳税信用评级管理的褒优罚劣制度，强化合法经营、诚信纳税的纳税人意识。
○ 养成乐于沟通协作、诚信纳税的企业家品质。

导入案例

张航天是财务管理专业应届毕业生，其叔叔是一家家政公司的老板。某天，叔叔收到一条内容为纳税信用等级评价为 D 的短信，随后咨询张航天应该如何处理。请你帮张航天解释一下企业的纳税信用评价标准、纳税信用评价等级划分、D 级评价的影响及如何进行纳税信用等级修复。

任务一　涵养税源：纳税人分类管理

一、一般纳税人和小规模纳税人

 1.10　一般纳税人和小规模纳税人

　　增值税实行凭专用发票抵扣税款的制度，客观上要求纳税人具备健全的会计核算制度和能力。税务机关为加强重点税源管理，简化小型企业税款的计算缴纳程序，督导专用发票正确使用与安全管理要求的落实，根据纳税人经营管理规模差异大、财务核算水平不一的实际情况，将增值税纳税人划分为一般纳税人与小规模纳税人。因此，一般纳税人和小规模纳税人的划分是一个增值税概念。

（一）一般纳税人和小规模纳税人的划分标准

　　一般纳税人和小规模纳税人的划分依据包括企业规模大小和会计核算水平，其中企业规模大小以年应税销售额为主要量化标准，具体见表 1-1。

表 1-1　一般纳税人和小规模纳税人的划分

纳税人	认定标准	
	企业规模大小	会计核算水平
小规模纳税人	年应征增值税销售额≤500 万元	①年应税销售额大于规定标准的其他个人 ②年应税销售额大于规定标准的不经常发生应税行为的单位、个体工商户、非企业性单位、企业
一般纳税人	年应征增值税销售额>小规模纳税人标准	①会计核算健全 ②年应税销售额小于标准，会计核算健全也可以申请成为一般纳税人

（二）一般纳税人和小规模纳税人的分类管理制度

　　在实际经济生活中，我国增值税纳税人众多，会计核算水平差异较大，大量的小企业和个人不具备用发票抵扣税款的条件，为简化增值税计算和征收，减少税收征管漏洞，同时也出于涵养税源、固本强基的目的，将增值税纳税人按会计核算水平和经营规模分为一般纳税人和小规模纳税人两类，分别采取不同的增值税计税方法。一般纳税人和小规模纳税人的分类管理主要体现在以下几个方面。

1. 计税方法不同

一般纳税人采用购进扣税法，计算公式如下：

$$应纳增值税额＝销项税额－进项税额$$

小规模纳税人采用简易征收方式，计算公式如下：

$$应纳增值税＝不含税收入×3\%/5\%$$

当然，一般纳税人的部分业务也可以采用简易征收方式，计算公式同小规模纳税人。

2. 增值税税率（征收率）不同

小规模纳税人征收率为3%，出租出售不动产征收率为5%除外。

一般纳税人按照行业不同采用不同的税率，增值税税率有4档：13%，9%，6%，0%。

3. 进项抵扣不同

一般纳税人可以开具专票和普票，进项发票专票可以抵扣增值税。

小规模纳税人可以开专票和普票，进项发票专票不能抵扣进项税。

4. 税收优惠不同

一般纳税人税收优惠政策较少。而小规模纳税人税收优惠政策较多。

5. 认定方式不同

新成立的企业，如果不申请一般纳税人，系统自动认定为小规模纳税人。而且小规模纳税人连续12个月销售额必须小于或者等于500万元，如果说销售额大于500万元，就会被强制性升为一般纳税人。值得注意的是这个连续12个月不是指到1月1号，而是到12月31号。

一般纳税人需要申请才能认定。如果公司销售额未达到认定标准，但是会计核算健全，能够提供准确税务资料的，可以向主管税务机关办理一般纳税人登记。

6. 申报方式不同

一般纳税人增值税按月申报，小规模纳税人可以选择按月或者按季度申报。

二、小微企业和小型微利企业

（一）小微企业

 1.11 小微企业和小型微利企业

"小微企业"是一个习惯性叫法，并没有严格意义上的界定。比较接近的界定可以参考工信部、国家统计局、发展改革委和财政部于2011年6月发布的《中小企业划型标准规定》，根据企业从业人员、营业收入、资产总额等指标，将16个行业的中小企业划分为中型、小型、微型三种类型，小微企业主要对应小型企业和微型企业。实务中，小微企业是小型企业、微型企业、家庭作坊式企业和个体工商户的统称。

（二）小型微利企业

"小型微利企业"出自企业所得税法及其实施条例，指的是符合税法规定条件的特定企业，其特点不只体现在"小型"上，还要求"微利"，主要用于企业所得税优惠政策方面。

小型微利企业，是指从事国家非限制和禁止行业，且同时符合年度应纳税所得额不超过 300 万元、从业人数不超过 300 人、资产总额不超过 5 000 万元等三个条件的企业。

（三）税收优惠

实务中，小微企业与小型微利企业不做明确区分。小微企业一般是小规模纳税人，为涵养税源，扶助弱小，国家给予小微企业（小规模纳税人）许多税收优惠政策。

1. 增值税小规模纳税人阶段性免征增值税

2021 年 4 月 1 日至 2022 年 12 月 31 日，增值税小规模纳税人发生增值税应税销售行为，合计月销售额未超过 15 万元（以 1 个季度为 1 个纳税期的，季度销售额未超过 45 万元）的，免征增值税。自 2022 年 4 月 1 日至 2022 年 12 月 31 日，小规模纳税人适用 3%征收率的应税销售收入，免征增值税；适用 3%税率的预缴增值税项目，暂停预缴增值税。

自 2023 年 1 月 1 日至 2027 年 12 月 31 日，对增值税小规模纳税人、小型微利企业和个体工商户减半征收资源税（不含水资源税）、城市维护建设税、房产税、城镇土地使用税、印花税（不含证券交易印花税）、耕地占用税和教育费附加、地方教育附加。

小规模纳税人已依法享受"六税两费"其他优惠政策的，可叠加享受此项优惠政策。

2. 增值税小规模纳税人、小型微利企业减征地方"六税两费"

自 2023 年 1 月 1 日至 2027 年 12 月 31 日，对增值税小规模纳税人、小型微利企业和个体工商户减半征收资源税（不含水资源税）、城市维护建设税、房产税、城镇土地使用税、印花税（不含证券交易印花税）、耕地占用税和教育费附加、地方教育附加。

小规模纳税人已依法享受"六税两费"其他优惠政策的，可叠加享受此项优惠政策。

3. 小型微利企业所得税税收优惠

根据财税务 2022 年第 13 号文规定：2023 年 1 月 1 日至 2024 年 12 月 31 日小型微利企业年应纳税所得额不超过 300 万元的部分均减按 25%计入应纳税所得额，按 20%的税率缴纳企业所得税（即为 5%）。

根据财税 2023 年第 12 号文规定：对小型微利企业减按 25%计算应纳税所得额，按 20%的税率缴纳企业所得税政策，延续执行至 2027 年 12 月 31 日。

4. 中小微企业设备器具所得税按一定比例一次性扣除

中小微企业在 2022 年 1 月 1 日至 2022 年 12 月 31 日期间新购置的设备、器具，单位价值在 500 万元以上的，按照单位价值的一定比例自愿选择在企业所得税税前扣除。其中，企业所得税法实施条例规定最低折旧年限为 3 年的设备器具，单位价值的 100%可在当年一次性税前扣除；最低折旧年限为 4 年、5 年、10 年的，单位价值的 50%可在当年一次性税前扣除，其余 50%按规定在剩余年度计算折旧进行税前扣除。企业选择适用上述政策当年不足扣除形成的亏损，可在以后 5 个纳税年度结转弥补，享受其他延长亏损结转年限政策的企业可按现行规定执行。

任务思考与自测

1. 整理笔记，并通过查找和阅读其他资料，绘制本节课思维导图，厘清知识脉络。

2. 阅读微信公众号"科组咨询"发表于 2022 年 9 月 19 日的微信推文《2022 年这些税收优惠政策，小微型企业可享受!》，培养自主学习，具备自觉补充前沿知识的能力。

思考：

（1）小型微利企业所得税税收优惠。

（2）小型微利企业其他税收优惠。

任务二　褒优罚劣：纳税人信用评级管理

无论哪种企业，税务机关根据其年度纳税表现，给出一定的量化评分，评定其纳税信用等级。主管税务机关根据纳税人的不同等级实施分类管理，以鼓励依法诚信纳税，提高纳税遵从度。

一、纳税信用管理原则

1.12　企业纳税信用等级

纳税信用管理遵循客观公正、标准统一、分级分类、动态调整的原则。客观公正指纳税信用评价主要依据纳税人税法遵从的客观记录和积累。标准统一指纳税信用评价对待纳税人采用统一的评价指标和扣分标准。分级分类指区分纳税人的信用级别，规定不同的管理和服务措施。动态调整指税务机关可根据信用信息变化调整纳税人以前年度信用记录或者复核后调整当期的信用评价结果，国家税务总局根据税收政策和征管办法的改变对全国统一的评价指标适时调整和修订。

现行的纳税信用管理办法对于纳税人纳税信用管理的范围确定为：已办理税务登记（含"五证合一、一照一码"、临时登记），从事生产经营的独立核算企业，以及适用查账征收个人所得税的个人独资企业和个人合伙企业。

二、纳税信用等级划分

省一级或者市（地）一级或者县（市）一级的国家税务局和地方税务局共同评定其所管辖的纳税人的纳税信用等级，两个年度评定一次。纳税人的主管国家税务局、地方税务局应当按照《纳税信用管理办法（试行）》要求的内容和标准，以日常纳税评估和税源监控为基础，对纳税人的纳税信用情况进行综合分析考评，必要时进行实地检查和验审，初步确定纳税人的纳税信用等级。

纳税信用评价指标包括经常性指标和非经常性指标。经常性指标包括涉税申报信息、税（费）款缴纳信息、发票与税控器具信息、登记与账簿信息等指标。非经常性指标包括纳税评估税务审计、反避税调查信息和税务稽查指标。指标信息主要从税务管理系统中采集。设计指标扣分分值时，主要考量纳税人主观态度、遵从能力、实际结果和失信程度四个方面。根据纳税人涉税行为记录，区别行为中体现出的诚信态度（如按期申报、按期缴纳、银行账户设置数量大于向税务机关提供数量等指标）、遵从能力（如纳税人向税务机关办理纳税申报之后的存续时间、账簿与凭证的管理等指标）、实际结果（主要体现在税务检查等非经常性指标中）和影响程度（如非正常户的指标），设计了纳税信用评价等级指标对应的扣分分值和直接判级方式。

纳税信用级别设 A，B，M，C，D 五级。A 级纳税信用为年度评价指标得分 90 分以上的；B 级纳税信用为年度评价指标得分 70 分以上且不满 90 分的；C 级纳税信用为年度评价指标得分 40 分以上且不满 70 分的；D 级纳税信用为年度评价指标得分不满 40 分或者直接判级确定的。未发生《纳税信用管理办法（试行）》第二十条所列失信行为的下列企业适用 M 级纳税信用：①新设立企业；②评价年度内无生产经营业务收入且年度评价指标得 70 分以上的企业。

三、纳税信用等级的激励与监控

（一）A 级的管理与激励

考评分在 90 分以上的，为 A 级。

1. A 级的激励措施

对纳税信用评价为 A 级的纳税人，税务机关予以下列激励措施。

（1）主动向社会公告年度 A 级纳税人名单。

（2）一般纳税人可单次领取 3 个月的增值税发票用量，需要调整增值税发票用量时即时办理。

（3）普通发票按需领用。

（4）连续 3 年被评为 A 级信用级别（简称"3 连 A"）的纳税人，除享受以上措施外，还可以由税务机关提供绿色通道或专门人员帮助办理涉税事项。

（5）税务机关与相关部门实施的联合激励措施，以及结合当地实际情况采取的其他激励措施。

纳税信用等级高会有许多好处，包括树立好的企业形象，争取更便捷的银行贷款，参与行业同行竞争，在企业合作、政府招标方面都有很多优势。

2. A 级的特殊说明

有下列情况之一的，不得认定为 A 级。

（1）实际生产经营期不满 3 年的。

（2）上一评价年度纳税信用评价结果为 D 级的。

（3）非正常原因一个评价年度内增值税或营业税连续 3 个月或者累计 6 个月零申报、负申报的。

（4）不能按照国家统一的会计制度规定设置账簿，并根据合法、有效凭证核算，向税务机关提供准确税务资料的。

（二）D 级的惩罚与监控

考评分在 40 分以下的或者直接判级确定的，为 D 级。

1. D 级的管控措施

（1）公开 D 级纳税人及其直接责任人员名单，对直接责任人员注册登记或者负责经营的其他纳税人纳税信用直接判为 D 级。

（2）增值税专用发票领用按辅导期一般纳税人政策办理，普通发票的领用实行交（验）旧供新、严格限量供应。

（3）加强出口退税审核。

（4）加强纳税评估，严格审核其报送的各种资料。

（5）列入重点监控对象，提高监督检查频次，发现税收违法违规行为的，不得适用规定处罚幅度内的最低标准。

（6）将纳税信用评价结果通报相关部门，建议在经营、投融资、取得政府供应土地、进出口、出入境、注册新公司、工程招投标、政府采购、获得荣誉、安全许可、生产许可、从业任职资格、资质审核等方面予以限制或禁止。

（7）D 级评价保留 2 年，第三年纳税信用不得评价为 A 级。

（8）税务机关与相关部门实施的联合惩戒措施，以及结合实际情况依法采取的其他严格管理措施。

2. D 级的特殊说明

若有下列情形之一的，不进行计分考评，一律定为 D 级。

（1）存在逃避缴纳税款、逃避追缴欠税、骗取出口退税、虚开增值税专用发票等行为，经判决构成涉税犯罪的。

（2）存在前项所列行为，未构成犯罪，但偷税（逃避缴纳税款）金额 10 万元以上且占各税种应纳税总额 10% 以上，或者存在逃避追缴欠税、骗取出口退税、虚开增值税专用发票等税收违法行为，已缴纳税款、滞纳金、罚款的。

（3）在规定期限内未按税务机关处理结论缴纳或者足额缴纳税款、滞纳金和罚款的。

（4）以暴力、威胁方法拒不缴纳税款或者拒绝、阻挠税务机关依法实施税务稽查执法行为的。

（5）存在违反增值税发票管理规定或者违反其他发票管理规定的行为，导致其他单位或者个人未缴、少缴或者骗取税款的。

（6）提供虚假申报材料享受税收优惠政策的。

（7）骗取国家出口退税款，被停止出口退（免）税资格未到期的。

（8）有非正常户记录或由非正常户直接责任人员注册登记或者负责经营的。

（9）由 D 级纳税人的直接责任人员注册登记或者负责经营的。

（10）存在税务机关依法认定的其他严重失信情形的。

任务思考与自测

1. 整理笔记，并通过查找和阅读其他资料，绘制本节课思维导图，厘清知识脉络。

2. 观看微信公众号"网商银行"视频《企业纳税信用等级是啥？能修复吗？》或者类似自媒体视频，能够对公司纳税信用等级的评价、后果和修复程序有一个整体认知，养成学生解决问题、系统思维的能力。

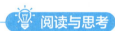 课程前沿　人民中心理念与智慧税务改革

阅读与思考

 1.13　人民中心理念与智慧税务改革

一、智慧税务改革势在必行

思考：阅读《关于进一步深化税收征管改革的意见》全文，谈谈智慧税务改革的必要性和可行性。

二、智慧税务改革体现人民中心理念

思考：阅读《关于进一步深化税收征管改革的意见》全文，搜集相关资料，谈谈智慧税务改革如何体现人民中心理念。

智慧税务开新局（一）

　　2021年3月，中办、国办印发《关于进一步深化税收征管改革的意见》，其中明确着力建设具有高集成功能、高安全性能、高应用效能的智慧税务。

　　"以数治税"既是观念和理论创新，也是税收征管制度和实践创新，是税务治理优势转化为国家治理效能的"税务贡献"。

☐互联网＋税务——全程网上办
☐物联网＋税务——"网购式"发票服务
☐大数据＋税务——信用"e"贷
☐智能化＋税务——12366智能应答

@国家税务总局

智慧税务开新局（二）

●指导思想: 着力建设以服务纳税人缴费人为中心、以发票电子化改革为突破口、以税收大数据为驱动力的具有高集成功能、高安全性能、高应用效能的智慧税务，深入推进精确执法、精细服务、精准监管、精诚共治。

●工作原则: 坚持党的全面领导，坚持依法治税，坚持为民便民，坚持问题导向，坚持改革创新，坚持系统观念。

●主要目标: 2022年，在税务执法规范性、税费服务便捷性、税务监管精准性上取得重要进展。2023年，基本建成税务执法、税费服务、税务监管新体系。2025年，基本建成功能强大的智慧税务。

@国家税务总局

《关于进一步深化税收征管改革的意见》
全文节选（一）

《关于进一步深化税收征管改革的意见》
全文节选（二）

认知情境二
增值税纳税申报与筹划

情境学习目标

○ 能够理解"营改增"的背景、意义，能够描述增值税的概念、征税范围、纳税人类型、税率与征收率及计税方法等基础知识。

○ 关注人大常委会 2022 年 12 月 27 日首次审议的增值税法（草案）的改革信息，对我国第一税种的增值税的主要变化、立法亮点有充分的把握。

○ 能综合运用增值税的法律规范完成增值税的纳税申报，能综合运用增值税知识进行税务筹划。

○ 领会作为财政收入主要来源的税收在"集中力量办大事"等方面起到的积极作用；体会我国政府一直践行的公平公正、涵养税源的税收政策设计原则和简政放权、便民服务的税务服务理念。

情境工作任务

根据企业的实际情况，完成以下工作任务：

○ 确定增值税的征税范围、税目、税率及应纳税额的计算，做好知识储备。

○ 根据公司特点，填制增值税申报表，规范纳税申报流程，锻炼实操能力。

○ 明确税务会计岗位职能，具备税务会计工作的认知态度和团队理念。

○ 关注增值税法（草案）的变革情况，对未来几年增值税立法趋势有准确的把握，具备及时更新知识、自主学习、独立思考的能力。

情境结构图

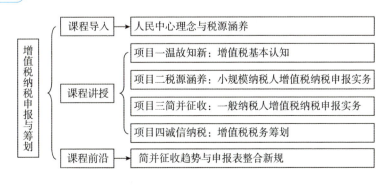

课程导入 · 人民中心理念与税源涵养

阅读与思考

2.1　2022 年小规模纳税人税收优惠及申报要点

2.2　2023 年小规模纳税人税收优惠及申报要点

从小规模纳税人增值税优惠政策变迁中感受税源涵养精神

　　思考：通过梳理小规模纳税人增值税税收优惠政策变迁历史，体会人民中心理念和税源涵养精神。

小微企业与税源涵养

项目一　温故知新：增值税基本认知

项目认知目标

○ 理解"营改增"的背景和意义，能够分析和评价"营改增"的深层次原因。

○ 准确识别增值税的征税范围，准确界定增值税纳税人的划分标准。

○ 准确描述增值税的税目，识别不同税目对应的税率、征收率。

○ 准确阐释增值税的计税方法，准确描述增值税应纳税额的计算公式。

○ 准确评价增值税法（草案）的改革趋势，对主要变化和立法亮点有充分的关注和把握。

项目技能目标

○ 通过"营改增"模块学习，深化对"营改增"的动因、意义的理解，分析和评价"营改增"的机遇和挑战。

○ 通过增值税基本认知模块的学习，强化增值税税目、税率、计税方法的应用能力。

项目价值目标

○ 了解国家"放管服"改革背景，体会"多证合一"的营商环境优化趋势。

○ 理解国家按照公平合理、涵养税源的要求，实施的纳税人分类管理的税收管理理念。

○ 根据学校办学定位，以航空特色为例，梳理航空运输业后"营改增"时代增值税相关税款征收以及税收优惠政策，为面向航空产业就业做好知识和技能储备。通过梳理政策，领会中国大飞机项目是建设创新型国家、提高国家自主创新能力和增强国家核心竞争力的重大战略决策，深刻领悟税收服务于"大国战略"的精神。

○ 关注增值税法（草案）的变革情况，对未来几年增值税立法趋势有准确的把握，具备及时更新知识、自主学习、独立思考的能力。

导入案例

究竟为什么要"营改增"？

"营改增"即营业税改增值税，是指以前缴纳营业税的改成缴纳增值税。

营业税是对在中国境内提供应税劳务、转让无形资产或销售不动产的单位和个人，就其所取得的营业额征收的一种税，是地方政府的主体税种，税收收入全归地方财政。而增值税是对销售货物或者提供加工、修理修配劳务以及进口货物的单位和个人就其实现的增值额征收的一种税，有增值就征税，无增值不征税，是中国最大的税种。增值税是中央和地方共享税，由国税局征收，税收收入由中央财政和地方财政共享。"营改增"之前，中央财政得税收收入的 75%，地方财政得 25%；"营改增"之后，分享比例改为五五分成。

2016 年 3 月 18 日召开的国务院常务会议决定，自 2016 年 5 月 1 日起，中国将全面推广"营改增"试点，将建筑业、房地产业、金融业、生活服务业全部纳入"营改增"试点，至此，营业税彻底退出历史舞台，这是自 1994 年分税制改革以来财政体制改革的又一项重大举措。

要求： 根据上述背景，请同学们搜集相关资料，讨论"营改增"的深层次原因。

任务一　追源溯本：增值税前世今生

一、增值税的产生和初步发展

2.3　增值税的前世今生

增值税是以商品（含应税劳务）在流转过程中产生的增值额作为计税依据而征收的一种流转税。有增值才征税，没增值不征税。增值税是由消费者负担的一种价外税。美国学者亚当斯（1917）首先提出增值税的理念，德国学者西蒙士（1921）首次提出了增值税的名称。1954 年，法国首先开征了增值税。目前，已有 170 多个国家和地区开征了增值税，征税范围大多覆盖所有货物和劳务。

在我国，增值税也有四十几年的发展和变革。1979 年，我国引入增值税制度，最初仅在襄樊、上海、柳州等城市的机器机械等 5 类货物中试行；1983 年，征税地点扩大到全国范围；1984 年，国务院发布《中华人民共和国增值税条例（草案）》，在全国范围内对机器机械、汽车、钢材等 12 类货物征收增值税。1993 年 12 月 13 日发布的《中华人民共和国增值税暂行条例》（以下简称《增值税暂行条例》），标志着中国工商税制的彻底的全

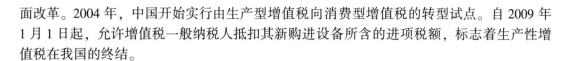

面改革。2004 年，中国开始实行由生产型增值税向消费型增值税的转型试点。自 2009 年 1 月 1 日起，允许增值税一般纳税人抵扣其新购进设备所含的进项税额，标志着生产性增值税在我国的终结。

二、营业税改增值税

（一）"营改增"的改革历程

（1）"营改增"局部试点：2012 年 1 月 1 日，我国在上海市交通运输业和部分现代服务业开展"营改增"试点；截至 2012 年年底，国务院扩大"营改增"试点至 10 省市，内容上新增了广播影视作品的制作、发行、播放试点行业。

（2）"营改增""7+1"行业全国试行：截至 2013 年 8 月 1 日，"营改增"范围已推广到全国试行。

（3）铁路、邮政、电信业加入"营改增"：2014 年 1 月 1 日，国务院将铁路运输和邮政服务业纳入营业税改征增值税试点。2014 年 6 月 1 日，国务院将电信业纳入营业税改征增值税试点范围。

（4）全面"营改增"：2016 年 5 月 1 日，国务院决定将试点范围扩大到建筑业、房地产业、金融业、生活服务业，并将所有企业新增不动产所含增值税纳入抵扣范围，确保所有行业税负只减不增。至此，所有营业税所涉行业均完成"营改增"转变，营业税退出历史舞台。

（二）营业税和增值税的比较（见表 2-1）

表 2-1　营业税和增值税的不同

项目	增值税	营业税
征税范围	货物	劳务
征管机关	国税（中央）	地税（地方）
征税对象	增值额（不重复征收、抵扣制，公平税制）	收入全额（重复征税）
税率	13%，9%，6%，0%	3%，5%，娱乐业 20%
转嫁方式	直接转嫁（价外税）	间接转嫁（价内税）
会计处理	应交税费——应交增值税（进项税额） 应交税费——应交增值税（销项税额）	税金及附加 应交税费——应交营业税

任务思考与自测

1. 整理笔记，并通过查找和阅读其他资料，绘制本节课思维导图，厘清知识脉络。

2. 阅读教材内容，通过梳理"营改增"的基本流程，分析国家在"营改增"过程中面临的机遇和挑战；通过查找资料，整理全面"营改增"之后，增值税在税率、发票管理、优惠政策等方面做出的调整，体会改革的坚定魄力、不畏艰辛的勇气和循序渐进的智慧。

3. 分析并拓展"营业税和增值税的比较"表格内容，结合"营改增"改革背景，分析"营改增"的深层次原因，评价"营改增"的成效与后果。

任务二　公平高效：增值税基础知识

一、增值税征税范围

 2.4　增值税基本认知

增值税的征税范围见表2-2。

表2-2　增值税的征税范围

征税范围	具体内容
一般规定	销售货物或者加工、修理修配劳务；销售服务、无形资产或者不动产；进口货物
视同销售货物	1. 将货物交付其他单位或者个人代销； 2. 销售代销货物； 3. 设有两个以上机构并实行统一核算的纳税人，将货物从一个机构移送其他机构用于销售，但相关机构设在同一县（市）的除外； 4. 将自产、委托加工的货物用于集体福利或个人消费； 5. 将自产、委托加工或购进的货物作为投资，提供给其他单位或个体工商户； 6. 将自产、委托加工或购进的货物分配给股东或投资者； 7. 将自产、委托加工或购进的货物无偿赠送给其他单位或者个人
视同销售应税行为	1. 单位或个体工商户，向其他单位或个人无偿提供服务，但用于公益事业或者以社会公众为对象的除外； 2. 单位或个人向其他单位或者个人无偿转让无形资产或者不动产，但用于公益事业或者以社会公众为对象的除外； 3. 财政部和国家税务总局规定的其他情形
混合销售	一项销售行为既涉及货物又涉及服务，为混合销售。两者存在密切的从属关系，并发生在同一销售行为中。 从事货物的生产、批发或者零售的单位和个体工商户的混合销售行为，按照"销售货物"缴纳增值税。 其他单位和个体工商户的混合销售行为，按照"销售服务"缴纳增值税
兼营行为	兼营行为，是指纳税人的经营范围既包括销售货物和加工、修理修配劳务，又包括销售服务、无形资产或者不动产。销售货物，加工、修理修配劳务与销售服务、无形资产或者不动产不存在密切的从属关系，不同时发生在同一项销售行为中。 适用不同税率或者征收率的，应当分别核算适用不同税率或者征收率的销售额；未分别核算销售额的，从高适用税率或征收率

> **知识小百科**："营改增"以后，"视同销售货物"中不再包括"将自产、委托加工的货物用于其他非增值税应税项目"，故"视同销售货物"成为7项，但增加了"视同销售应税行为"。同时，人大常委会于2022年12月27日首次审议的增值税法（草案）将销售劳务（加工、修理修配劳务）去掉，并入销售服务，同时仅列举三条视同销售行为。

二、增值税纳税人

增值税纳税人是指在中华人民共和国境内销售货物或者提供加工、修理修配劳务，销售服务、无形资产或者不动产的单位和个人。单位是指企业、行政单位、事业单位、军事单位、社会团体及其他单位；个人是指个体工商户和其他个人。根据纳税人经营管理规模差异大、财务核算水平不一的实际情况，将增值税纳税人划分为一般纳税人与小规模纳税人。具体划分标准及分类管理制度已经在本教材"认知情境一 项目四 任务一"模块详细介绍，此处不再赘述。

三、税率与征收率

（一）一般纳税人的税率与征收率

1. 一般纳税人税率

一般纳税人采用一般计税办法进行增值税计算与缴纳，适用税率概念。"营改增"之后，税率经过几次调整，目前主要分为13%，9%，6%和零税率四档。

（1）基本税率：13%适用税率项目

销售或者进口货物、销售修理修配劳务没有单独列举，一律适用13%税率（另有列举的货物除外）。有形动产租赁服务也适用13%税率。

> **知识小百科：**表2-3所示货物适用13%的税率，此处易与农产品等9%货物相混淆。

表2-3　适用13%税率的增值税税目

适用税率	货物名称
13%	以粮食为原料加工的速冻食品、方便面、副食品和各种熟食品，玉米浆、玉米皮、玉米纤维（又称喷浆玉米皮）和玉米蛋白粉
	各种蔬菜罐头
	专业复烤厂烤制的复烤烟叶
	农业生产者用自产的茶青再经筛分、风选、拣剔、碎块、干燥等工序精制而成的精制茶、边销茶及掺兑各种药物的茶和茶饮料
	各种水果罐头、果脯、蜜饯、炒制的果仁、坚果、碾磨后的园艺植物（如胡椒粉、花椒粉等）
	中成药
	锯材，竹笋罐头
	熟制的水产品和各类水产品的罐头
	各种肉类罐头、肉类熟制品
	各种蛋类的罐头
	酸奶、奶酪、奶油，调制乳
	洗净毛、洗净绒
	饲料添加剂

续表

适用税率	货物名称
13%	用于人类日常生活的各种类型包装的日用卫生用药（如卫生杀虫剂、驱虫剂、驱蚊剂、蚊香等）
	以农副产品为原料加工工业产品的机械、农用汽车、三轮运货车、机动渔船、森林砍伐机械、集材机械、农机零部件

（2）低税率：9%适用税率项目（见表2-4）。

表 2-4　适用 9%税率的增值税税目

适用税率	项目名称	具体内容
9%	销售货物	1. 粮食等农产品、食用植物油、食用盐 2. 饲料、化肥、农药、农机、农膜 3. 图书、报纸、杂志、音像制品、电子出版物 4. 自来水、暖气、冷气、热水、煤气、石油液化气、天然气 5. 二甲醚、沼气、居民用煤炭制品 6. 国务院固定的其他货物
	销售服务	7. 不动产租赁服务（属于现代服务） 8. 交通运输服务（陆路、水路、航空运输服务和管道运输服务） 9. 销售不动产（建筑物、构建物等） 10. 建筑服务（工程服务、安装服务、修缮服务、装饰服务和其他建筑服务） 11. 转让土地使用权 12. 邮政服务（邮政普通服务、邮政特殊服务和其他邮政服务） 13. 基础电信服务

（3）低税率：6%适用税率项目（见表2-5）。

由于能够抵扣的进项税额较少，以下服务业适用6%税率。

表 2-5　适用 6%税率的增值税税目

适用税率	项目名称	具体内容
6%	销售服务	1. 销售无形资产（转让补充耕地指标、技术、商标、著作权、商誉、自然资源、其他权益性无形资产使用权或所有权） 2. 增值电信服务 3. 金融服务（贷款服务、直接收费金融服务、保险服务和金融商品转让） 4. 现代服务（研发和技术服务、信息技术服务、文化创意服务、物流辅助服务、鉴证咨询服务、广播影视服务、商务辅助服务、其他现代服务） 5. 生活服务（文化体育服务、教育医疗服务、旅游娱乐服务、餐饮住宿服务、居民日常服务、其他生活服务）

（4）零税率。

①纳税人出口货物（国务院另有规定的除外）。

②境内单位和个人跨境销售国务院规定范围内的服务、无形资产。

③销售货物、劳务，提供的跨境应税行为，符合免税条件的，免税。

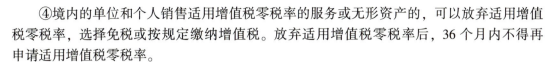

④境内的单位和个人销售适用增值税零税率的服务或无形资产的，可以放弃适用增值税零税率，选择免税或按规定缴纳增值税。放弃适用增值税零税率后，36个月内不得再申请适用增值税零税率。

2. 一般纳税人征收率

纳税人发生财政部和国家税务总局规定的特定应税行为，可以选择适用简易计税方法计税，但一经选择，36个月内不得变更。

一般纳税人适用征收率见表2-6。

表2-6　一般纳税人适用征收率

征收率	项目名称	具体内容
5%	销售不动产（老项目）	1. 一般纳税人销售其2016年4月30日前取得（不含自建）的不动产，以取得的全部价款和价外费用减去该项不动产购置原价或者取得不动产时的作价后的余额为销售额，按照简易计税方法计算应纳税额 2. 一般纳税人销售其2016年4月30日前自建的不动产，以取得的全部价款和价外费用为销售额．按照简易计税方法计算应纳税额 3. 房地产开发企业中的一般纳税人销售自行开发的房地产老项目
	不动产经营租赁服务	1. 一般纳税人出租其2016年4月30日前取得的不动产。纳税人以经营，租赁方式将土地出租给他人使用，按照不动产经营租赁服务缴纳增值税 2. 房地产开发企业中的一般纳税人出租自行开发的房地产老项目
	转让土地使用权	一般纳税人转让2016年4月30日前取得的土地使用权，以取得的全部价款和价外费用减去取得该土地使用权的原价后的余额为销售额，按照简易计税方法计算应纳税额
	不动产融资租赁	2016年4月30日前签订的不动产融资租赁合同，或以2016年4月30日前取得的不动产提供的融资租赁服务
	公路收费	一般纳税人收取试点前开工（施工许可证注明的合同开工日期在2016年4月30日前）的一级公路、二级公路、桥、闸通行费公路收费
	劳务派遣服务	提供劳务派遣服务，以取得的全部价款和价外费用扣除代用工单位支付给劳务派遣员工的工资、福利和为其办理社会保险及住房公积金后的余额为销售额，按照简易计税方法计算缴纳增值税
	人力资源外包服务	
3%	建筑服务	1. 以清包工方式提供的建筑服务，以取得的全部价款和价外费用扣除支付的分包款后的余额为销售额，按照简易计税方法计算应纳税额 2. 为甲供工程提供的建筑服务，以取得的全部价款和价外费用扣除支付的分包款后的余额为销售额，按照简易计税方法计算应纳税额 3. 为建筑工程老项目提供的建筑服务，以取得的全部价款和价外费用扣除支付的分包款后的余额为销售额
	其他	1. 公路收费 2. 物业管理服务 3. 非学历教育服务 4. 公共交通运输服务

续表

征收率	项目名称	具体内容
3%	其他	5. 动漫设计服务电影放映服务 6. 仓储服务 7. 装卸搬运服务 8. 收派服务 9. 文化体育服务 10. 有形动产租赁服务 11. 非企业性单位 12. 教育服务 13. 金融服务 14. 销售生物制品 15. 销售兽用生物制品 16. 销售光伏发电产品 17. 寄售商店代销寄售物品 18. 典当业销售死当物品 19. 受托拍卖物品 20. 资产自来水，一般纳税人的自来水公司销售自来水等
3%征收率 减按2% 征收		1. 一般纳税人销售自己使用过的属于《增值税暂行条例》第十条规定不得抵扣且未抵扣进项税额的固定资产 2. 一般纳税人销售自己使用过的2008年12月31日以前取得的固定资产 3. 一般纳税人销售自己使用过的，纳入"营改增"试点前取得的固定资产 4. 销售旧货

（二）小规模纳税人的征收率

小规模纳税人适用征收率见表2-7。

表2-7　小规模纳税人适用征收率

征收率	项目名称	具体内容
3%		小规模纳税人销售货物或者加工、修理修配劳务，销售应税服务、无形资产一般适用3%征收率
	3%减按1%征收	自2020年3月1日至2023年12月31日，增值税小规模纳税人征收率3%减按1%征收
	3%减按2%征收	1. 小规模纳税人（不含其他个人）销售自己使用过的固定资产 2. 纳税人销售旧货
	3%减按0.5%征收	自2020年5月1日至2023年12月31日，从事二手车经销的纳税人销售其收购的二手车
5%		1. 销售不动产 2. 转让"营改增"前取得的土地使用权 3. 房地产开发企业销售、出租自行开发的房地产老项目 4. 符合条件的不动产融资租赁 5. 选择差额纳税的劳务派遣、安全保护服务
		个人出租住房适用5%征收率减按1.5%征收

四、计税方法

（一）一般计税方法（一般纳税人）

当期应纳增值税税额＝当期销项税额－当期进项税额

1. 允许抵扣的进项税额

允许抵扣的进项税额见表2-8。

表2-8　允许抵扣的进项税额

扣除方式	扣除金额	具体内容
以票扣税	按照发票注明的增值税税额准予抵扣	1. 增值税专用发票（含电子专票） 2. 税控机动车销售统一发票 3. 海关进口增值税专用缴款书
计算扣税	农产品收购发票 农产品销售发票	1. 纳税人购进用于生产和委托加工13%税率货物的农产品，按照10%的扣除率计算进项税额 2. 纳税人购进用于生产和委托加工9%税率货物的农产品，按照9%的扣除率计算应纳税额
	完税凭证	企业从境外单位或个人购进服务、无形资产或者不动产，自税务机关或者扣缴义务人取得的解缴税款的完税凭证上注明的增值税税额准予抵扣
	收费公路通行费发票	1. 道路通行费：按照收费公路通行费增值税电子普通发票上注明的增值税税额抵扣进项税额 2. 桥、闸通行费：暂凭取得的通行费发票上注明的收费金额按照下列公式计算可抵扣的进项税额： 桥、闸通行费可抵扣进项税额＝桥、闸通行费发票上注明的金额/$(1+5\%) \times 5\%$
	国内旅客运输服务	1. 国内旅客运输服务，限于与本单位签订了劳动合同的员工，以及本单位作为用工单位接受的劳务派遣员工发生的国内旅客运输服务 2. 取得增值税电子普通发票的，为发票上注明的税额。注：增值税电子普通发票上注明的购买方"名称""纳税人识别号"等信息，应当与实际抵扣税款的纳税人一致，否则不予抵扣 3. 取得注明旅客身份信息的航空运输电子客票行程单 航空旅客运输进项税额＝（票价+燃油附加费）/$(1+9\%) \times 9\%$ 4. 取得注明旅客身份信息的铁路车票 铁路旅客运输进项税额＝票面金额/$(1+9\%) \times 9\%$ 5. 取得注明旅客身份信息的公路、水路等其他客票 公路、水路等其他旅客运输进项税额＝票面金额/$(1+3\%) \times 3\%$
	出口货物转内销证明	

2. 不允许抵扣的进项税额

（1）用于简易计税方法计税项目，免征增值税项目，集体福利或者个人消费的购进货物，加工、修理修配劳务，服务，无形资产和不动产。

（2）非正常损失的购进货物，以及相关加工、修理修配劳务和交通运输服务。

（3）非正常损失的在产品、产成品所耗用的购进货物（不包括固定资产），加工、修理修配劳务和交通运输服务。

（4）非正常损失的不动产，以及该不动产所耗用的购进货物、设计服务和建筑服务。

（5）非正常损失的不动产在建工程所耗用购进货物、设计服务和建筑服务。

（6）购进旅客运输服务、贷款服务、餐饮服务、居民日常服务和娱乐服务。

（7）财政部和国家税务总局规定的其他情形。

（二）简易计税方法（一般纳税人/小规模纳税人）

$$当期应纳增值税税额 = 当期不含税销售额 \times 适用征收率$$

（三）组成计税价格（进口货物）

$$组成计税价格 = 关税完税价格 + 关税 + 消费税$$
$$应纳税额 = 组成计税价格 \times 税率$$

任务思考与自测

1. 整理笔记，并通过查找和阅读其他资料，绘制本节课思维导图，厘清知识脉络。

2. 阅读微信公众号"金杜研究所"发布的"《中华人民共和国增值税法（草案）》的亮点、变化和问题"，结合所学增值税知识，分析与增值税暂行条例相比，未来两年内即将出台的增值税法（草案）的主要变化和主要亮点。

3. 结合所学知识，整理有关增值税的征收范围、税率、税目等基础知识的记忆小妙招，制作PPT或录制视频进行展示，比较谁的记忆方法比较巧妙，帮助大家更轻松地记忆增值税知识。

项目二　税源涵养：小规模纳税人增值税纳税申报实务

项目认知目标

○ 能够描述自 2020 年以来，为服务小规模纳税人复工复产，财政部、税务总局出台的一系列税收优惠政策。

○ 准确阐述小规模纳税人（小微企业）非差额征税方式下增值税的计算。

○ 准确阐述小规模纳税人（非小微企业）非差额征税方式下增值税的计算。

○ 准确阐述小规模纳税人（小微企业）差额征税方式下增值税的计算。

○ 准确阐述小规模纳税人（非小微企业）差额征税方式下增值税的计算。

项目技能目标

○ 通过模块学习，熟练完成小规模纳税人（小微企业）非差额征税方式下增值税申报表的填制与网上申报。

○ 通过模块学习，熟练完成小规模纳税人（非小微企业）非差额征税方式下增值税申报表的填制与网上申报。

○ 通过模块学习，熟练完成小规模纳税人（小微企业）差额征税方式下增值税申报表的填制与网上申报。

○ 通过模块学习，熟练完成小规模纳税人（非小微企业）差额征税方式下增值税申报表的填制与网上申报。

项目价值目标

○ 理解国家"放管服"改革背景，领会国家借助"大智移云物区"等新信息技术支撑所构建的"智慧税务"征管体系，感受国家持续改进提供便捷、优质、高效的纳税服务的征管趋势。

○ 理解国家按照公平合理、涵养税源的要求，实施的纳税人分类管理的税收管理理念，感受国家通过一系列税收优惠政策，为服务小规模纳税人复工复产所做出的努力。

○ 理解税收为国家"集中力量办大事"所做的贡献，生动践行了构建人类命运共同体的理念，体现大国担当。

导入案例

小规模纳税人税收优惠政策变迁史

国家税务总局公告2013年第49号文规定：2013年，月销售额2万元以下的所有小规模纳税人，均免征增值税。

财税〔2013〕52号文规定：月销售额或营业额"不超过2万元"的企业或非企业性单位，暂免征收增值税或营业税。

国家税务总局公告2014年第57号文规定：2014年，月销售额3万元以下的所有小规模纳税人，均免征增值税。

财税〔2014〕71号文规定：月销售额不超过3万元（按季纳税9万元）的，免征增值税；月营业额不超过3万元（按季纳税9万元）的，免征营业税。

财税〔2019〕13号文规定：自2019年1月1日起，月销售额10万元以下的所有小规模纳税人，均免征增值税。

财税〔2020〕13号文规定：为支持个体工商户复工复业，自2020年3月开始实施3%征收率减按1%征收政策。

财税〔2021〕11号文规定：自2021年4月1日至2022年12月31日，月销售额15万元以下的所有小规模纳税人，均免征增值税。

财税〔2022〕15号文规定：自2022年4月1日至2022年12月31日，增值税小规模纳税人适用3%征收率的应税销售收入，免征增值税；适用3%预征率的预缴增值税项目，暂停预缴增值税。

财税〔2023〕1号文规定：自2023年1月1日至2023年12月31日，对月销售额10万元以下（含本数）的增值税小规模纳税人，免征增值税。同时，自2023年1月1日至2023年12月31日，增值税小规模纳税人适用3%征收率的应税销售收入，减按1%征收率征收增值税；适用3%预征率的预缴增值税项目，减按1%预征率预缴增值税。

要求：根据上述背景，请同学们搜集相关文件原文，描绘小规模纳税人税收优惠政策的变迁史。

任务一　与民生息：小规模纳税人（非差额小微）纳税申报

一、符合免税政策且只开具增值税普通发票

（一）案例资料

2.5　非差额小微企业申报表的填报

【案例2-1】飞天有限责任公司坐落在山东省B市，是增值税小规模纳税人，主营业务为遥控飞机配件批发与零售。销售选择1个季度为纳税期限。2020年1月销售货物自行开具增值税普通发票价税合计10.30万元，2月销售货物取得未开具发票含税收入5.15万元，3月销售货物自行开具增值税普通发票价税合计10.10万元。

（二）案例分析

1. 从公司主营业务判断公司是否属于差额征税

从案例上看，飞天公司主营业务是批发、零售遥控飞机配件，属于销售商品，属于非差额征税的范畴。

2. 从公司季度（月度）销售额判断是否属于小微企业，享受免税优惠

由于疫情期间优惠始于3月份，故本例中1—2月适用3%，而3月适用1%的征收率。故根据公式不含税销售额＝含税销售额/（1＋征收率），将含税价换算成不含税价，计算如下：

第一季度不含税销售额＝10.3/（1＋3%）＋5.15/（1＋3%）＋10.1/（1＋1%）＝25（万元）

由于25万元未超过30万元，且该企业本季度没有开具增值税专用发票，故属于小微企业，享受小规模纳税人（月销售额10万元，季销售额30万元）免征增值税的税收优惠。

> **知识小百科：** 1. 本案例选择2020年第一季度申报材料是由于减按1%征收是疫情期间的过渡政策，在经历2022年的全部免税之后，随着形势的好转，2023年小规模纳税人的政策又恢复到2020年3月之后的10万元及以下免税，征收率由3%减按1%征收的政策。随着经济逐渐回暖，征收率应逐渐恢复到3%，故选择3%和1%的混合案例，以下案例均考虑这个原因。
>
> 2. 由于2021年8月起，增值税、消费税及其附加税申报表进行整合，小规模纳税人申报表除去表头发生实质性变化，其余变化不大，故本例选择申报表时选择用2021年8月整合后的新申报表，特此说明，以下案例均采用新申报表。

（三）申报表的填制

增值税小规模纳税人增值税及附加税费申报表（小规模纳税人适用）主要有1张主表和2张附列资料组成，附列资料1为服务、不动产和无形资产扣除项目明细，附列资料2为附加税费情况表，当主表填写完毕后附列资料2自动生成，故此处只展示主表的填报

（见表2-9），不展示附列资料2。

表2-9　增值税及附加税费申报表（小规模纳税人适用）

金额单位：元（列至角分）

项目	栏次	本期数		本年累计	
		货物及劳务	服务、不动产和无形资产	货物及劳务	服务、不动产和无形资产
一、计税依据 （一）应征增值税不含税销售额（3%征收率）	1				
增值税专用发票不含税销售额	2				
其他增值税发票不含税销售额	3				
（二）应征增值税不含税销售额（5%征收率）	4	—		—	
增值税专用发票不含税销售额	5	—		—	
其他增值税发票不含税销售额	6	—		—	
（三）销售使用过的固定资产不含税销售额	7（7≥8）		—		—
其中：其他增值税发票不含税销售额	8		—		—
（四）免税销售额	9＝10+11+12	250 000			
其中：小微企业免税销售额	10	250 000			
未达起征点销售额	11				
其他免税销售额	12				
（五）出口免税销售额	13（13≥14）				
其中：其他增值税发票不含税销售额	14				
二、税款计算 本期应纳税额	15				
本期应纳税额减征额	16				
本期免税额	17	7 500			
其中：小微企业免税额	18	7 500			
未达起征点免税额	19				
应纳税额合计	20＝15−16	0			
本期预缴税额	21			—	—
本期应补（退）税额	22＝20−21	0		—	—
三、附加税费 城市维护建设税本期应补（退）税额	23	0			
教育费附加本期应补（退）费额	24	0			
地方教育附加本期应补（退）费额	25	0			

续表

声明：此表是根据国家税收法律法规及相关规定填写的，本人（单位）对填报内容（及附带资料）的真实性、可靠性、完整性负责。	
	纳税人（签章）： 年 月 日
经办人： 经办人身份证号： 代理机构签章： 代理机构统一社会信用代码：	受理人： 受理税务机关（章）： 受理日期： 年 月 日

二、符合免税政策但同时开具增值税专用发票

（一）案例资料

【案例2-2】FT公司为小规模纳税人（非个体户），选择1个季度为纳税期限。2022年第四季度销售货物自行开具增值税免税普通发票合计15万元，同时放弃免税还开具了价税合计10.3万元的3%的专票。

（二）案例分析

1. 从公司主营业务判断公司是否属于差额征税

从案例上看，FT公司主营业务是销售商品，属于非差额征税的范畴。

2. 从公司季度（月度）销售额判断是否属于小微企业，享受免税优惠

自2022年4月1日至2022年12月31日，增值税小规模纳税人适用3%征收率的应税销售收入，免征增值税。但纳税人选择放弃免税并开具增值税专用发票的，应开具征收率为3%的增值税专用发票，按3%交税。

$$第四季度不含税销售额 = 10.3/(1+3\%) = 10（万元）$$
$$第四季度应纳税额 = 100\,000 \times 3\% = 3\,000（元）$$

知识小百科：纳税人季度销售额10万元，未超过45万元，免征增值税的销售额等项目应当填写增值税及附加税费申报表（小规模纳税人适用）"小微企业免税销售额"或者"未达起征点销售额"相关栏次。

（三）申报表的填制（见表2-10）

表2-10 增值税及附加税费申报表（小规模纳税人适用）

金额单位：元（列至角分）

项目		栏次	本期数		本年累计	
			货物及劳务	服务、不动产和无形资产	货物及劳务	服务、不动产和无形资产
一、计税依据	（一）应征增值税不含税销售额（3%征收率）	1	100 000			
	增值税专用发票不含税销售额	2	100 000			

续表

一、计税依据					
	其他增值税发票不含税销售额	3			
	（二）应征增值税不含税销售额（5%征收率）	4	—		
	增值税专用发票不含税销售额	5	—		
	其他增值税发票不含税销售额	6	—		
	（三）销售使用过的固定资产不含税销售额	7（7≥8）	—		—
	其中：其他增值税发票不含税销售额	8	—		
	（四）免税销售额	9＝10＋11＋12	150 000		
	其中：小微企业免税销售额	10	150 000		
	未达起征点销售额	11			
	其他免税销售额	12			
	（五）出口免税销售额	13（13≥14）			
	其中：其他增值税发票不含税销售额	14			
二、税款计算	本期应纳税额	15	3 000		
	本期应纳税额减征额	16			
	本期免税额	17	4 500		
	其中：小微企业免税额	18	4 500		
	未达起征点免税额	19			
	应纳税额合计	20＝15－16	3 000		
	本期预缴税额	21		—	—
	本期应补（退）税额	22＝20－21	3 000		—
三、附加税费	城市维护建设税本期应补（退）税额	23	210		
	教育费附加本期应补（退）费额	24	90		
	地方教育附加本期应补（退）费额	25	60		

注：由于表头和表尾部分基本是一致的，故本例中去掉表头和表尾。

任务思考与自测

1. 整理笔记，并通过查找和阅读其他资料，绘制本节课思维导图，厘清知识脉络。

2. 阅读增值税及附加税费申报表（小规模纳税人适用）及其附列资料填写说明（可在配套在线课程中下载或者微信搜索查找），能够分析小规模纳税人（非差额小微）增值税申报表的填制要点。

3. 资料：飞天有限责任公司坐落在山东省 B 市，是增值税小规模纳税人，主营业务为遥控飞机配件批发与零售。销售选择 1 个季度为纳税期限。2023 年 1 月份销售货物自行开具增值税普通发票价税合计 10.30 万元，2 月份销售货物取得未开具发票含税收入 5.15 万元，3 月份销售货物自行开具增值税普通发票价税合计 10.10 万元。

要求：请根据案例资料，填制增值税及附加税费申报表（小规模纳税人适用）及其附列资料，比较政策变化对申报表填写的影响，培养主动更新知识、独立思考评价的能力。

4. 资料：FT 公司为小规模纳税人（非个体户），选择 1 个季度为纳税期限。2023 年第 1 季度销售货物自行开具增值税免税普通发票合计 15 万元，同时放弃免税还开具了价税合计 10.3 万元的 3% 的专票。

要求：请根据案例资料，填制增值税及附加税费申报表（小规模纳税人适用）及其附列资料，比较政策变化对申报表填写的影响，养成主动更新知识、独立思考评价的能力。

任务二　民安国泰：小规模纳税人（非差额非小微）纳税申报

一、不符合免税政策且只开具增值税普通发票

（一）案例资料

 2.6　非差额非小微企业申报表的填报

【案例 2-3】飞天有限责任公司坐落在山东省 B 市，是增值税小规模纳税人，主营业务为遥控飞机配件批发与零售。选择 1 个季度为纳税期限。2020 年 1 月份自行开具增值税普通发票价税合计 15.45 万元，2 月取得开具增值税普通发票价税合计 10.30 万元，3 月自行开具增值税普通发票价税合计 10.10 万元。

（二）案例分析

1. 从公司主营业务判断公司是否属于差额征税

从案例上看，飞天公司主营业务是批发、零售遥控飞机配件，属于销售商品，属于非差额征税的范畴。

2. 从公司季度（月度）销售额判断是否属于小微企业，享受免税优惠

第一季度不含税销售额 = 15.45/(1+3%) + 10.3/(1+3%) + 10.1/(1+1%) = 35（万元）

由于 35 万元超过 30 万元，不属于小微企业，不能享受小规模纳税人（月销售额 10 万元，季销售额 30 万元）免征增值税的税收优惠。

3. 单独计算减征的增值税应纳税额

$$减征的增值税应纳税额 = 减按1\%征收率征收增值税的不含税销售额 \times 2\%$$
$$= 101\,000/(1+1\%) \times 2\% = 2\,000（元）$$

　　知识小百科：根据国家税务总局公告2020年第5号第二条及第三条的规定，减按1%征收率征收增值税的销售额应当填写在增值税纳税申报表（小规模纳税人适用）的"应征增值税不含税销售额（3%征收率）"相应栏次（即第1栏），对应减征的增值税应纳税额按销售额的2%计算填写增值税纳税申报表（小规模纳税人适用）的"本期应纳税额减征额"栏次；同时，还要填写增值税减免税申报明细表的"减税项目"相应栏次。

（三）申报表的填制

1. 填写增值税减免税申报明细表

　　把单独计算的减征的增值税应纳税额2 000元，填写在增值税减免税申报明细表中（见表2-11）。选择减免税代码：0001011608，手动填写第2列和第4列，其余栏次都是系统自动填写的。

表2-11　增值税减免税申报明细表（季度）

税款所属时间：自2020年01月01日至2020年03月31日

纳税人名称：　　　　　　　　　　　　　　　　　　　　　　金额单位：元（列至角分）

一、减税项目					
减税性质代码及名称	栏次	期初余额	本期发生额	本期应抵减税额	本期实际抵减税额	期末余额
		1	2	3=1+2	4≤3	5=3-4
合计		0	2 000	2 000	2 000	0
输入代码：0001011608		0	2 000	2 000	2 000	0

二、免税项目					
免税性质代码及名称	栏次	免征增值税项目销售额	免税销售额扣除项目本期实际扣除金额	扣除后免税销售额	免税销售额对应的进项税额	免税额
		1	2	3=1-2	4	5
合计						
出口免税		—	—	—	—	
其中：跨境服务		—	—	—	—	
小规模纳税人3%征收率免征增值税						

2. 填写增值税及附加税费申报表（小规模纳税人适用）（见表2-12）

表2-12　增值税及附加税费申报表（小规模纳税人适用）

金额单位：元（列至角分）

	项目	栏次	本期数		本年累计	
			货物及劳务	服务、不动产和无形资产	货物及劳务	服务、不动产和无形资产
一、计税依据	（一）应征增值税不含税销售额（3%征收率）	1	350 000			

续表

一、计税依据	增值税专用发票不含税销售额	2			
	其他增值税发票不含税销售额	3	350 000		
	（二）应征增值税不含税销售额（5%征收率）	4	—		
	增值税专用发票不含税销售额	5	—		—
	其他增值税发票不含税销售额	6	—		—
	（三）销售使用过的固定资产不含税销售额	7（7≥8）		—	—
	其中：其他增值税发票不含税销售额	8		—	—
	（四）免税销售额	9＝10＋11＋12			
	其中：小微企业免税销售额	10			
	未达起征点销售额	11			
	其他免税销售额	12			
	（五）出口免税销售额	13（13≥14）			
	其中：其他增值税发票不含税销售额	14			
二、税款计算	本期应纳税额	15	10 500		
	本期应纳税额减征额	16	2 000		
	本期免税额	17			
	其中：小微企业免税额	18			
	未达起征点免税额	19			
	应纳税额合计	20＝15－16	8 500		
	本期预缴税额	21		—	—
	本期应补（退）税额	22＝20－21	8 500	—	—
三、附加税费	城市维护建设税本期应补（退）税额	23			
	教育费附加本期应补（退）费额	24			
	地方教育附加本期应补（退）费额	25			

二、符合免税政策但同时开具增值税专用发票

（一）案例资料

【案例 2-4】FT 公司为小规模纳税人（非个体户），选择 1 个季度为纳税期限。2022 年第四季度销售货物自行开具增值税免税普通发票合计 100 万元，同时出租房屋价税合计 21 万元，开具 5% 的增值税普通发票。

（二）案例分析

1. 从公司主营业务判断公司是否属于差额征税

从案例上看，FT公司主营业务是销售商品，属于非差额征税的范畴。

2. 从公司季度（月度）销售额判断是否属于小微企业，享受免税优惠

纳税人季度销售额 = 100+21∕（1+5％）= 120（万元）

自2022年4月1日至2022年12月31日，增值税小规模纳税人适用3％征收率的应税销售收入，免征增值税。尽管120万元大于45万元，超过45万元仍然免税。但是出租不动产的收入不能享受免税。

> **知识小百科**：合计季销售额超过45万元的（月度15万元），由于不属于小微企业，因此免征增值税的全部销售额等项目不能填写在增值税及附加税费申报表（小规模纳税人适用）的"小微企业免税销售额"或者"未达起征点销售额"相关栏次，应当填写在增值税及附加税费申报表（小规模纳税人适用）的"其他免税销售额"栏次及增值税减免税申报明细表的对应栏次。

（三）申报表的填制

1. 填写增值税减免税申报明细表（见表2-13）

表2-13　增值税减免税申报明细表（季度）

税款所属时间：自2022年10月01日至2022年12月31日

纳税人名称：　　　　　　　　　　　　　　　　　　　　　　金额单位：元（列至角分）

一、减税项目					
减税性质代码及名称	栏次	期初余额	本期发生额	本期应抵减税额	本期实际抵减税额	期末余额
		1	2	3=1+2	4≤3	5=3-4
合计						

二、免税项目					
免税性质代码及名称	栏次	免征增值税项目销售额	免税销售额扣除项目本期实际扣除金额	扣除后免税销售额	免税销售额对应的进项税额	免税额
		1	2	3=1-2	4	5
合计						
出口免税		—	—		—	—
其中：跨境服务						
小规模纳税人3％征收率免征增值税		1 000 000		1 000 000		

2. 填写增值税及附加税费申报表（小规模纳税人适用）（见表2-14）

表2-14　增值税及附加税费申报表（小规模纳税人适用）

金额单位：元（列至角分）

项目		栏次	本期数		本年累计	
			货物及劳务	服务、不动产和无形资产	货物及劳务	服务、不动产和无形资产
一、计税依据	（一）应征增值税不含税销售额（3%征收率）	1				
	增值税专用发票不含税销售额	2				
	其他增值税发票不含税销售额	3				
	（二）应征增值税不含税销售额（5%征收率）	4	—	200 000	—	
	增值税专用发票不含税销售额	5	—		—	
	其他增值税发票不含税销售额	6	—	200 000	—	
	（三）销售使用过的固定资产不含税销售额	7（7≥8）		—		—
	其中：其他增值税发票不含税销售额	8		—		
	（四）免税销售额	9=10+11+12				
	其中：小微企业免税销售额	10				
	未达起征点销售额	11				
	其他免税销售额	12				
	（五）出口免税销售额	13（13≥14）				
	其中：其他增值税发票不含税销售额	14				
二、税款计算	本期应纳税额	15		10 000		
	本期应纳税额减征额	16				
	本期免税额	17	30 000			
	其中：小微企业免税额	18				
	未达起征点免税额	19				
	应纳税额合计	20=15-16		10 000		
	本期预缴税额	21			—	—
	本期应补（退）税额	22=20-21		10 000	—	—
三、附加税费	城市维护建设税本期应补（退）税额	23				
	教育费附加本期应补（退）费额	24				
	地方教育附加本期应补（退）费额	25				

注： 由于表头和表尾部分基本是一致的，故本例中去掉表头和表尾。

任务思考与自测

1. 整理笔记，并通过查找和阅读其他资料，绘制本节课思维导图，厘清知识脉络。

2. 阅读增值税及附加税费申报表（小规模纳税人适用）及其附列资料填写说明（可在配套在线课程中下载或者微信搜索查找），能够分析小规模纳税人（非差额非小微）增值税申报表的填制要点。

3. 资料：飞天有限责任公司坐落在山东省 B 市，是增值税小规模纳税人，主营业务为遥控飞机配件批发与零售。选择 1 个季度为纳税期限。2023 年 1 月自行开具增值税普通发票价税合计 15.45 万元，2 月取得开具增值税普通发票价税合计 10.30 万元，3 月自行开具增值税普通发票价税合计 10.10 万元。

要求：请根据案例资料，填制增值税及附加税费申报表（小规模纳税人适用）及其附列资料，比较政策变化对申报表填写的影响，养成主动更新知识、独立思考评价的能力。

4. 资料：FT 公司为小规模纳税人（非个体户），选择 1 个季度为纳税期限。2023 年第一季度销售货物自行开具增值税免税普通发票合计 100 万元，同时出租房屋价税合计 21 万元，开具 5% 的增值税普通发票。

要求：请根据案例资料，填制增值税及附加税费申报表（小规模纳税人适用）及其附列资料，比较政策变化对申报表填写的影响，养成主动更新知识、独立思考评价的能力。

任务三　发政施仁：小规模纳税人（差额小微）纳税申报

一、"营改增"引发的差额征税情况

（一）差额征税的产生是"营改增"的结果

 2.7　差额小微企业申报表的填报

由于受到"营改增"的影响，为避免重复征税，差额征税应运而生。差额征税是指营业税改征增值税应税服务的纳税人，按照国家有关差额征税的政策规定，以取得的全部价款和价外费用扣除支付给规定范围纳税人的规定项目价款后的不含税余额为销售额的征税方法。差额征税的产生是"营改增"的必然结果。

（二）差额征税的适用范围

差额征税的业务共有 24 种情况。这 24 种情况可以根据发票开具形式的不同，分为两

大类：差额征税全额开票和差额征税差额开票。常见的差额征税的行业包括建筑安装行业、旅游行业、劳务派遣公司等。

1. 差额征税全额开票的行业

（1）中国证券登记结算公司。

（2）建筑服务劳务分包。

（3）一般计税房地产销售。

（4）融资租赁服务。

（5）融资性售后回租服务收取租金。

（6）物业管理服务收取自来水费。

（7）转让 2016 年 4 月 30 日前取得的土地使用权。

（8）航空运输代理提供境外航段机票代理服务。

（9）一般纳税人提供客运场站服务。

（10）航空运输销售额。

（11）一般纳税人转让 2016 年 4 月 30 日前取得的不动产。

2. 差额征税差额开票的行业

（1）经纪代理服务。

（2）融资性售后回租服务收取本金。

（3）旅游服务。

（4）劳务派遣服务。

（5）安保服务。

（6）人力资源外包服务。

（7）公益特服号接受捐款。

（8）签证代理服务。

（9）代理进口。

（10）境外单位考试费。

（11）金融商品转让。

（12）机票代理服务。

（13）小规模纳税人转让不动产。

（三）差额征税的税收规定

根据国家税务总局公告 2023 年第 1 号规定：适用增值税差额征税政策的小规模纳税人，以差额后的销售额确定是否可以享受 1 号公告第一条规定的免征增值税政策。增值税及附加税费申报表（小规模纳税人适用）中的"免税销售额"相关栏次，填写差额后的销售额。

二、小规模纳税人（差额小微）纳税申报案例

（一）案例资料

【案例 2-5】某企业位于山东省 B 市，是增值税小规模纳税人，提供旅游服务，选择 1 个季度为纳税期限。2020 年 1 月提供旅游服务取得含税收入 20.30 万元，其中按政策规

定可扣除金额 10 万元，开具增值税普通发票；2 月提供旅游服务取得含税收入 10.15 万元，其中按政策规定可扣除金额 5 万元，开具增值税普通发票；3 月提供旅游服务取得含税收入 15.10 万元，其中按政策规定可扣除金额 5 万元，未开具发票。假设扣除额无期初余额。

（二）案例分析

1. 从公司主营业务判断公司是否属于差额征税

从案例上看，该企业主营业务是旅游服务，属于差额征税的范畴。

2. 从公司季度（月度）销售额判断是否属于小微企业，享受免税优惠

$$第一季度不含税销售额 = (20.3-10)/(1+3\%) + (10.15-5)/(1+3\%) + (15.1-5)/(1+1\%) = 25（万元）$$

由于 25 万元未超过 30 万元，属于小微企业，享受免征增值税的税收优惠。

3. 计算小微免税额

小微企业增值税免税额应按照 3% 计算免税额。

$$小微免税额 = 不含税销售额 \times 3\% = 250\,000 \times 3\% = 7\,500（元）$$

知识小百科：该企业销售服务应填写至"货物及劳务"列对应的相关栏次。填写"小微企业免税销售额"栏次，其余栏次数据自动生成。差额征税的纳税人在进行纳税申报时，不仅需要填写申报表主表，还要填写对应行业的附列资料。

（三）申报表的填制

1. 填写附列资料（见表 2-15）

表 2-15　增值税及附加税费申报表（小规模纳税人适用）附列资料（一）
（服务、不动产和无形资产扣除项目明细）

税款所属期：2020 年 01 月 01 日至 2020 年 03 月 01 日　　　　　　填表日期：　年　月　日

纳税人名称（公章）：　　　　　　　　　　　　　　　　　金额单位：元（列至角分）

应税行为（3%征收率）扣除额计算			
期初余额	本期发生额	本期扣除额	期末余额
1	2	3（3≤1+2 之和，且 3≤5）	4=1+2-3
0	200 000	200 000	0
应税行为（3%征收率）计税销售额计算			
全部含税收入（适用 3%征收率）	本期扣除额	含税销售额	不含税销售额
5	6=3	7=5-6	8=7÷1.03
455 500	200 000	255 500	250 000
应税行为（5%征收率）扣除额计算			
期初余额	本期发生额	本期扣除额	期末余额
9	10	11（11≤9+10 之和，且 11≤13）	12=9+10-11

续表

应税行为（5%征收率）计税销售额计算			
全部含税收入（适用5%征收率）	本期扣除额	含税销售额	不含税销售额
13	14 = 11	15 = 13 − 14	16 = 15 ÷ 1.05

2. 填写主表资料（见表2-16）

表2-16　增值税及附加税费申报表（小规模纳税人适用）

金额单位：元（列至角分）

项目		栏次	本期数		本年累计	
			货物及劳务	服务、不动产和无形资产	货物及劳务	服务、不动产和无形资产
一、计税依据	（一）应征增值税不含税销售额（3%征收率）	1				
	增值税专用发票不含税销售额	2				
	其他增值税发票不含税销售额	3				
	（二）应征增值税不含税销售额（5%征收率）	4	—		—	
	增值税专用发票不含税销售额	5	—		—	
	其他增值税发票不含税销售额	6	—		—	
	（三）销售使用过的固定资产不含税销售额	7（7≥8）		—		—
	其中：其他增值税发票不含税销售额	8		—		
	（四）免税销售额	9 = 10+11+12	250 000			
	其中：小微企业免税销售额	10	250 000			
	未达起征点销售额	11				
	其他免税销售额	12				
	（五）出口免税销售额	13（13≥14）				
	其中：其他增值税发票不含税销售额	14				
二、税款计算	本期应纳税额	15				
	本期应纳税额减征额	16				
	本期免税额	17	7 500			
	其中：小微企业免税额	18	7 500			
	未达起征点免税额	19				

续表

二、税款计算	应纳税额合计	20＝15-16	0		
	本期预缴税额	21		—	—
	本期应补（退）税额	22＝20-21	0	—	—
三、附加税费	城市维护建设税本期应补（退）税额	23			
	教育费附加本期应补（退）费额	24			
	地方教育附加本期应补（退）费额	25			

> 注：由于表头和表尾部分基本是一致的，故本例中去掉表头和表尾。

任务思考与自测

1. 整理笔记，并通过查找和阅读其他资料，绘制本节课思维导图，厘清知识脉络。

2. 阅读增值税及附加税费申报表（小规模纳税人适用）及其附列资料填写说明（可在配套在线课程中下载或者微信搜索查找），能够分析小规模纳税人（差额小微）增值税申报表的填制要点。

3. 资料：某企业位于山东省 B 市，是增值税小规模纳税人，提供旅游服务，选择 1 个季度为纳税期限。2023 年 1 月提供旅游服务取得含税收入 20.30 万元，其中按政策规定可扣除金额 10 万元，开具增值税普通发票；2 月提供旅游服务取得含税收入 10.15 万元，其中按政策规定可扣除金额 5 万元，开具增值税普通发票；3 月提供旅游服务取得含税收入 15.10 万元，其中按政策规定可扣除金额 5 万元，未开具发票。假设扣除额无期初余额。

要求：请根据案例资料，填制增值税及附加税费申报表（小规模纳税人适用）及其附列资料，比较政策变化对申报表填写的影响，养成主动更新知识、独立思考评价的能力。

任务四　政通人和：小规模纳税人（差额非小微）纳税申报

一、案例资料

 2.8　差额非小微企业申报表的填报

【案例 2-6】 某企业为增值税小规模纳税人，提供建筑安装服务并享受差额征税政策，选择 1 个季度为纳税期限。2020 年 1 月提供建安服务取得含税收入 20.30 万元，其中按政策规定可扣除金额 10 万元。1 月收入共开具两张发票,其中由税务机关代开增值税专用发票一张,票面金额 10 万元,税额 0.30 万元,并同时预缴税款 0.30 万元;自行开具增值税普通发票一张,价税合计为 10 万元。2 月提供建筑安装服务取得含税收入 23.45 万元,其中按政策规定可扣除分包款金额 8 万元,开具增值税普通发票;3 月提供建筑安装服务取得含税收入 15.10 万元,其中按政策规定可扣除分包款金额 5 万元。假设扣除额无期初余额。

二、案例分析

1. 从公司主营业务判断公司是否属于差额征税

从案例上看,该企业主营业务是建筑安装服务,属于差额征税的范畴。

2. 从公司季度(月度)销售额判断是否属于小微企业,享受免税优惠

$$第一季度不含税销售额 = (20.3-10)/(1+3\%)+(23.45-8)/(1+3\%)+$$
$$(15.1-5)/(1+1\%) = 35(万元)$$

由于 35 万元超过 30 万元,不属于小微企业,不能享受小规模纳税人免征增值税的税收优惠。

3. 单独计算减征的增值税应纳税额

$$减征的增值税应纳税额 = 减按 1\% 征收率征收增值税的不含税销售额 × 2\%$$

同时,按照财税〔2016〕36 号文规定,试点纳税人提供建筑安装服务适用简易征收办法的,适用差额征税,即以取得的全部价款和价外费用扣除支付给规定范围纳税人的规定项目价款后的不含税余额为销售额。

$$减征的增值税应纳税额 = (151\,000-50\,000)/(1+1\%) × 2\% = 2\,000(元)$$

知识小百科:差额征税的纳税人在进行纳税申报时,不仅需要填写申报表主表,还要填写对应行业的附列资料。

三、申报表的填制

1. 填写附列资料(见表 2-17)

表 2-17　增值税及附加税费申报表(小规模纳税人适用)附列资料(一)

(服务、不动产和无形资产扣除项目明细)

税款所属期:2020 年 01 月 01 日至 2020 年 03 月 01 日　　　　填表日期:　　年　　月　　日

纳税人名称(公章):　　　　　　　　　　　　　　　　　　金额单位:元(列至角分)

应税行为(3%征收率)扣除额计算			
期初余额	本期发生额	本期扣除额	期末余额
1	2	3(3≤1+2 之和,且 3≤5)	4=1+2-3
0	230 000	230 000	0

续表

应税行为（3%征收率）计税销售额计算			
全部含税收入（适用3%征收率）	本期扣除额	含税销售额	不含税销售额
5	6＝3	7＝5－6	8＝7÷1.03
588 500	230 000		350 000
应税行为（5%征收率）扣除额计算			
期初余额	本期发生额	本期扣除额	期末余额
9	10	11（11≤9+10之和，且11≤13）	12＝9+10－11
应税行为（5%征收率）计税销售额计算			
全部含税收入（适用5%征收率）	本期扣除额	含税销售额	不含税销售额
13	14＝11	15＝13－14	16＝15÷1.05

2. 填写增值税减免税申报明细表（见表2-18）

表2-18 增值税减免税申报明细表（季度）

税款所属时间：自 2020 年 01 月 01 日 至 2020 年 03 月 31 日

纳税人名称：　　　　　　　　　　　　　　　　　　　　　　金额单位：元（列至角分）

一、减税项目					
减税性质代码及名称	栏次	期初余额	本期发生额	本期应抵减税额	本期实际抵减税额	期末余额
		1	2	3＝1+2	4≤3	5＝3－4
合计		0	2 000	2 000	2 000	0
输入代码：0001011608		0	2 000	2 000	2 000	0
二、免税项目					
免税性质代码及名称	栏次	免征增值税项目销售额	免税销售额扣除项目本期实际扣除金额	扣除后免税销售额	免税销售额对应的进项税额	免税额
		1	2	3＝1－2	4	5
合计						
出口免税			—	—	—	—
其中：跨境服务			—	—	—	—
小规模纳税人3%征收率免征增值税						

3. 填写主表资料（见表2-19）

表2-19 增值税及附加税费申报表（小规模纳税人适用）

金额单位：元（列至角分）

项目	栏次	本期数		本年累计	
		货物及劳务	服务、不动产和无形资产	货物及劳务	服务、不动产和无形资产
一、计税依据					
（一）应征增值税不含税销售额（3%征收率）	1		350 000		
增值税专用发票不含税销售额	2		100 000		
其他增值税发票不含税销售额	3		250 000		
（二）应征增值税不含税销售额（5%征收率）	4	—			
增值税专用发票不含税销售额	5	—			
其他增值税发票不含税销售额	6	—			
（三）销售使用过的固定资产不含税销售额	7（7≥8）		—		—
其中：其他增值税发票不含税销售额	8				
（四）免税销售额	9＝10+11+12				
其中：小微企业免税销售额	10				
未达起征点销售额	11				
其他免税销售额	12				
（五）出口免税销售额	13（13≥14）				
其中：其他增值税发票不含税销售额	14				
二、税款计算					
本期应纳税额	15		10 500		
本期应纳税额减征额	16		2 000		
本期免税额	17				
其中：小微企业免税额	18				
未达起征点免税额	19				
应纳税额合计	20＝15-16		8 500		
本期预缴税额	21		3 000	—	—
本期应补（退）税额	22＝20-21			—	—
三、附加税费					
城市维护建设税本期应补（退）税额	23				
教育费附加本期应补（退）费额	24				
地方教育附加本期应补（退）费额	25				

> 注：由于表头和表尾部分基本是一致的，故本例中去掉表头和表尾。

任务思考与自测

1. 整理笔记，并通过查找和阅读其他资料，绘制本节课思维导图，厘清知识脉络。

2. 阅读增值税及附加税费申报表（小规模纳税人适用）及其附列资料填写说明（可在配套在线课程中下载或者微信搜索查找），能够分析小规模纳税人（差额非小微）增值税申报表的填制要点。

3. 资料：某企业为增值税小规模纳税人，提供建安服务并享受差额征税政策，选择1个季度为纳税期限。2023年1月提供建筑安装服务取得含税收入20.30万元，其中按政策规定可扣除金额10万元。1月收入共开具两张发票，其中由税务机关代开增值税专用发票一张，票面金额10万元，税额0.30万元，并同时预缴税款0.30万元；自行开具增值税普通发票一张，价税合计为10万元。2月提供建筑安装服务取得含税收入23.45万元，其中按政策规定可扣除分包款金额8万元，开具增值税普通发票；3月提供建筑安装服务取得含税收入15.10万元，其中按政策规定可扣除分包款金额5万元。假设扣除额无期初余额。

要求：请根据案例资料，填制增值税及附加税费申报表（小规模纳税人适用）及其附列资料，比较政策变化对申报表填写的影响，培养主动更新知识、独立思考评价的能力。

项目三 简并征收：一般纳税人增值税纳税申报实务

📖 项目认知目标

○ 能够描述自2020年以来，为服务一般纳税人复工复产，财政部、税务总局出台的一系列加计抵减、留抵退税等税收优惠政策。

○ 准确阐述一般纳税人增值税的申报流程。

○ 准确阐述一般纳税人申报表填制的要点。

📍 项目技能目标

○ 通过模块学习，能够清晰厘清申报表数据来龙去脉，知道如何收集、统计和使用数据，清晰描述申报表的结构、各申报表数据之间的勾稽关系。

○ 通过模块学习，熟练完成一般纳税人增值税申报表的填制与网上申报。

○ 通过模块学习，熟练描述纳税义务时间、纳税申报时限等基本实践问题，能够识别和避免不必要的税务风险。

◎ 项目价值目标

○ 了解国家"放管服"改革背景，领会国家借助"大智移云物区"等新信息技术支撑所构建的智慧税务征管体系，感受国家持续改进提供便捷、优质、高效的纳税服务的征管趋势。

○ 能够主动借助自媒体平台，分析和比较申报表整合的政策变化对申报表填写的影响，具备主动更新知识、独立思考评价的能力，能够体会国家网络强国战略和知识共享导向给纳税人学习和申报带来的实惠。

○ 能够主动借助自媒体平台，分析和比较留抵退税、加计抵减等税收优惠政策对企业复工复产的影响，体会国家人民中心理念，能够准确把握国家产业调整导向，培养战略认同和家国情怀。

🔷 导入案例

2023 年一般纳税人留抵退税税收优惠政策

留抵退税就是把增值税期末未抵扣完的税额退还给纳税人。2019 年以前，留抵退税的主要处理方式是结转下期抵扣；2019 年以后，对先进制造业增量留抵税额予以全部退税，对于其他行业设定了退税门槛，满足条件的增量留抵税额按一定比例退税。2022 年对留抵税额实行大规模退税。目前，留抵退税政策主要依据是财税〔2019〕39 号公告，财税〔2022〕14 号公告和财税〔2022〕21 号公告。

2022 年实行大规模留抵退税，是在疫情之下国家为加速经济复苏，推进"减税、退税、缓税"组合式税费支持政策的重要一环，此项政策的实施可以有效减轻市场主体流动资金压力，激发市场主体活力，降低融资成本，促使恢复生产稳定就业，拉动需求和供给向新平衡态发展，推动产业转型升级和结构优化，支持实体经济高质量发展。

政策依据	面向行业	起止时间	退税类型
财税〔2019〕39 号	一般企业，行业范围包含所有行业	2019 年 4 月 1 日起	允许退还的增量留抵税额＝增量留抵税额×进项构成比例×60%
财税〔2022〕14 号	1. 小微企业（包括个体户），行业范围包含所有行业	2022 年 4 月 1 日— 12 月 31 日	按月全额退还增值税增量留抵税额、一次性退还存量留抵税额
	2. 六大产业：制造业，科学研究和技术服务业，电力、热力、燃气及水生产和供应业，软件和信息技术服务业，生态保护和环境治理业，交通运输业，仓储和邮政业	2022 年 4 月 1 日起	允许退还的增量留抵税额＝增量留抵税额×进项构成比例×100%；允许退还的存量留抵税额＝存量留抵税额×进项构成比例×100%
财政部税务总局公告 2022 年第 21 号	扩大 7 个产业：批发和零售业，农、林、牧、渔业，住宿和餐饮业，居民服务、修理和其他服务业，教育，卫生和社会工作，文化、体育和娱乐业	2022 年 7 月 1 日起	注：公告所称制造业、批发零售业等行业企业是指从事这些行业业务相应发生的增值税销售额占全部增值税销售额的比重超过 50% 的纳税人。

要求：根据上述背景，请同学们搜集相关文件原文，进一步厘清留抵退税的原因、原理和税收优惠政策的变迁史。

任务一　删繁就简：增值税纳税申报流程

一、一般纳税人增值税申报方式

简单地说，一般纳税人增值税申报就是把企业当期的增值税相关情况以填写申报表的形式报送给税务局，形式可以多样，如网上申报、上门申报等。根据"让数据多跑路，让百姓少跑腿"的智慧税务构建要求，目前增值税申报主要是网上申报，按期网上填写申报表申报即可。

二、增值税申报表体系

国家税务总局公告2021年第20号明确：自2021年8月1日起，在全国推行增值税、消费税及附加税费申报表整合。经过整合后，一般纳税人增值税申报表体系包括1张主表、5张附列资料；小规模纳税人增值税申报表体系包括1张主表、2张附列资料，同时针对预缴、减免税等特殊事项形成2套共用的报表，包括《增值税减免税申报明细表》和《增值税及附加税费预缴表》及其附列资料（1主表1附表），具体如图2-1所示。

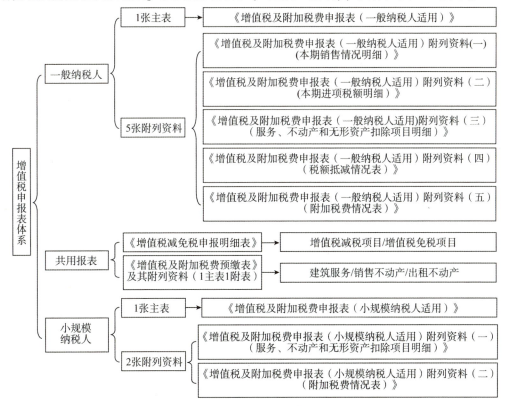

图 2-1　增值税申报表体系

三、增值税申报数据来源

一般纳税人采用一般计税办法计算缴纳增值税，计算公式为：应纳税额＝销项税额－进项税额。销项税额主要来自开票数据，进项税额主要来自抵扣数据。

（一）开票数据的汇总

新企业税务报道后，首先做税种核定和票种核定，购买税控盘（或金税盘）后，插入电脑，下载安装增值税发票税控开票软件。然后从税务局申请发票回来，安装好开票系统后，就可以根据公司销售业务的发生情况开票了。开票时，要遵照公司销售合同约定，按照纳税义务时间开票，月初以开票系统数据为基础填写申报表。以金税盘举例，开票数据的收集主要经过以下几步。

（1）月末结束后，打开公司开票系统（金税盘），在"报税处理"→"月度统计"菜单中进行查询。

（2）选择所属期间，比如说选择 2023 年 1 月开票信息。

（3）查找开票汇总情况，并打印出来备用，这样，填写申报表附列资料（一）销项税的数据就收集好了。

（二）抵扣数据的勾选

随着智慧税务征管体系不断迭代，进项税额的确定经历了大厅认证、网上认证后，如今更加简便。主要经过以下几步。

（1）打开增值税发票综合服务平台（以山东省为例），网址基本格式为 https://fpdk. shandong. chinatax. gov. cn/。

（2）插入金税盘（税控盘或税务 Ukey），输入密码登录。

（3）登录后，以专票为例，单击"抵扣勾选"→"发票抵扣勾选"选项。可以直接输入要勾选的发票代码、号码等信息直接查询该发票，也可以选择一定开票范围，把这期间所有发票查询出来进行勾选。

（4）查找到这张发票后直接单击前面方框勾选，单击"提交"按钮即可。

（5）勾选提交后，我们单击"抵扣勾选统计"选项对勾选提交的信息进行统计查询。

（6）统计查询可以查看已经勾选的汇总信息，如果无误，在申报期单击"确认"按钮，确认后的信息会自动采集到申报表，核对后申报即可。

> **知识小百科**：关于进项税额勾选注意事项：
>
> （1）勾选简化抵扣手续。可以实现随时认证，今天对方开了发票，你若在系统中查到，则即可勾选，勾选即为认证过程。
>
> （2）发票有效期延长。发票有效期是 360 天，以前是 180 天。
>
> （3）根据需求选择月份勾选认证。本月销项比较大，则可以选择勾选认证进项发票进行抵扣。以前是当月认证，当月抵扣，月底则作废。比如 2 月的进项发票，3 月勾选认证，则 3 月底必须抵扣，否则就失效。
>
> （4）认证无效的发票可能是开具有误信息，或信息传递有误。但是，当月不能认证的发票可以在次月继续认证。
>
> （5）勾选功能不适用于 D 级企业（信用低的企业：比如不按时报税、税款有问题、被约谈等）。

（三）对账差异表的整理

申报增值税时，填写增值税申报表还有一项非常重要的核对工作，主要对财务系统中的"应交税费——应交增值税"的三级明细销项税额、进项税额、进项税额转出与通过开票系统收集的销项税额、通过增值税发票综合服务平台勾选的进项税额数据进行核对，找出申报表数据和财务账应交增值税的差异。没有核对申报的数据存在许多潜在问题：比如账务处理错误，进项税挂成销项税；又比如会计按照税法规定做了收入，提了销项税，但是税务岗还未开票。这些问题不解决就可能出现漏申报或者错申报，引发公司税务风险，所以，申报前一定要认真核对。

1. 销项核对

核对开票系统开票数据和财务系统中的"应交税费——应交增值税（销项税额）"的差异。

（1）从开票系统导出开票明细数据，即所有开票数据的电子明细表，方便加工核对。

（2）打印开票汇总表，首先核对导出的明细清单和打印的开票汇总表上的总数是否一致，保证需要核对的基础数据是正确的。

（3）从财务系统中将"应交税费——应交增值税（销项税额）"明细账导出，然后用 Excel 核对开票数据与"应交税费——应交增值税（销项税额）"明细账，找出差异。

> **知识小百科**：常见的差异原因有：
>
> （1）账务错误。比如开了发票，入账金额和税额录错了，这种情况需要调账。申报表需要按发票填写，申报表和账务的差异台账备查，后期调整。
>
> （2）发票开错。比如发票开重了，此时申报表需要先填写重复的这张发票，因为一窗式比对申报金额不得小于开票数据。申报表和账务的差异台账备查，下期红字冲销重复发票。
>
> （3）发票误作废。若不小心把当月发票误点了作废按钮，若此笔收入当月达到纳税义务时间，申报表需要补上，补在未开票收入栏次，下个月补开发票。
>
> （4）未开票收入。此时账务系统确认收入，计提了销项税，但是没开票。申报时需要先填写上，但开票数据没有，此时差异，计入备查账，以后开票了再核销掉。
>
> （5）开票未做收入。比如收到预收款开票，尚未达到销售收入确认条件，财务上不确认收入，但是开票系统已经开票，申报时候按照开票系统申报，账务系统没有这个收入，台账备查。
>
> （6）视同销售情况。视同销售财务系统账务处理没有确认收入额，但是需要填写申报表，申报表销售额和账务系统的差异台账备查。

2. 进项核对

核对抵扣勾选平台明细数据和财务系统中的"应交税费——应交增值税（进项税额）"的差异。

（1）从勾选平台下载抵扣明细清单，即所有本期勾选抵扣的进项的电子明细表，方便加工核对。

（2）从财务系统中将"应交税费——应交增值税（进项税额）"明细账导出，然后用 Excel 核对勾选抵扣数据与"应交税费——应交增值税（销项税额）"明细账，找出差异。

知识小百科：常见的差异原因有：

（1）账务错误。财务系统入账金额录入错误，此时按照抵扣数据填写增值税申报表，差异台账备查，后期调整账务。

（2）漏认证。账务系统正确，但认证时漏勾选了。注意：勾选平台可以在申报期结束前勾选上个月的，所以核对出这种差异，赶紧再把漏认证的勾选上，减少这种差异。

（3）不能抵扣的。如果核对发现不能抵扣的，需要做进项税额转出，比如用于职工福利的购进商品，抵扣清单有，但是账务上没做进项税转出，此时要做进项税转出，申报表也要同时做进项税转出填写。

3. 进项税额转出核对

主要核对申报表进项税转出与财务系统账面进项税转出的数据是否一致。实务中，会计处理岗位与税费申报岗通常是分开的，比如存货报废时，会计岗在账务处理时候进行了账务处理，做了进项税额转出，但是申报岗位若没有核对账务系统，则容易导致进项转出漏填。当然也要关注申报表进项税转出填写的数据，账务上是否进行进项税转出的处理。

综上，日常核对主要核对销项税额、进项税额、进项税额转出这几个科目，当然涉及其他科目也要核对。有了核对差异后，税务人员就可以结合开票数据、抵扣数据、差异数据分析填列申报表了。

四、增值税申报流程

2.9　一般纳税人增值税申报流程

一般纳税人在征期内进行申报的具体流程主要包括以下三个步骤。

（1）汇总上报（抄报税）。汇总上报也称为抄报税，是指纳税人在征期内登录开票软件抄税，并通过网上抄报或办税厅抄报，向税务机关上传上月开票数据。一般来说汇总上报的工作在开票系统会自动完成。次月1日打开开票系统会提醒已经上传成功。

（2）纳税申报。纳税申报就是填写增值税纳税申报表，一般在当地电子税务局进行网络申报，个别是手工填写大厅申报。网络申报是指纳税人登录网上申报软件进行网上申报，网上申报成功并通过税银联网实时扣缴税款的过程。

①附列资料（一）的填写。根据开票基础数据和核对差异分析表填列附列资料（一），按票种、按税率对应填写即可。

②附列资料（二）的填写。根据勾选平台的数据、需要计算填列的进项税额，结合核对差异台账，分析填列附列资料（二）。

③附列资料（一）和（二）填写后会自动生成主表数据，主表生成后会自动带入附列资料（五），纳税人填写完附加税费其他申报信息后，回到增值税、消费税申报主表，形成纳税人本期应缴纳的增值税、消费税和附加税费数据。

④其他附列资料及附表的填写。附列资料（三）是有差额计税的填写，附列资料（四）是加计抵减和税额抵减，这个有的就填，没有的就不填，还有减免税明细表，有就填写，没有就空白保存即可。

⑤核对数据提交申报。主表数据最终生成后，检查一下当期缴纳税金是否正确，如果没问题提交申报即可。

⑥缴款，如果有税金产生则可以直接网上操作进行扣款。

（3）清零解锁（清卡）。申报成功后，纳税人返回开票系统对税控设备进行清零解锁。清零解锁即清卡，清卡也是自动完成的，申报完成后再次打开开票会提醒清卡完成。申报工作具体流程如图 2-2 所示。

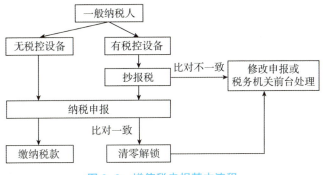

图 2-2　增值税申报基本流程

> **知识提示**：截至 2023 年 4 月底，全国 24 省市已开展全面数字化的电子发票试点，聚焦数字化电子发票上线等重点工作。电子发票服务平台支持开具电子普票和电子专票、纸质专票和纸质普票。其法律效力、基本用途相同。全面数字化电子发票是必然趋势，全电时代背景下，纳税人无需使用税控专用设备即可开具发票。

任务思考与自测

1. 整理笔记，并通过查找和阅读其他资料，绘制本节课思维导图，厘清知识脉络。

2. 阅读增值税及附加税费申报表（一般纳税人适用）及其附列资料填写说明（可在配套在线课程中下载或者微信搜索查找），能够分析申报表整合后一般纳税人增值税申报表的申报要点。

3. 阅读微信公众号文章《第一次报税！跪求一般纳税人增值税申报的详细流程》（二哥税税念），详细描述增值税纳税申报所需专业知识和实践准备，比较政策变化对申报表填写的影响，具备主动更新知识、独立思考评价的能力。

任务二　理实一体：一般纳税人增值税纳税申报案例

一、增值税申报具体流程

（1）登录电子税务局，依次选择"我要办税"→"税费申报及缴纳"选项。

（2）依次选择"增值税及附加税费申报"→"增值税及附加税费申报（一般纳税人适用）"选项。

（3）按规定选择加计抵减政策的声明并填写。

（4）填报附列资料（一）（本期销售情况明细），其中填写销售额、销项（应纳）税额，完成后保存。

（5）填报附列资料（二）（本期进项情况明细），其中填写申报抵扣的进项税额，完成后保存。

（6）按需选填附列资料（三）、附列资料（四）和增值税减免申报明细表，完成后保存。

（7）填报附列资料（五）（附加税费情况表）其中第1栏"增值税税额"根据主表第34栏"本期应补（退）税额"中数据自动生成。

> **知识小百科**：在填写附列资料（五）（附加税费情况表）时，系统数据会自动生成。比如属于有增值税留抵退税的纳税人，系统会自动带出第4栏"留抵退税本期扣除额"；在第8~10行次显示"可用于扣除的增值税留抵退税额使用情况"。填写完毕确认无误后保存，第12列"本期应补（退）税（费）额"自动带入主表第39、40、41栏。

（8）核实填报数据无误，检查相关自动带出税额无误，单击"申报"按钮即可。

2.10　一般纳税人增值税申报填制实例

二、增值税纳税申报案例

（一）案例资料

【**案例2-7**】资料：A公司是一般纳税人，企业符合加计抵减政策，并已通过电子税务局提交《适用加计抵减政策的声明》。具体销售和采购情况如下：

2022年9月发生有形动产经营租赁业务，开具4张13%税率的增值税专用发票，金额合计1 200 000元，税额合计156 000元；销售应税货物，开具1张13%税率的增值税普通发票，金额80 000元，税额10 400元。

购进按规定允许抵扣的国内旅客运输服务，取得1张9%增值税专用发票，金额50 000元，税额4 500元；取得1张注明旅客身份信息的航空运输电子客票行程单，票价2 000元，民航发展基金50元，燃油附加费120元；取得5张注明旅客身份信息的公路、水路等其他客票，票面金额合计2 060元。购进一栋不动产，取得1张增值税9%专用发票，金额1 500 000元，税额135 000元。

（二）案例分析

1. 本期销项税额的计算

根据开票软件的本期汇总情况可得

$$本期销项税额 = 156\,000 + 10\,400 = 166\,400（元）$$

2. 本期进项税额的计算

进项税额可以通过勾选平台勾选或计算确定。

（1）勾选平台确定金额。

购进国内旅客运输服务取得增值税专用发票的，可抵扣的进项税额为发票上注明的税

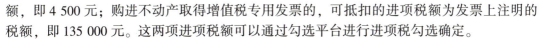

额，即 4 500 元；购进不动产取得增值税专用发票的，可抵扣的进项税额为发票上注明的税额，即 135 000 元。这两项进项税额可以通过勾选平台进行进项税勾选确定。

（2）自行计算确定金额。

取得注明旅客身份信息的航空运输电子客票行程单的，按照下列公式计算进项税额：

$$航空旅客运输进项税额 = （票价+燃油附加费）÷（1+9\%）×9\%$$
$$=（2\ 000+120）÷（1+9\%）×9\% = 175.05（元）$$

需要注意，民航发展基金不作为计算进项税额的基数。

取得注明旅客身份信息的公路、水路等其他客票的，按照下列公式计算进项税额：

$$公路、水路等其他旅客运输进项税额 = 票面金额÷（1+3\%）×3\%$$
$$= 2\ 060÷（1+3\%）×3\% = 60（元）$$

这两项通过计算抵扣确定进项税额。

（3）本期加计抵减政策。

$$本期可抵扣进项税额 = 4\ 735.05+135\ 000 = 139\ 735.05（元）$$

其中，

$$购进国内旅客运输服务进项税额合计 = 4\ 500+175.05+60 = 4\ 735.05（元）$$
$$企业可计提的加计抵减额 = 139\ 735.05×10\% = 13\ 973.51（元）$$

3. 本期应纳税额的计算

$$本期应纳税额 = 本期销项税额-本期进项税额-本期实际抵减额$$
$$= 166\ 400-139\ 735.05-13\ 973.51 = 12\ 691.44（元）$$

（三）申报表填列

1. 填写附列资料（一）（本期销售情况明细）

根据发票开具情况，分别在"13%税率的货物及加工、修理修配劳务"之"开具其他发票"—"销售额"列填写 80 000（元），"销项（应纳）税额"列填写 10 400（元）；在"13%税率的服务、不动产和无形资产"之"开具增值税专用发票"—"销售额"列填写 1 200 000（元），"销项（应纳）税额"列填写 156 000（元）；本月销项（应纳）税额合计自动合计 156 000+10 400 = 166 400（元），见表 2-20。

2. 填写附列资料（二）（本期进项税额明细）

根据勾选抵扣及计算抵扣的情况，分别在不同的栏次填列，见表 2-21。附列资料（二）"本期认证相符且本期申报抵扣"：本行"份数"列 = 2（份），本行"金额"列 = 50 000+1 500 000 = 1 550 000（元），本行"税额"列 = 4 500+135 000 = 139 500（元）。附列资料（二）第 8b 行"其他"：本行"份数"列 = 6（份），本行"金额"列 =（2 000+120）÷（1+9%）+2 060÷（1+3%）= 3 944.95（元），本行"税额"列 = 175.05+60 = 235.05（元），本行填写企业取得的除增值税专用发票以外的其他扣税凭证允许抵扣的进项税额。附列资料（二）第 9 行"（三）本期用于购建不动产的扣税凭证"：本行"份数"列 = 1（份），本行"金额"列 = 1 500 000（元），本行"税额"列 = 135 000（元），本行填写企业本月允许抵扣的不动产进项税额。附列资料（二）第 10 行"（四）本期用于抵扣的旅客运输服务扣税凭证"：本行"份数"列 = 6（份），本行"金额"列 = 3 944.95（元），本行"税额"列 = 235.05（元），本行填写企业本月允许抵扣的所有国内旅客运输服务进项税额。

表2-20　增值税及附加税费申报表附列资料（一）

（本期销售情况明细）

纳税人名称：（公章）

税款所属时间：　　　年　　月　　日至　　　年　　月　　日

金额单位：元（列至角分）

项目及栏次		开具增值税专用发票		开具其他发票		未开具发票		纳税检查调整		合计			服务、不动产和无形资产扣除项目本期实际扣除金额	扣除后	
		销售额	销项（应纳）税额	销售额	销项（应纳）税额	销售额	销项（应纳）税额	销售额	销项（应纳）税额	销售额	销项（应纳）税额	价税合计		含税（免税）销售额	销项（应纳）税额
		1	2	3	4	5	6	7	8	9=1+3+5+7	10=2+4+6+8	11=9+10	12	13=11-12	14=13÷（100%+税率或征收率）×税率或征收率
一、一般计税方法计税 · 全部征税项目	1　13%税率的货物及加工、修理修配劳务	1 200 000	156 000							1 200 000	156 000	1 356 000		1 356 000	156 000
	2　13%税率的服务、不动产和无形资产			80 000	10 400					80 000	10 400	—		—	—
	3　9%税率的货物及加工、修理修配劳务														
	4　9%税率的服务、不动产和无形资产														
	5　6%税率														
其中：即征即退项目	6　即征即退货物及加工、修理修配劳务	—	—	—	—	—	—	—	—			—		—	—
	7　即征即退服务、不动产和无形资产	—	—	—	—	—	—	—	—			—		—	—

续表

项目及栏次	栏次	开具增值税专用发票 销售额	开具增值税专用发票 销项(应纳)税额	开具其他发票 销售额	开具其他发票 销项(应纳)税额	未开具发票 销售额	未开具发票 销项(应纳)税额	纳税检查调整 销售额	纳税检查调整 销项(应纳)税额	合计 销售额	合计 销项(应纳)税额	合计 价税合计	服务、不动产项目本期实际扣除金额	扣除后 含税(免税)销售额	扣除后 销项(应纳)税额
		1	2	3	4	5	6	7	8	9=1+3+5+7	10=2+4+6+8	11=9+10	12	13=11-12	14=13÷(100%+税率或征收率)×税率或征收率
二、简易计税方法计税 全部征税项目 6%征收率	8												—	—	—
5%征收率的货物及加工、修理修配劳务	9a												—	—	—
5%征收率的服务、不动产和无形资产	9b														
4%征收率	10												—	—	—
3%征收率的货物及加工、修理修配劳务	11												—	—	—
3%征收率的服务、不动产和无形资产	12														
预征率　%	13a			—	—	—	—	—	—	—	—	—	—	—	—
预征率　%	13b			—	—	—	—	—	—	—	—	—	—	—	—
预征率　%	13c			—	—	—	—	—	—	—	—	—	—	—	—
其中:即征即退项目 即征即退货物及加工、修理修配劳务	14	—	—									—	—	—	—
即征即退服务、不动产和无形资产	15	—	—									—	—	—	—

续表

项目及栏次			开具增值税专用发票		开具其他发票		未开具发票		纳税检查调整		合计		价税合计	服务、不动产和无形资产项目本期实际扣除金额	扣除后	
			销售额	销项（应纳）税额	销售额	销项（应纳）税额	销售额	销项（应纳）税额	销售额	销项（应纳）税额	销售额	销项（应纳）税额			含税（免税）销售额	销项（应纳）税额
			1	2	3	4	5	6	7	8	9=1+3+5+7	10=2+4+6+8	11=9+10	12	13=11-12	14=13÷（100%+税率或征收率）×税率或征收率
三、免抵退税	货物及加工、修理修配劳务	16	—	—	—	—	—	—	—	—	—	—	—	—	—	—
	服务、不动产和无形资产	17	—	—	—	—	—	—	—	—	—	—	—	—	—	—
四、免税	货物及加工、修理修配劳务	18	—	—	—	—	—	—	—	—	—	—	—	—	—	—
	服务、不动产和无形资产	19	—	—	—	—	—	—	—	—	—	—	—	—	—	—

表2-21 增值税及附加税费申报表附列资料（二）

（本期进项税额明细）

税款所属时间：　　　年　月　日至　　　年　月　日

纳税人名称：（公章）

金额单位：元（列至角分）

一、申报抵扣的进项税额				
项目	栏次	份数	金额	税额
（一）认证相符的增值税专用发票	1=2+3	2	1 550 000	139 500
其中：本期认证相符且本期申报抵扣	2	2	1 550 000	139 500
前期认证相符且本期申报抵扣	3			
（二）其他扣税凭证	4=5+6+7+8a+8b	6	3 944.95	235.05
其中：海关进口增值税专用缴款书	5			
农产品收购发票或者销售发票	6			
代扣代缴税收缴款凭证	7	—		
加计扣除农产品进项税额	8a	—		
其他	8b	6	3 944.95	235.05
（三）本期用于购建不动产的扣税凭证	9	1	1 500 000	135 000
（四）本期用于抵扣的旅客运输服务扣税凭证	10	6	3 944.95	235.05
（五）外贸企业进项税额抵扣证明	11	—		—
当期申报抵扣进项税额合计	12=1+4+11	8	1 553 944.95	139 735.05
二、进项税额转出额				
项目	栏次	税额		
本期进项税额转出额	13=14至23之和			
其中：免税项目用	14			
集体福利、个人消费	15			
非正常损失	16			
简易计税方法征税项目用	17			
免抵退税办法不得抵扣的进项税额	18			
纳税检查调减进项税额	19			
红字专用发票信息表注明的进项税额	20			
上期留抵税额抵减欠税	21			
上期留抵税额退税	22			
异常凭证转出进项税额	23a			
其他应作进项税额转出的情形	23b			

续表

三、待抵扣进项税额				
项目	栏次	份数	金额	税额
（一）认证相符的增值税专用发票	24	—	—	—
期初已认证相符但未申报抵扣	25			
本期认证相符且本期未申报抵扣	26			
期末已认证相符但未申报抵扣	27			
其中：按照税法规定不允许抵扣	28			
（二）其他扣税凭证	29=30至33之和			
其中：海关进口增值税专用缴款书	30			
农产品收购发票或者销售发票	31			
代扣代缴税收缴款凭证	32		—	
其他	33			
	34			
四、其他				
项目	栏次	份数	金额	税额
本期认证相符的增值税专用发票	35	2	1 550 000	139 500
代扣代缴税额	36	—	—	

3. 填写附列资料（四）（见表2-22）

表2-22　增值税及附加税费申报表附列资料（四）

（税额抵减情况表）

税款所属时间：　　　年　　月　　日至　　　年　　月　　日

纳税人名称：（公章）　　　　　　　　　　　　　　　　　　金额单位：元（列至角分）

一、税额抵减情况					
序号	抵减项目	期初余额	本期发生额	本期应抵减税额	本期实际抵减税额	期末余额
		1	2	3=1+2	4≤3	5=3-4
1	增值税税控系统专用设备费及技术维护费					
2	分支机构预征缴纳税款					
3	建筑服务预征缴纳税款					
4	销售不动产预征缴纳税款					
5	出租不动产预征缴纳税款					

续表

二、加计抵减情况						
序号	加计抵减项目	期初余额	本期发生额	本期调减额	本期可抵减额	本期实际抵减额	期末余额
		1	2	3	4＝1+2-3	5	6＝4-5
6	一般项目加计抵减额计算		13 973.51				
7	即征即退项目加计抵减额计算						
8	合计		13 973.51				

4. 附列资料（一）、（二）、（四）填写后会自动生成主表数据（见表 2-23）

主表数据生成至"税款缴纳"栏次，后会自动带入附列资料（五）（见表 2-24），其中第 1 栏"增值税税额"根据主表第 34 栏"本期应补（退）税额"中数据自动生成。

填报附列资料（五）（附加税费情况表）后回到申报主表，形成纳税人本期应缴纳的增值税及附加税费数据。

表 2-23　增值税及附加税费申报表（一般纳税人适用）

金额单位：元（列至角分）

项目		栏次	一般项目		即征即退项目	
			本月数	本年累计	本月数	本年累计
销售额	（一）按适用税率计税销售额	1	1 280 000			
	其中：应税货物销售额	2	80 000			
	应税劳务销售额	3				
	纳税检查调整的销售额	4				
	（二）按简易办法计税销售额	5				
	其中：纳税检查调整的销售额	6				
	（三）免、抵、退办法出口销售额	7			—	—
	（四）免税销售额	8			—	—
	其中：免税货物销售额	9			—	—
	免税劳务销售额	10			—	—
税款计算	销项税额	11	166 400			
	进项税额	12	139 735.05			
	上期留抵税额	13			—	
	进项税额转出	14				
	免、抵、退应退税额	15			—	
	按适用税率计算的纳税检查应补缴税额	16			—	
	应抵扣税额合计	17 = 12 + 13 - 14-15+16	139 735.05	—		—

续表

项目		栏次	一般项目		即征即退项目	
			本月数	本年累计	本月数	本年累计
税款计算	实际抵扣税额	18（如 17<11，则为 17，否则为 11）	139 735.05			
	应纳税额	19＝11−18	12 691.44			
	期末留抵税额	20＝17−18				—
	简易计税办法计算的应纳税额	21				
	按简易计税办法计算的纳税检查应补缴税额	22			—	—
	应纳税额减征额	23				
	应纳税额合计	24＝19+21−23	12 691.44			
税款缴纳	期初未缴税额（多缴为负数）	25				
	实收出口开具专用缴款书退税额	26			—	—
	本期已缴税额	27＝28＋29＋30+31				
	①分次预缴税额	28			—	—
	②出口开具专用缴款书预缴税额	29			—	—
	③本期缴纳上期应纳税额	30				
	④本期缴纳欠缴税额	31				
	期末未缴税额（多缴为负数）	32＝24＋25＋26−27				
	其中：欠缴税额（≥0）	33＝25+26−27		—		—
	本期应补（退）税额	34＝24−28−29	12 691.44			
	即征即退实际退税额	35	—		—	
	期初未缴查补税额	36			—	—
	本期入库查补税额	37			—	—
	期末未缴查补税额	38＝16＋22＋36−37			—	—
附加税费	城市维护建设税本期应补（退）税额	39	888.40		—	—
	教育费附加本期应补（退）费额	40	380.74		—	—
	地方教育附加本期应补（退）费额	41	253.83		—	—

声明：此表是根据国家税收法律法规及相关规定填写的，本人（单位）对填报内容（及附带资料）的真实性、可靠性、完整性负责。

纳税人（签章）：　　　　　年　月　日

经办人： 经办人身份证号： 代理机构签章： 代理机构统一社会信用代码：	受理人： 受理税务机关（章）：　　受理日期：　　年　月　日

表2-24　增值税及附加税费申报表附列资料（五）

（附加税费情况表）

纳税人名称：（公章）

税（费）款所属时间：　　年　月　日至　　年　月　日　　　　　　　　金额单位：元（列至角分）

税（费）种	计税（费）依据			税（费）率（%）	本期应纳税（费）额	本期减免税（费）额		试点建设培育产教融合型企业		本期已缴税（费）额	本期应补（退）税（费）额
	增值税税额	增值税免抵税额	留抵退税本期扣除额			减免性质代码	减免税（费）额	减免性质代码	本期抵免金额		
	1	2	3	4	5＝(1+2-3)×4	6	7	8	9	10	11＝5-7-9-10
城市维护建设税　1	12 691.44			7							
教育费附加　2	12 691.44			3							
地方教育附加　3	12 691.44			2							
合计　4	—	—	—	—	1522.97	—		—	—		1522.97

本期是否适用试点建设培育产教融合型企业抵免政策	□是 □否

可用于扣除的增值税留抵退税额使用情况	
当期新增投资额	5
当期新增可抵免金额	6
上期留抵可抵免金额	7
结转下期可抵免金额	8
当期新增可用于扣除的留抵退税额	9
上期结存可用于扣除的留抵退税额	10
结转下期可用于扣除的留抵退税额	

任务思考与自测

1. 整理笔记，并通过查找和阅读其他资料，绘制本节课思维导图，厘清知识脉络。

2. 资料：（1）销售情况：某企业为增值税一般纳税人，2022年12月销售一批货物，开具一张13%税率的增值税专用发票，金额100 000元，税额13 000元；发生有形动产经营租赁业务，开具一张13%税率的增值税普通发票，金额50 000元，税额6 500元。

（2）进项税额情况：2022年12月购进按规定允许抵扣的国内旅客运输服务，取得1份增值税专用发票，金额20 000元，税额1 800元；取得1份增值税电子普通发票，金额8 000元，税额720元；取得1张注明旅客身份信息的航空运输电子客票行程单，票价2 200元，民航发展基金50元，燃油附加费120元；取得5张注明旅客身份信息的铁路车票，票面金额合计2 180元；取得15张注明旅客身份信息的公路、水路等其他客票，票面金额合计5 150元。

（3）假定公司不享受加计抵减政策及其他优惠政策。

要求：请根据上述资料填写增值税及附加税费申报表（一般纳税人适用）及附列资料。

项目四　诚信纳税：增值税税务筹划

项目认知目标

项目认知目标

○ 能够描述税务筹划的概念和原则。
○ 能够厘清税务筹划的一般思路。
○ 准确阐述增值税税务筹划的方法和要点。

项目技能目标

○ 通过模块学习，能够提出增值税税务筹划思路。
○ 通过模块学习，能够独立完成增值税税务筹划方案。

项目价值目标

○ 理解国家依据人民中心理念，按照公平合理、涵养税源的要求，通过一系列税收优惠政策，为服务纳税人复工复产所做出的努力。
○ 理解税收为国家"集中力量办大事"所做的贡献，感受税务精神，树立诚信纳税、兴税强国的职业品质。

导入案例

小规模阶段性免税政策是否延续的税务筹划安排

2022年政府工作报告指出，实施新的组合式税费支持政策，对小规模纳税人阶段性免征增值税，对小微企业年应纳税所得额100万元至300万元部分，再减半征收企业所得税。这个政策在 2022 年年底已经到期。由于税收优惠政策出台背景是结合近年来新冠疫情和市场情况，政策还会保持一个持续状态，因此，未来小规模纳税人税收优惠政策还可能发生变化。这种不确定情况下，如何进行税务筹划？

首先，小规模纳税人对于 2022 年所属纳税义务的业务应该做到应申报尽申报，该开票的把发票尽量开了，对 2022 年的业务做个梳理，以免漏申报、漏开票。对于自然人来说，在 2022 年 12 月 31 日之前把 2022 年业务的发票代开了，毕竟 2022 年还是免税，2023 年未可知。

其次，可以适当结合业务情况，在小规模 500 万元标准的可控范围内，做一个可控的开票筹划，这个具体结合自己公司情况，适当操作即可。

最后，2023 年销售方和客户谈判业务时候尽量以不含税谈判，最后以实际政策来结算，避免出现因为税点把握不准、价格制定不合理导致最后结算时的亏损，比如以为 2023 年继续免税，以免税价格预测了利润，签订了合同，结果政策不延续，税点侵蚀了利润，导致亏损。

一、税务筹划的含义

税务筹划，是指在纳税行为发生之前，在不违反法律、法规（税法及其他相关法律、法规）的前提下，通过对纳税主体（法人或自然人）的经营活动或投资行为等涉税事项做出事先安排，以达到少缴税或递延纳税目标的一系列谋划活动。

成功的税务筹划案例，都是高难度的，而且是技术和艺术的高度配合。从法律角度看，税务筹划是在法律法规的框架内优化公司架构和业务模式，具有合法性，要弄清楚法律原则和底线问题。从专业角度看，税务筹划要掌握专业的税法知识，以及收并购实操经验，同时需要多次、充分地和多方进行沟通（包括税务部门），具有合理性。

二、税务筹划的基本思路

 2.11 税务筹划基本思路

（1）根据业务寻找税收优惠文件。根据业务寻找文件，要做好业务规划。首先要根据业务寻找文件，寻找与该业务相关的所有的税收优惠文件，最好能找到相似的税收优惠政策。相似是指看起来有点相关，但又不完全相同。

（2）仔细研读优惠文件。税收优惠文件找到后，要认真研究优惠条件，搞清楚要享受这个税收优惠到底需要符合什么条件，找出自己想享受这个优惠已经满足什么，还欠缺什么。

（3）根据政策去做业务。根据政策文件要求实施业务。文件怎么规定的条件，就怎么去做业务，让公司完全符合文件规定的条件，合理合法地享受优惠，达到降低税负率的目的。

三、税务筹划常用方法

1. 直接利用税收优惠筹划法

为实现总体经济目标，国家对经济进行宏观调控，引导资金流向，国家出台很多税收优惠政策，纳税人可以充分利用优惠政策为自己企业的生产经营活动服务。纳税人利用税收优惠政策越多，就越有利于国家特定政策目标的实现。

 2.12　税务筹划常用方法

2. 转让定价筹划法

转让定价筹划法主要是通过关联企业不符合商业惯例的交易形式进行税收筹划的方法。该方法在国际、国内税务筹划实践中得到广泛应用。

3. 地点流动筹划法

当前，国家为兼顾社会进步与区域经济的协调发展，适当向西部倾斜，纳税人可根据需要，或选择在优惠地区注册，或将现有生产环境不佳的生产转移到优惠地区，充分享受税收优惠政策，减轻企业税收负担，提高企业经济效益。

4. 利用免税筹划法

利用免税筹划法，是指在合法、合理的情况下，使纳税人成为免税人，或使纳税人从事免税活动，或使征税对象成为免税对象而免纳税收的税务筹划方法。

5. 利用减税筹划法

利用减税筹划法，是指在合法、合理情况下，使纳税人减少应纳税额而直接节税的税务筹划方法。我国对国家重点扶持的公共基础设施项目、符合条件的环境保护，对符合规定的高新技术企业、小型微利企业、从事农业项目的企业等给予减税待遇，是国家为了实现其科技、产业和环保等政策所给予企业税收鼓励性质的减税。

6. 利用税率差异筹划法

利用税率差异筹划法，是指在合法、合理的情况下，利用税率的差异而直接节税的税务筹划方法，是尽量利用税率的差异使节税最大化的筹划方法。

7. 利用税收扣除筹划法

利用税收扣除筹划法，是指在合法、合理的情况下，使扣除额增加而实现直接节税，或调整各个计税期的扣除额而实现相对节税的税务筹划方法。在收入相同的情况下，各项扣除额、宽免额、冲抵额等越大，计税基数就会越小，应纳税额也就越小，从而节税会越多。

8. 利用税收抵免筹划法

利用税收抵免筹划法，是指在合法、合理的情况下，使税收抵免额增加而节税的税务筹划方法。税收抵免额越大，冲抵应纳税额的数额就越大，应纳税额就越小，从而节减的税额就越大。

税收抵免是指准许纳税人将其某些合乎规定的特殊支出，按一定比例或全部从其应纳税额中扣除，以减轻其税负。常见的税收抵免一般有两类：投资抵免和国外税收抵免。投资抵免是指允许纳税人将一定比例的设备购置费从其当年应纳公司所得税税额中扣除。这相当于政府对私人投资的补助，故投资抵免也被称为"投资津贴"。投资抵免的目的在于刺激民间投资，促进资本形成，增加经济增长的潜力。

9. 利用退税筹划法

利用退税筹划法，是指在合法、合理的情况下，使税务机关退还纳税人已纳税款而直接节税的税务筹划方法。在已缴纳税款的情况下，退税无疑是偿还了缴纳的税款，节减了税收，所退税额越大，节减的税收就越多。

10. 递延项目最多化筹划法

在合理和合法的情况下，尽量争取更多的项目延期纳税。在其他条件（包括一定时期纳税总额）相同的情况下，延期纳税的项目越多，本期缴纳的税收就越少，现金流量也越大，可用于扩大流动资本和进行投资的资金也越多，因而相对节减的税收就越多。

11. 递延期最长化筹划法

在合理和合法的情况下，尽量争取纳税递延期的最长化。在其他条件（包括一定时期的纳税总额）相同的情况下，纳税递延期越长，由延期纳税增加的现金流量所产生的收益也将越多，因而相对节减的税收也越多。

12. 利用分劈技术筹划法

分劈技术是指在合法、合理的情况下，使所得、财产在两个或更多个纳税人之间进行分劈而直接节税的税务筹划技术。出于调节收入等社会政策的考虑，许多国家的所得税和一般财产税通常都会采用累进税率，计税基数越大，适用的最高边际税率也越高。使所得、财产在两个或更多个纳税人之间进行分劈，可以使计税基数降至低税率级次，从而降低最高边际适用税率，节减税收。

13. 用收买亏损公司的方法进行节税的筹划法

税法中规定亏损准予结转，有盈利的企业收买有累积亏损的注册公司，通过合并或其他方法，将利润转移到亏损公司账上，通过冲抵亏损，减少盈利企业的利润，降低所得税的税收负担，也可以改变亏损公司的经营业务，使它和本公司经营同样有利润的业务，利用其累积亏损抵消将来的利润，同样也可以达到节税的目的。

14. 选择适当的组织结构形式节税的筹划法

企业随着业务的不断发展壮大，面临着设立分支机构的选择。分支机构的设立有分公司和子公司两种选择，两者在税收上是截然不同的。分公司不是独立的法人，业务活动、财务由总公司控制，一切法律责任由总公司承担，其利润上缴总公司，由总公司汇总后统一纳税。而子公司是独立法人，独立经营，单独纳税，公司不直接对它负法律责任。比如一企业在某个高新技术开发区设立一个分支机构，如果预测其分支机构在一段时间内亏损，应设立分公司，这样就可以冲减总公司的利润，少缴纳企业所得税。相反，如果预测盈利，就要设立子公司来享受国家对高新技术开发区的税收优惠政策。

任务思考与自测

1. 整理笔记，并通过查找和阅读其他资料，绘制本节课思维导图，厘清知识脉络。

2. 公司将新购置的仓库对外租赁，公司经理因为是否需要配备仓库保管人员而拿不定主意，如果你是税务筹划人员，请从增值税税务筹划的角度，给经理合理的建议，并提出你的理由。

3. 企业购买一辆皮卡车，是专门用于食堂买菜好呢，还是既用于食堂买菜也用于运输服务等经营活动好呢？请站在增值税税务筹划角度，提出合理建议并说出理由。

4. 老板买车到底应该怎么买比较好？是一个人买，还是以公司名义去买比较好？请站在增值税税务筹划的角度，提出合理建议并说出你的理由。

课程前沿 · 简并征收趋势与申报表整合新规

2.13　增值税及附加税费申报表整合的原因

一、增值税、消费税与附加税费申报表整合

思考：阅读国家税务总局公告 2021 年第 20 号全文，谈谈申报表整合的必要性和可行性。

申报表整合原因

二、增值税、消费税与附加税费申报表整合带来的变化和便利

思考：阅读国家税务总局公告 2021 年第 20 号全文，借助 12366 纳税服务平台、财税相关微信公众号等资料，谈谈申报表整合带来的变化和便利。

2.14　增值税及附加税费申报表整合的变化

2.15　增值税及附加税费申报表整合申报基本流程

认知情境三
消费税纳税申报与筹划

情境学习目标

○ 能够理解消费税开征背景、意义。能够描述消费税的概念、征税范围、纳税人类型、税率及计税方法等基础知识。

○ 具备综合运用消费税的法律规范完成消费税的纳税申报的能力；具备综合运用消费税知识进行税务筹划的能力。

○ 理解消费税开征的意义：优化税制结构，完善流转税课税体系；配合国家户口政策和消费政策；筹集财政资金，增加财政收入，"集中力量办大事"；削弱和缓解贫富悬殊以及分配不公的矛盾。体会国家在税收政策设计上凸显出的"引导绿色消费、倡导生态文明建设"的税收理念。

情境工作任务

根据企业的实际情况，完成以下工作任务：

○ 确定消费税的征税范围、税目、税率及应纳税额的计算，做好知识储备。

○ 根据公司特点，填制消费税申报表，规范纳税申报流程，锻炼实操能力。

○ 明确税务会计岗位职能，具备税务会计工作的认知态度和团队理念。

情境结构图

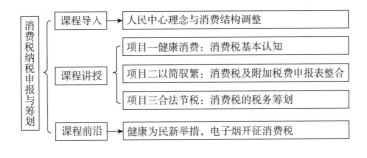

课程导入 人民中心理念与消费结构调整

阅读与思考

3.1 人民中心理念与消费结构调整

一、消费税开征的原则及作用

思考：搜集资料，梳理消费税开征的原则，体会消费税的作用，感悟人民中心理念。

消费税开征原则

二、从消费税税目税率设置中感受消费结构调整导向

思考：通过梳理消费税税目税率基本知识，感受国家通过引导收入分配、消费结构调整，实现共同富裕的决心。

项目一 健康消费：消费税基本认知

✒ **项目认知目标**

○ 能够分析和评价消费税开征的深层次原因和开征原则。

○ 准确识别消费税的征税范围；准确描述消费税的税目，识别不同税目对应的税率。

○ 准确阐释消费税的计税方法，准确描述消费税应纳税额的计算公式。

○ 准确评价消费税法（征求意见稿）的改革趋势，对主要变化和立法亮点有充分的关注和把握。

📍 **项目技能目标**

○ 通过消费税基本认知模块学习，深化对消费税开征动因、意义的理解。

○ 通过消费税基本认知模块的学习，强化消费税税目、税率、计税方法的应用能力。

🎯 **项目价值目标**

○ 理解消费税开征意义。体会国家为优化税制结构，完善流转税课税体系，配合国家户口政策和消费政策，筹集财政资金，增加财政收入所做的努力。领会国家"集中力量办大事"，通过收入分配和消费引导，逐步削弱和缓解贫富悬殊以及分配不公的矛盾，实现共同富裕的决心。

○ 体会国家在税收政策设计上凸显出的"引导绿色消费、倡导生态文明建设"的税收理念。

○ 关注消费税法（征求意见稿）的变革情况，对未来几年消费税立法趋势有准确的把握，养成及时更新知识、自主学习、独立思考的能力。

📖 导入案例

消费税未来改革方向：征收转向批发零售，地方也能分钱

收入规模超 1 万亿元的消费税目前是我国第三大税种。针对特殊消费品征税，目前包括烟、酒、油、车等 15 个税目，其目的在于抑制高污染高能耗、不可再生资源、奢侈品等商品消费，并筹集财政收入。2019 年国内消费税收入规模高达 12 562 亿元，同比增长 18.2%。

2014 年以来，成品油消费税曾三次上调消费税税率，烟草消费税税率大幅提高，普通化妆品不再征收消费税，这使得消费税改革与老百姓生活密切，备受关注。"十四五"时期，消费税改革仍然是这一轮税制改革的重头戏，改革重点不再是前期税目税率调整，而是将部分税目征收环节从生产环节后移至批发或零售环节，并将部分收入划归地方，充实地方财政收入，健全地方税收体系。

不少专家认为，消费税征收环节从生产环节后移至批发零售环节，可以减轻生产企业负担，强化消费税调节功能，增加消费税收入，这有利于缓解当前大规模减税降费背景下财政收入下滑难题；而部分收入划归地方，也有利于缓解地方财政困难，培育地方税源，促进地区间税收收入分配公平，健全地方税收体系。

当然也有不少专家提出担心，他们认为相比于生产环节征收效率高、监管成本低、收入不易流失等优势，后端的批发零售环节对征管要求比较高，因此消费税征收环节后移要比较谨慎，采取"先易后难"原则，强调征管可控。

要求：根据上述背景，请同学们搜集相关资料，讨论消费税未来改革的趋势。

任务一 富国利民：消费税前世今生

一、消费税在国际上开征状况

消费税是世界各国广泛实行的税种。据统计，目前没有开征消费税的国家不到 10 个。消费税一般是一种单环节征税的货物和劳务税。发展中国家和经济转型国家消费税大多采用在生产环节征税，以便加强税收征管。发达国家消费税多在零售环节征收，突出消费税消费引导意图。

根据征收范围宽窄划分，国际上消费税可分为有限型、中间型和延伸型三种模式。有限型消费税是指对少数消费品课征消费税，其征税对象主要包括烟草制品、酒精饮料、石油制品、糖、盐等传统消费品，税目 10~15 种。中间型消费税还涉及食物制品，有些国家还包括一些日常消费品，税目 15~30 种，主要课征对象大多是消费品、奢侈品等。延伸型消费税包括更多的生产、生活资料，征税范围普遍扩大。从各国实践看，随着筹集财政收入和对经济调控的需要，消费税征税范围呈现出由有限型向中间型、延伸型拓展的趋势。

由于各国国情、消费习惯不同，实行消费税的国家税率设计标准不一，税率差别较大，但也具有一些共同特点：一是一般消费品税率低，奢侈品税率较高；二是根据能耗高低设置差别税率，能耗高的税率高，反之则低；三是根据是否为可再生资源确定差别税率，不可再生资源税率高，反之则低；四是国内生产销售的消费品税率低于进口的同类消费品税率。

二、消费税在我国的开征过程

我国在中华人民共和国成立初期征收的货物税、20 世纪 50 年代征收的商品流通税、1958—1973 年征收的工商统一税和 1973—1983 年征收的工商税中相当于货物税的部分，1983—1994 年征收的产品税，其中部分税目具有消费税性质，只不过一直未命名为消费税，或没有单独成为一个税种。1994 年税制改革时，我国设置了独立的消费税，共有 11 个税目。

2006 年 4 月 1 日增加调整为 14 个税目，在原有税目的基础上，增加了木制一次性筷子、实木地板、高尔夫球球具和高档手表等项目，调整了成品油项目。

2015 年 2 月 1 日，为促进节能环保，经国务院批准，自 2015 年 2 月 1 日起对电池、涂料征收消费税，自此消费税税目成为 15 个。

2016 年 10 月，调整化妆品消费税政策，对普通美容、修饰类化妆品免征消费税，高档化妆品消费税税率由 30% 下调为 15%。

2016 年 12 月 1 日，对超豪华小汽车在零售环节加征 10% 的消费税。

2022 年 11 月 1 日，电子烟被纳入消费税征收范围，生产（进口）环节的税率为 36%，批发环节的税率为 11%。

三、消费税的征税原则

（一）征税范围确定原则

（1）过度消费会对身心健康、社会秩序、生态环境等方面造成危害的特殊消费品，如烟、酒、鞭炮、焰火、涂料、电池等。

（2）非生活必需品，如化妆品、贵重首饰、珠宝玉石等。

（3）高能耗及高档消费品，如摩托车、小汽车等。

（4）不可再生和替代的稀缺资源消费品，如汽油、柴油等油品。

（二）税率设计原则

（1）体现国家产业政策和消费政策。

对于既要限制生产又要限制消费的应税消费品，从高设计税率，如烟、酒、化妆品、鞭炮、焰火等；对那些只限制消费而不限制生产的应税消费品，适当从低设计税率，如摩托车等。

（2）正确引导消费方向，有效地抑制超前消费倾向，调节供求关系。

（3）适应消费者的货币支付能力和心理承受能力。

（4）适当考虑消费品的原有税收负担水平。

四、消费税的特点

（1）征税项目具有选择性。目前我国消费税税目有 15 个。

（2）征税环节具有单一性。消费税原则是在生产（进口）、流通或消费的某一环节一次征收（卷烟、电子烟及高档汽车除外），非多环节多次征收。

（3）征收方法具有多样性。消费税征收方法具有从价定率、从量定额和从价+从量复核计征三种方法。

（4）税收调节具有特殊性。消费税同增值税配合实行加重或双重调节，不同征税项目税负差异较大。

（5）消费税具有转嫁性。消费品中所含的消费税税款最终都要转嫁到消费者身上，由消费者负担，税负具有转嫁性。

任务思考与自测

1. 整理笔记，并通过查找和阅读其他资料，绘制本节课思维导图，厘清知识脉络。

2. 阅读微信公众号"致同税务（GrantThorntonTax）"推文"税收法定原则进一步深化——消费税法（征求意见稿）新鲜出炉"，领会消费税开征的意义、原则以及未来立法趋势。

任务二　物阜民安：消费税基础知识

一、消费税征税范围

 3.2　消费税基本认知

消费税是国家为体现消费政策，对生产、委托加工、零售和进口的应税消费品征收的一种税。消费税纳税人是我国境内生产、委托加工、零售和进口《中华人民共和国消费税暂行条例》规定的应税消费品的单位和个人。消费税是对在中国境内从事生产和进口税法规定的应税消费品的单位和个人征收的一种流转税，是对特定的消费品和消费行为在特定的环节征收的一种间接税。

二、消费税税目

现行消费税税目共有 15 个，具体征收范围见表 3-1。

表 3-1 消费税税目

类别	税目	子目	注释
危害身体健康	烟	1. 卷烟 2. 雪茄烟 3. 烟丝 4. 电子烟	无烟叶
	酒	1. 白酒（含粮食白酒和薯类白酒） 2. 黄酒 3. 啤酒 4. 其他酒	1. 无调味料酒、酒精 2. 饮食业、商业、娱乐业举办的啤酒屋自制啤酒，征消费税 3. 无醇啤酒、啤酒源、菠萝啤酒和果啤比照啤酒征税 4. 葡萄酒（果木酒）按照"其他酒"征收消费税
危害心理健康	高档化妆品	高档美容、修饰类化妆品，高档护肤类化妆品和成套化妆品	1. 高档：指生产（进口）环节销售（完税）价格（不含增值税）在 10 元/毫升（克）或 15 元/片（张）及以上 2. 不包括：普通护肤护发品、一般化妆品，舞台戏剧影视演员化妆用的上妆油、卸妆油、油彩
	高档手表	指不含税价 10 000 元（含）以上的各类手表	
	贵重首饰及珠宝玉石	1. 金银首饰、铂金首饰和钻石及钻石饰品 2. 其他贵重首饰和珠宝玉石	1. 金银首饰、铂金首饰、钻石及钻石饰品（含人造金银、合成金银首饰等），零售环节征收消费税 2. 其他贵重首饰及珠宝玉石（含宝石坯、合成刚玉、合成宝石、双合石、玻璃仿制品）在生产（出厂）、进口、委托加工环节纳税
	高尔夫球及球具	1. 包括球包、球杆、球袋 2. 杆头、杆身、握把属于本税目范围	
地球健康	摩托车	轻便摩托车、摩托车	最大设计车速不超过 50 km/h、发动机汽缸总工作容积不超过 50 mL 的两轮机动车，最大设计车速超过 50 km/h、发动机汽缸总工作容积超过 50 mL、空车重量不超过 400 kg 的两轮和三轮机动车
	小汽车	1. 乘用车（不超过 9 个（含）座位） 2. 中轻型商用客车（座位数在 10~23 座（含）） 3. 超豪华小汽车（零售环节）	1. 超豪华小汽车：每辆不含增值税零售价格 130 万元及以上的乘用车和中轻型商用客车 2. 电动汽车、大客车不征消费税 3. 沙滩车、雪地车、卡丁车、高尔夫车不征消费税 4. 购进乘用车或中轻型商用客车整车改装生产的汽车，征收消费税 5. 购进货车或厢式货车改装生产的商务车、卫星通信车不征消费税

续表

类别	税目	子目	注释
地球健康	游艇		8 米≤游艇长度≤90 米，机动艇
	成品油	1. 汽油 2. 柴油 3. 航空煤油 4. 石脑油 5. 溶剂油 6. 润滑油 7. 燃料油	1. 符合条件的纯生物柴油免征消费税 2. 对成品油生产过程中，作燃料、动力及原料消耗掉的自产成品油，免征消费税 3. 以汽油、汽油组分调和生产的"甲醇汽油"和"乙醇汽油"属于"汽油"征收范围，以柴油、柴油组分调和生产的生物柴油照章征税
	鞭炮焰火	体育上用的发令纸、鞭炮引线不属于应税消费品	
	木制一次性筷子	1. 包括未经打磨、倒角的木制一次性筷子 2. 不包括竹制筷子、木制工艺筷子	
	实木地板	包括实木复合地板、实木指接地板、素板、漆饰地板	
	电池	包括原电池（锌电、锂电、汞电等）、蓄电池（铅酸、碱性、氧化还原液流电池等）、燃料电池、太阳能电池和其他电池（不包括用于太阳能发电储能用的蓄电池）	
	涂料	—	

三、消费税税率

消费税税率有三种形式：比例税率、定额税率、定额税率和比例税率复合计征形式。一般根据课税对象情况来选择消费税税率形式。对一些供求基本平衡、价格差异不大、计量单位规范的消费品，选择计税简单的定额税率，如黄酒、啤酒、成品油等；对一些供求矛盾突出、价格差异较大、计量单位不规范的消费品，选择税价联动的比例税率，如化妆品、护肤护发品、鞭炮、汽车轮胎、贵重首饰及珠宝玉石、摩托车、小汽车等。为更好保全消费税税基，对一些应税消费品如卷烟、白酒，则采用定额税率和比例税率双重征收形式。消费税税率见表 3-2。

表 3-2　消费税税率

税目	子目	税率
烟	生产环节：甲类卷烟［调拨价 70 元（不含增值税）/条以上（含 70 元）］	56%加 0.003 元/支
	生产环节：乙类卷烟［调拨价 70 元（不含增值税）/条以下］	36%加 0.003 元/支
	商业批发环节：甲类卷烟［调拨价 70 元（不含增值税）/条以上（含 70 元）］	11%加 0.005 元/支
	商业批发环节：乙类卷烟［调拨价 70 元（不含增值税）/条以下］	11%加 0.005 元/支

续表

税目	子目	税率
烟	电子烟：电子烟实行从价定率的办法计算纳税，生产（进口）环节的税率为36%，批发环节的税率为11%	
	雪茄	36%
	烟丝	30%
	电子烟：电子烟实行从价定率的办法计算纳税，生产（进口）环节的税率为36%，批发环节的税率为11%	
酒	白酒（含粮食白酒和薯类白酒）	20%加0.5元/500克（毫升）
	黄酒	240元/吨
	甲类啤酒：每吨出厂价（包装物及包装物押金）3 000元以上	250元/吨
	乙类啤酒：每吨出厂价（包装物及包装物押金）3 000元以下	220元/吨
	其他酒	10%
贵重首饰及珠宝玉石	金银首饰、铂金首饰和钻石及钻石饰品	5%
	其他贵重首饰和珠宝玉石	10%
成品油	汽油	1.52元/升
	柴油	1.20元/升
	航空煤油	1.20元/升
	石脑油	1.52元/升
	溶剂油	1.52元/升
	润滑油	1.52元/升
	燃料油	1.20元/升
摩托车	气缸容量250毫升（含250毫升）以下的摩托车	3%
	气缸容量250毫升以上的摩托车	10%
小汽车	气缸容量在1.0升（含1.0升）以下的乘用车	1%
	气缸容量在1.0升以上至1.5升（含1.5升）的乘用车	3%
	气缸容量在1.5升以上至2.0升（含2.0升）的乘用车	5%
	气缸容量在2.0升以上至2.5升（含2.5升）的乘用车	9%
	气缸容量在2.5升以上至3.0升（含3.0升）的乘用车	12%
	气缸容量在3.0升以上至4.0升（含4.0升）的乘用车	25%
	气缸容量在4.0升以上的乘用车	40%
	中轻型商用客车	5%
	超豪华小汽车（零售环节加征）	10%
鞭炮、焰火		15%

续表

税目	子目	税率
高档化妆品		15%
高尔夫球及球具		10%
高档手表		20%
游艇		10%
木制一次性筷子		5%
实木地板		5%
电池		4%
涂料		4%

四、消费税计税方法

消费税对不同的应税消费品，分别实行从量定额、复合计税，或者从价定率三种方法计算应纳税额。

（一）从量定额计税方法

应税消费品中黄酒、啤酒和所有应税成品油，实行从量定额计税方法计算应纳消费税额，应纳税额计算公式：

$$应纳税额 = 销售数量 \times 定额税率$$

（二）复合计税方法

应税消费品中卷烟（不包括批发环节缴纳的消费税）、白酒，实行从价定率和从量定额的复合计税方法计算应纳消费税额，应纳税额计算公式：

$$应纳税额 = 销售额 \times 比例税率 + 销售数量 \times 定额税率$$

（三）从价定率计税方法

除上述实行从量定额、复合计税办法的应税消费品外，其余应税消费品实行从价定率计税方法计算应纳消费税额，应纳税额计算公式：

$$应纳税额 = 销售额 \times 比例税率$$

五、消费税应纳税额的计算

（一）应税消费品的课税数量或销售额的界定

①纳税人销售的应税消费品，属从量定额征税的，为应税消费品的销售数量；属从价定率征税的，为销售应税消费品的销售额。

②纳税人通过自设非独立门市部销售的自产应税消费品，属从量定额征税的，为门市部对外销售应税消费品的销售数量；属从价定率征税的，为门市部销售应税消费品的销售额。

③自产自用按规定应缴纳消费税的消费品，属从量定额征税的，为应税消费品的移送使用数量；属从价定率征税或复合计税办法的，为一定顺序确定的同类消费品的销售价格或组成计税价格。

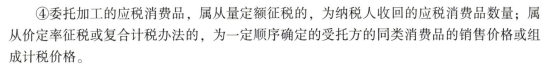

④委托加工的应税消费品，属从量定额征税的，为纳税人收回的应税消费品数量；属从价定率征税或复合计税办法的，为一定顺序确定的受托方的同类消费品的销售价格或组成计税价格。

⑤进口的应税消费品，属从量定额征税的，为海关核定的应税消费品进口征税数量；属从价定率征税或复合计税办法的，为组成计税价格。

（二）用外购或委托加工收回已税消费品生产应税消费品的扣除

下列用外购或委托加工收回已税消费品连续生产的应税消费品，在计税时按当期生产领用数量计算准予扣除外购或委托加工收回的应税消费品已纳的消费税税款。

①用外购或委托加工收回已税烟丝生产的卷烟。

②用外购或委托加工收回已税高档化妆品生产的高档化妆品。

③用外购或委托加工收回已税珠宝玉石生产的贵重首饰及珠宝玉石。

④用外购或委托加工收回已税鞭炮、焰火生产的鞭炮、焰火。

⑤用外购已税石脑油为原料生产的应税消费品或用委托加工收回已税石脑油为原料生产的应税消费品。

⑥用外购或委托加工收回已税润滑油生产的润滑油。

⑦用外购或委托加工收回已税杆头、杆身的握把生产的高尔夫球杆。

⑧用外购或委托加工收回已税木制一次性筷子生产的一次性筷子。

⑨用外购或委托加工收回已税实木地板生产的实木地板。

（三）自产自用应税消费品

用于连续生产应税消费品的不纳税。用于其他方面的，应于移送使用时纳税。

纳税人自产自用的应税消费品，应按照纳税人生产的同类消费品的销售价格计算纳税；没有同类消费品销售价格的，按照组成计税价格计算纳税。

$$组成计税价格＝（成本＋利润）÷（1-消费税税率）$$

（四）委托加工应税消费品

委托加工的应税消费品，按照受托方的同类消费品的销售价格计算纳税，没有同类消费品销售价格的，按照组成计税价格计算纳税。

$$组成计税价格＝（材料成本＋加工费）÷（1-消费税税率）$$

委托方收回委托加工的已税消费品后，将收回的应税消费品，以不高于受托方的计税价格出售的，不再缴纳消费税；委托方以高于受托方的计税价格出售的，需按照规定申报缴纳消费税，在计税时准予扣除受托方已代收代缴的消费税。

（五）兼营不同税率应税消费品

纳税人兼营不同税率的应税消费品，应当分别核算不同税率应税消费品的销售额、销售数量。未分别核算销售额、销售数量，或者将不同税率的应税消费品组成成套消费品销售的，从高适用税率。

任务思考与自测

1. 整理笔记，并通过查找和阅读其他资料，绘制本节课思维导图，厘清知识脉络。

2. 资料：某酒厂生产粮食白酒和黄酒，2022年6月销售自产的粮食白酒200吨，其中50吨售价为20 000元/吨，另150吨售价为20 100元/吨；销售自产黄酒100吨，售价为2 000元/吨；销售白酒炮制的药酒5吨，售价为10 000元/吨（上述均为不含增值税单价）。粮食白酒适用复合税率，比例税率为20%，定额税率为0.5元/斤；黄酒定额税率为240元/吨；药酒比例税率为10%。

要求：根据上述条件，计算该厂当月应纳消费税税额。

3. 思考与内化：构思一个小故事，将15个消费税税目及不同税率串联在一起，加深记忆，促进知识内化。

项目二 以简驭繁：消费税及附加税费申报表整合

项目认知目标

- 能够分析和评价消费税及附加税费申报表整合的深层次原因。
- 准确识别消费税及附加税费申报表整合后的不变与变化。
- 准确阐释消费税及附加税费申报表整合后的申报流程。

项目技能目标

- 通过消费税及附加税费申报表整合模块学习，能够熟练描述消费税及附加税费申报表整合的原因和变化。
- 通过消费税及附加税费申报实务模块的学习，能够熟练填制消费税及附加税费申报表及其附列资料。

项目价值目标

- 理解国家运用"大智移云物区"等新信息技术，对消费税及附加税费申报表体系所做的整合实践，体会消费税办税流程的优化、办税负担的减轻和办税质效的提升。
- 体会随着国家智慧税务管理体系的不断完善，消费税及附加税费申报事宜日趋智能、简化的趋势，强化制度自信。
- 紧跟税法变革步伐，及时更新知识，养成自主学习、独立思考的习惯。

导入案例

全国人大代表、长安汽车董事长朱华荣谈汽车消费税改革

目前，我国的汽车消费税在对汽车产品征收增值税的基础上，还征收了一道消费税。汽车产品的消费税分别在 2006 年、2008 年、2016 年进行了三次调整，对促进我国节能环保、汽车产业结构调整、引导合理消费起到了积极作用。但随着居民消费的整体升级，汽车产品逐渐从原来的奢侈品向大众消费品转变，固有的汽车消费税弊端也逐渐凸显。

朱华荣表示，我国主流燃油车消费税政策多年未变，与现实需求存在偏差。同时，汽车消费税金额较高，增加了用户的购车成本。

"不仅如此，消费税在调动地方政府积极性方面具有一定挑战。汽车消费税与售出后的车购税都作为中央税，100%上缴中央，地方不留存，这无法充分激发地方政府拉动经济的积极性。"朱华荣告诉证券时报记者，长此以往，这会导致地方政府重汽车产值，轻汽车销量，不利于充分带动当地汽车消费。

基于对产业现实情况的观察，朱华荣建议，将 2.0L 及以下排量的汽车消费税税率减半，同时建议将车辆购置税、汽车消费税合并，仅保留一个税种，并增加地方财政留成比例。

据悉，在 2023 年的全国两会上，朱华荣共带来 6 项建议，涵盖保障新能源汽车健康协同发展、推动智能汽车数据共享、燃油车消费税改革、构建公平合理的智能汽车标准、鼓励公务车采购新能源汽车等。当然，朱华荣认为发展新能源汽车是我国从汽车大国迈向汽车强国的必由之路。

要求：根据上述背景，请同学们搜集相关资料，谈一谈燃油车与新能源汽车各自的优缺点，并预测汽车消费税未来改革的趋势。

任务一　数智强国：消费税及附加税费申报表整合

为切实减轻纳税人、缴费人申报负担，继 2021 年 6 月 1 日财产和行为税合并申报之后，税务总局又发布《国家税务总局关于增值税 消费税与附加税费申报表整合有关事项的公告》（国家税务总局公告 2021 年第 20 号），明确自 2021 年 8 月 1 日起，全面推行增值税、消费税分别与附加税费申报表整合工作。

一、消费税及附加税费申报表整合原因

（一）实现信息同步共用，优化办税流程

（1）附加税的性质和计税依据要求申报表整合。附加税是以增值税、消费税为主税，以主税的实际缴纳额作为计税依据，随主税附加征收的税费。

（2）单独申报容易造成信息不同步。附加税单独申报时，容易产生与主税申报数据不同步问题。

（3）申报表整合可以实现信息同步共用，优化办税流程。按照一表申报，同征同管的思路，整合主税附加税申报表，将附加税申报信息作为主税申报表的附列资料（附表），

实现主税和附加税信息同步共用，可以优化办税流程，便利纳税人操作。

（二）实现数据自动预填，减轻办税负担

整合主税附加税费申报表，对原有表单和数据项进行全面梳理整合，减少了表单数量和数据项。新申报表充分利用部门共享数据和其他征管环节数据，实现已有数据自动预填，大幅减轻纳税人、缴费人填报负担，降低申报错误概率。

（三）实现数据关联比对，提高办税质效

整合主税附加税费申报表，利用信息化手段实现税额自动计算、数据关联比对和申报异常提示等功能，一方面有利于优惠政策及时落实到位，另一方面有效避免漏报错报，确保税费申报质量。通过整合各种税费申报表，实现多税种，一张报表，一次申报，一次缴款，一张凭证，提高了办税质效。

二、消费税及附加税费申报表整合后的变化

（一）申报表整合后的不变

1. 政策依据不变

 3.3　消费税及附加税费申报表整合后的变化

当前仍遵照《中华人民共和国增值税暂行条例》、《中华人民共和国消费税暂行条例》、《中华人民共和国城市维护建设税暂行条例》（《中华人民共和国城市维护建设税法》于 2021 年 9 月 1 日起施行）、《征收教育费附加的暂行规定》以及相关法律法规的要求执行。

2. 税款计算不变

税款的计算方式无变化，各项税费率无调整。

3. 优惠享受不变

各项优惠政策仍然延续，可继续申报享受。

4. 申报渠道不变

依然通过电子税务局进行非接触式办税，在线缴纳各项税费。

（二）申报表整合后的变化

1. 8 张主表整合为一张主表

将原分税目的 8 张消费税纳税申报表主表整合为 1 张主表，基本框架结构维持不变，包含销售情况、税款计算和税款缴纳三部分，增加了栏次和列次序号及表内勾稽关系，删除不参与消费税计算的"期初未缴税额"等 3 个项目，方便纳税人平稳过渡使用新申报表。

2. 22 张附表整合为 7 张附表

将原分税目的 22 张消费税纳税申报表附表整合为 7 张附表，包括本期准予扣除税额

计算表、本期委托加工收回情况报告表、消费税附加税费计算表、本期减（免）税额明细表4张通用附表，1张成品油消费税纳税人填报的专用附表、2张卷烟消费税纳税人填报的专用附表。

三、消费税及附加税费申报表整合后的申报流程

（一）申报流程

新启用的报表体系中，附加税费申报表作为附列资料或附表，纳税人在进行消费税申报的同时完成附加税费申报。申报流程如下：

（1）纳税人填写消费税相关申报信息后，自动带入附加税费附列资料（附表）。

（2）纳税人填写完附加税费其他申报信息后，回到消费税申报主表，形成纳税人本期应缴纳的增值税、消费税和附加税费数据。

（3）上述表内信息预填均由系统自动实现。

（二）具体实操

 3.4 报表整合后消费税申报实操

（1）登录国家税务总局××省电子税务局，依次选择"我要办税"→"税费申报及缴纳"→"消费税及附加税（费）申报"选项。

（2）进入申报日期选择界面，单击"进入申报"按钮。

（3）数据初始化。

（4）依次填写本期减（免）税额明细表、本期委托加工收回情况报告表、本期准予扣除税额计算表、消费税及附加税费申报表主表、消费税及附加税费计算表、消费税及附加税费申报表主表。

①打开本期减（免）税额明细表，确认填写数据后，单击"保存"按钮。

②单击菜单栏切换申报，选择本期委托加工收回情况报告表，打开后填写，确认填写数据后，单击"保存"按钮。

③单击菜单栏切换申报，选择本期准予扣除税额计算表，打开后填写，确认填写数据后，单击"保存"按钮。

④单击菜单栏切换申报，选择消费税及附加税费申报表主表，打开后填写，确认填写数据后，单击"保存"按钮。

⑤单击菜单栏切换申报，选择消费税附加税费计算表，打开后核对计税（费）依据，选择并填写相关税收优惠（如有），确认填写数据后，单击"保存"按钮。

⑥单击菜单栏切换申报，选择消费税及附加税费申报表主表，打开后核对数据无误，单击"保存"按钮。

回到申报列表界面，单击"申报"按钮，查看申报状态，如页面提示申报成功即可。具体流程如图3-1所示。

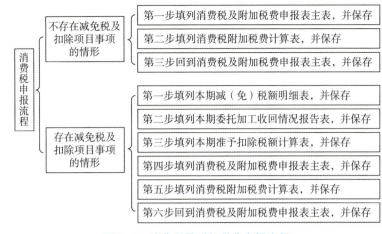

图 3-1　消费税及附加税费申报流程

任务思考与自测

1. 整理笔记，并通过查找和阅读其他资料，绘制本节课思维导图，厘清知识脉络。

2. 观看微信公众号"梅松讲税"视频《保姆级教程｜消费税及附加税费申报实操》或者类似自媒体视频，对消费税及附加税费申报流程有一个整体认知，具备专业知识，解决实操问题的能力。

任务二　信息整合：增值税、消费税及附加税费申报案例

一、增值税、消费税及附加税费纳税申报案例资料

3.5　消费税及附加税费申报表整合后申报案例分析

【案例 3-1】资料：愉悦健身有限责任公司是一家高尔夫球及球具生产厂家，是增值税一般纳税人。公司 2023 年 2 月发生以下业务：

（1）购进一批 PU 材料，取得增值税专用发票注明价款 10 万元，增值税税款 1.3 万元，委托乙企业将其加工成 100 个高尔夫球包，加工费 2 万元，增值税税额为 0.26 万元，乙企业当月销售同类球包不含税销售价格为 0.25 万元/个。

（2）将委托加工的球包全部收回并批发给代理商，收到不含税价款 28 万元。

（3）购进一批碳素材料、钛合金，取得增值税专用发票注明价款 150 万元、增值税税额为 19.5 万元，委托丙企业将其加工成 100 个高尔夫球杆，支付加工费取得增值税专用发票，注明加工费 30 万元，增值税税额为 3.9 万元。丙企业无同类也无相似应税消费品在售。

（4）委托加工收回的高尔夫球杆的 80% 当月已经销售，收到不含税价款 300 万元，尚有 20% 留存仓库。

其他资料：假设受托方均履行代收代缴义务，高尔夫球及球具消费税税率为 10%，以

上取得的增值税专用发票均在当月申报抵扣进项税额。本企业不属于小型微利企业，不享受其他税收减免优惠政策。

二、增值税、消费税及附加税费纳税申报案例分析

（一）增值税及附加税费计算

1. 本期销项税额的计算

根据开票软件的本期汇总情况可得：

$$本期销项税额 = （280\ 000 + 3\ 000\ 000）× 13\% = 426\ 400（元）$$

2. 本期进项税额的计算

进项税额可以通过勾选平台勾选确定。

$$13\ 000 + 2\ 600 + 195\ 000 + 39\ 000 = 249\ 600（元）$$

3. 本期应纳税额的计算

$$本期应纳税额 = 本期销项税额 - 本期进项税额 = 426\ 400 - 249\ 600 = 176\ 800（元）$$

4. 附件税费的计算

$$应交城建税 = 176\ 800 × 7\% = 12\ 376（元）$$
$$应交教育费附加 = 176\ 800 × 3\% = 5\ 304（元）$$
$$应交地方教育费附加 = 176\ 800 × 2\% = 3\ 536（元）$$

（二）消费税及附加税费的计算

1. 根据业务1，计算乙企业代收代缴消费税

委托加工需要受托方代收代缴消费税。消费税计算的原则是：有同类，按同类；无同类，按相似；无相似，按组价。其中组价公式为：

$$组成计税价格 = （材料成本 + 加工费）÷（1 - 消费税比例税率）$$
$$代收代缴的消费税 = 组成计税价格 × 消费税税率$$

本例中受托方乙企业有同类，则按同类价格计算。

$$乙企业代收代缴的消费税 = 100 × 0.25 × 10\% = 2.5（万元）$$

2. 根据业务2，计算甲公司应交消费税

委托方收回委托加工应税消费品，如果原价或低价卖出，不额外征收消费税；但是如果以高于受托方的计税价格出售的，需按规定申报缴纳消费税，在计税时准予扣除受托方已代收代缴的消费税。

本例中，$28/100 = 0.28$（万元/个），高于0.25万元/个的单价，应按售价重新计算消费税，但原已代收代缴的消费税准予扣除。

所以，本环节甲公司应交消费税 $= 28 × 10\% - 2.5 = 0.3$（万元）。

3. 根据业务3，计算丙企业代收代缴消费税

委托加工需要受托方代收代缴消费税。有同类，按同类；无同类，按相似；无相似，按组价。受托方丙企业无同类且无相似产品价格，故按组成计税价格计算代收代缴的消费税。

$$组成计税价格 = （150 + 30）÷（1 - 10\%）= 200（万元）$$
$$丙企业代收代缴的消费税 = 200 × 10\% = 20（万元）$$

知识小百科：假设税务局在对委托方进行税务检查中，发现受托方（丙企业）没有代收代缴消费税税款，则委托方（甲公司）要补缴税款，对受托方（丙企业）按《中华人民共和国税收征收管理法》的相关规定，处以应代收代缴税款50%以上3倍以下的罚款。此处甲企业补缴消费税税款时，如果直接卖掉则按售价乘以税率计算；如果未卖掉，则按组价计算缴纳消费税。

4. 根据业务4，计算甲公司应交消费税

委托方收回委托加工应税消费品，以高于受托方的计税价格出售的，需按规定申报缴纳消费税，在计税时准予扣除受托方已代收代缴的消费税。

所以，甲公司应补缴消费税 = 300×10% − 20×80% = 14（万元）。

三、增值税、消费税及附加税费申报表填列

 3.6　增值税、消费税及附加税费申报表整合后申报实操——增值税申报

（一）增值税及附加税费申报表填写

1. 根据勾选平台数据填写附列资料（二）（见表 3-3）

表 3-3　增值税及附加税费申报表附列资料（二）

（本期进项税额明细）

税款所属时间：　　年　　月　　日至　　　年　　月　　日

纳税人名称：（公章）　　　　　　　　　　　　　　　　金额单位：元（列至角分）

一、申报抵扣的进项税额				
项目	栏次	份数	金额	税额
（一）认证相符的增值税专用发票	1=2+3			
其中：本期认证相符且本期申报抵扣	2	4	1 920 000	
前期认证相符且本期申报抵扣	3			
（二）其他扣税凭证	4=5+6+7+8a+8b			
其中：海关进口增值税专用缴款书	5			
农产品收购发票或者销售发票	6			
代扣代缴税收缴款凭证	7		—	
加计扣除农产品进项税额	8a	—	—	
其他	8b			
（三）本期用于购建不动产的扣税凭证	9			
（四）本期用于抵扣的旅客运输服务扣税凭证	10			
（五）外贸企业进项税额抵扣证明	11	—		

续表

项目	栏次	份数	金额	税额
当期申报抵扣进项税额合计	12=1+4+11	4	1 920 000	

二、进项税额转出额

项目	栏次	税额
本期进项税额转出额	13=14 至 23 之和	
其中：免税项目用	14	
集体福利、个人消费	15	
非正常损失	16	
简易计税方法征税项目用	17	
免抵退税办法不得抵扣的进项税额	18	
纳税检查调减进项税额	19	
红字专用发票信息表注明的进项税额	20	
上期留抵税额抵减欠税	21	
上期留抵税额退税	22	
异常凭证转出进项税额	23a	
其他应作进项税额转出的情形	23b	

三、待抵扣进项税额

项目	栏次	份数	金额	税额
（一）认证相符的增值税专用发票	24	—	—	—
期初已认证相符但未申报抵扣	25			
本期认证相符且本期未申报抵扣	26			
期末已认证相符但未申报抵扣	27			
其中：按照税法规定不允许抵扣	28			
（二）其他扣税凭证	29=30 至 33 之和			
其中：海关进口增值税专用缴款书	30			
农产品收购发票或者销售发票	31			
代扣代缴税收缴款凭证	32		—	
其他	33			
	34			

四、其他

项目	栏次	份数	金额	税额
本期认证相符的增值税专用发票	35	4	1 920 000	
代扣代缴税额	36	—		—

2. 根据发票开具系统汇总数据填写增值税及附加税费申报表附列资料（一）（见表3-4）

3. 附列资料（一）、（二）填写后自动生成主表数据（见表3-5）

表3-4 增值税及附加税费申报表附列资料（一）

（本期销售情况明细）

税款所属时间： 年 月 日 至 年 月 日

纳税人名称：（公章）

金额单位：元（列至角分）

项目及栏次		开具增值税专用发票		开具其他发票		未开具发票		纳税检查调整		合计			服务、不动产和无形资产扣除项目本期实际扣除金额	扣除后	
		销售额	销项（应纳）税额	销售额	销项（应纳）税额	销售额	销项（应纳）税额	销售额	销项（应纳）税额	销售额	销项（应纳）税额	价税合计		含税（免税）销售额	销项（应纳）税额
		1	2	3	4	5	6	7	8	9=1+3+5+7	10=2+4+6+8	11=9+10	12	13=11-12	14=13÷(100%+税率或征收率)×税率或征收率
一、一般计税方法计税	全部征税项目	13%税率的货物及加工、修理修配劳务	1													
		13%税率的服务、不动产和无形资产	2	3 280 000												
		9%税率的货物及加工、修理修配劳务	3										—	—	—	—
		9%税率的服务、不动产和无形资产	4													
		6%税率	5										—	—	—	—
	其中：即征即退项目	即征即退货物及加工、修理修配劳务	6	—	—	—	—	—	—	—			—	—	—	—
		即征即退服务、不动产和无形资产	7	—	—	—	—	—	—	—			—	—	—	—

续表

项目及栏次	栏次	开具增值税专用发票 销售额	开具增值税专用发票 销项（应纳）税额	开具其他发票 销售额	开具其他发票 销项（应纳）税额	未开具发票 销售额	未开具发票 销项（应纳）税额	纳税检查调整 销售额	纳税检查调整 销项（应纳）税额	合计 销售额	合计 销项（应纳）税额	合计 价税合计	服务、不动产和无形资产扣除项目本期实际扣除金额	扣除后 含税（免税）销售额	扣除后 销项（应纳）税额
		1	2	3	4	5	6	7	8	9=1+3+5+7	10=2+4+6+8	11=9+10	12	13=11−12	14=13÷(100%+税率或征收率)×税率或征收率
二、简易计税办法计税 全部征税项目 6%征收率	8							—	—			—	—	—	—
5%征收率的货物及加工、修理修配劳务	9a							—	—			—	—	—	—
5%征收率的服务、不动产和无形资产	9b							—	—			—	—		
4%征收率	10							—	—			—	—	—	—
3%征收率的货物及加工、修理修配劳务	11							—	—			—	—	—	—
3%征收率的服务、不动产和无形资产	12							—	—			—	—		
预征率 %	13a														
预征率 %	13b														
预征率 %	13c														
其中：即征即退项目 即征即退货物及加工、修理修配劳务	14	—	—	—	—	—	—					—	—		
即征即退服务、不动产和无形资产	15	—	—	—	—	—	—					—	—		

续表

项目及栏次			开具增值税专用发票		开具其他发票		未开具发票		纳税检查调整		合计		价税合计	服务、不动产和无形资产扣除项目本期实际扣除金额	扣除后	
			销售额	销项（应纳）税额	销售额	销项（应纳）税额	销售额	销项（应纳）税额	销售额	销项（应纳）税额	销售额	销项（应纳）税额			含税（免税）销售额	销项（应纳）税额
			1	2	3	4	5	6	7	8	9=1+3+5+7	10=2+4+6+8	11=9+10	12	13=11−12	14=13÷（100%+税率或征收率）×税率或征收率
三、免抵退税	货物及加工、修理修配劳务	16	—	—	—	—										
	服务、不动产和无形资产	17	—	—	—	—									—	—
四、免税	货物及加工、修理修配劳务	18	—	—	—	—									—	—
	服务、不动产和无形资产	19	—	—	—	—									—	—

表 3-5　增值税及附加税费申报表

（一般纳税人适用）

根据国家税收法律法规及增值税相关规定制定本表。纳税人不论有无销售额，均应按税务机关核定的纳税期限填写本表，并向当地税务机关申报。

税款所属时间：自　年　月　日至　年　月　日　填表日期：　年　月　日　金额单位：元（列至角分）

纳税人识别号（统一社会信用代码）：□□□□□□□□□□□□□□□□□□□□

所属行业：

纳税人名称：		法定代表人姓名		注册地址	生产经营地址	
开户银行及账号		登记注册类型			电话号码	

项目		栏次	一般项目		即征即退项目	
			本月数	本年累计	本月数	本年累计
销售额	（一）按适用税率计税销售额	1	3 280 000			
	其中：应税货物销售额	2	3 280 000			
	应税劳务销售额	3				
	纳税检查调整的销售额	4				
	（二）按简易办法计税销售额	5				
	其中：纳税检查调整的销售额	6				
	（三）免、抵、退办法出口销售额	7			—	—
	（四）免税销售额	8				
	其中：免税货物销售额	9			—	—
	免税劳务销售额	10			—	—
税款计算	销项税额	11	426 400			
	进项税额	12	249 600			
	上期留抵税额	13				—
	进项税额转出	14				
	免、抵、退应退税额	15			—	—
	按适用税率计算的纳税检查应补缴税额	16			—	—
	应抵扣税额合计	17 = 12 + 13 − 14−15+16	249 600	—		—
	实际抵扣税额	18（如 17<11，则为 17，否则为 11）	249 600			
	应纳税额	19 = 11−18	176 800			
	期末留抵税额	20 = 17−18				—
	简易计税办法计算的应纳税额	21				
	按简易计税办法计算的纳税检查应补缴税额	22				
	应纳税额减征额	23				
	应纳税额合计	24 = 19+21−23	176 800			

续表

项目		栏次	一般项目		即征即退项目	
			本月数	本年累计	本月数	本年累计
税款缴纳	期初未缴税额（多缴为负数）	25				
	实收出口开具专用缴款书退税额	26			—	—
	本期已缴税额	27 = 28 + 29 + 30+31				
	①分次预缴税额	28		—		—
	②出口开具专用缴款书预缴税额	29		—		—
	③本期缴纳上期应纳税额	30				
	④本期缴纳欠缴税额	31				
	期末未缴税额（多缴为负数）	32 = 24 + 25 + 26−27				
	其中：欠缴税额（≥0）	33 = 25+26−27		—		—
	本期应补（退）税额	34 = 24−28−29				
	即征即退实际退税额	35	—			
	期初未缴查补税额	36				
	本期入库查补税额	37				
	期末未缴查补税额	38 = 16 + 22 + 36−37				
附加税费	城市维护建设税本期应补（退）税额	39	12 376			
	教育费附加本期应补（退）费额	40	5 304		—	—
	地方教育附加本期应补（退）费额	41	3 536		—	—

　　知识小百科：此处主表第一次生成到38栏次，主要计算出应纳税额为176 800元作为计算附加税费的计税基础，然后单击"附加税费"栏次任一链接，则自动弹出附列资料五，按照实际情况填写完毕后，回到主表，附加税费栏次数据自动生成，最终完成主表填制。

　　4. 根据主表数据填写附列资料（五）（见表3-6）

　　5. 根据附列资料（五）资料完成主表附加税费部分的填写，完成申报（见表3-5）

（二）消费税及附加税费申报表填写

 3.7 增值税、消费税及附加税费申报表整合后申报实操——消费税申报

　　1. 填写附表3：本期委托加工收回情况报告表（见表3-7）

納税人名称：（公章）

税（费）款所属时间：　年　月　日至　年　月　日

表3-6　增值税及附加税费申报表附列资料（五）

（附加税费情况表）

金额单位：元（列至角分）

税（费）种		计税（费）依据			税（费）率（%）	本期应纳税（费）额	本期减免税（费）额		试点建设培育产产教融合型企业		本期已缴税（费）额	本期应补（退）税（费）额
		增值税税额	增值税免抵税额	留抵退税本期抵扣额			减免性质代码	减免税（费）额	减免性质代码	本期抵免金额		
		1	2	3	4	5=（1+2-3）×4	6	7	8	9	10	11=5-7-9-10
城市维护建设税	1	176 800			7							
教育费附加	2	176 800			3							
地方教育附加	3	176 800			2							
合计	4	—	—	—	—		—		—	—		

本期是否适用试点建设培育产教融合型企业抵免政策　□是　□否

当期新增投资额	5
上期留抵可抵免金额	6
结转下期可抵免金额	7

可用于扣除的增值税留抵退税额使用情况

当期新增可用于扣除的留抵退税额	8
上期结存可用于扣除的留抵退税额	9
结转下期可用于扣除的留抵退税额	10

表 3-7 本期委托加工收回情况报告表

金额单位：元（列至角分）

一、委托加工收回应税消费品代收代缴税款情况

应税消费品名称	商品和服务税收分类编码	委托加工收回应税消费品数量	委托加工收回应税消费品计税价格	适用税率		受托方已代收代缴税款	受托方（扣缴义务人）名称	受托方（扣缴义务人）识别号	税收扣款书（代扣代收专用）号码	税收缴款书（代扣代收专用）开票日期
				定额税率	比例税率					
1	2	3	4	5	6	7=3×5+4×6	8	9	10	11
高尔夫球包	＊＊＊	100	250 000		10%	25 000	乙企业	＊＊＊	＊＊＊	＊＊＊
高尔夫球杆	＊＊＊	100	2 000 000		10%	200 000	丙企业	＊＊＊＊	＊＊＊	＊＊＊

二、委托加工收回应税消费品领用存情况

应税消费品名称	商品和服务税收分类编码	上期库存数量	本期委托加工收回入库数量	本期委托加工收回直接销售数量	本期委托加工收回用于连续生产数量	本期结存数量
1	2	3	4	5		7=3+4-5-6
高尔夫球包	＊＊＊	0	100	100	0	0
高尔夫球杆	＊＊＊	0	100	80	0	20

2. 填写附表1-1：本期准予扣除税额计算表（见表3-8）

表3-8　本期准予扣除税额计算表

金额单位：元（列至角分）

准予扣除项目	应税消费品名称		高尔夫球包	高尔夫球杆	合计
一、本期准予扣除的委托加工应税消费品已纳税款计算	期初库存委托加工应税消费品已纳税款	1	0	0	0
	本期收回委托加工应税消费品已纳税款	2	25 000	200 000	225 000
	期末库存委托加工应税消费品已纳税款	3	0	40 000	40 000
	本期领用不准予扣除委托加工应税消费品已纳税款	4	0	0	0
	本期准予扣除委托加工应税消费品已纳税款	5＝1＋2－3－4	25 000	160 000	185 000
二、本期准予扣除的外购应税消费品已纳税款计算	（一）从价计征	期初库存外购应税消费品买价	6			
		本期购进应税消费品买价	7			
		期末库存外购应税消费品买价	8			
		本期领用不准予扣除外购应税消费品买价	9			
		适用税率	10			
		本期准予扣除外购应税消费品已纳税款	11＝（6＋7－8－9）×10			
	（二）从量计征	期初库存外购应税消费品数量	12			
		本期外购应税消费品数量	13			
		期末库存外购应税消费品数量	14			
		本期领用不准予扣除外购应税消费品数量	15			
		适用税率	16			
		计量单位	17			

续表

准予扣除项目		应税消费品名称	高尔夫球包	高尔夫球杆	合计
（二）从量计征	本期准予扣除外购应税消费品已纳税款	18＝（12+13-14-15）×16			
三、本期准予扣除税款合计		19＝5+11+18	25 000	160 000	185 000

3. 填写主表（见表3-9）

表3-9　消费税及附加税费申报表

税款所属期：自　　年　　月　　日至　　年　　月　　日

纳税人识别号（统一社会信用代码）：

纳税人名称：　　　　　　　　　　　　　　　　　金额单位：人民币元（列至角分）

应税消费品名称 \ 项目	适用税率		计量单位	本期销售数量	本期销售额	本期应纳税额
	定额税率	比例税率				
	1	2	3	4	5	6＝1×4+2×5
高尔夫球包		10%	个	100	280 000	28 000
高尔夫球杆		10%	个	80	3 000 000	300 000
合计	—	—	—	—	—	328 000

	栏次	本期税费额
本期减（免）税额	7	0
期初留抵税额	8	0
本期准予扣除税额	9	185 000
本期应扣除税额	10＝8+9	185 000
本期实际扣除税额	11［10<（6-7），则为10，否则为6-7］	185 000
期末留抵税额	12＝10-11	0
本期预交税额	13	0
本期应补（退）税额	14＝6-7-11-13	143 000
城市维护建设税本期应补（退）税额	15	10 010
教育费附加本期应补（退）税额	16	4 290
地方教育费附加本期应补（退）税额	17	2 860

知识小百科：此处主表第一次生成到14栏次，主要计算出应补（退）税额为143 000元作为计算附加税费的计税基础，然后单击附加税费栏次任一链接，则自动弹出附表6，按照实际情况填写完毕后，回到主表，附加税费栏次数据自动生成，最终完成主表填制。

4. 填写附表6：消费税附加税费计算表（见表3-10）

表 3-10　消费税附加税费计算表

金额单位：元（列至角分）

税（费）种	本期是否使用小微企业"六税两费"减免政策 □是 □否			减免政策适用主体 □是 □否 增值税一般纳税人□个体工商户 □小型微利企业 增值税小规模纳税人□是 □否				年　月至　年　月			
	计税（费）依据	税（费）率（%）	本期应纳税（费）额	适用减免政策起止时间			小微企业"六税两费"减免政策		本期已缴税（费）额	本期应补（退）税（费）额
	消费税税额			本期减免税（费）额			减征比例（%）	减征额		
				减免性质代码	减免税（费）额					
	1	2	3	4	5		6	7＝（3-5）×6	8	9＝3-5-7-8
城市维护建设税	143 000	7	10 010							10 010
教育费附加	143 000	3	4 290							4 290
地方教育费附加	143 000	2	2 860							2 860
合计	—	—	—	—	—		—			17 160

5. 根据附表 6 资料完成主表附加税费部分的填写，完成申报（见表 3-9）

任务思考与自测

1. 整理笔记，并通过查找和阅读其他资料，绘制本节课思维导图，厘清知识脉络。

2. 资料：某 4S 店 2023 年 3 月与甲有限责任公司签订汽车销售合约一份，销售某品牌小汽车一辆，开具机动车销售统一发票一份，发票金额为 4 380 530.97 元，税额为 569 469.03 元，价税合计 4 950 000.00 元。A 税务局在税务检查时候发现该 4S 店除去增值税之外未就该业务缴纳其他税费。

要求：

（1）请回答 4S 店还需要缴纳哪些税费？如何计算？

（2）假设 4S 店适用"五年内首次因偷税被税务机关处罚，并能够配合税务机关检查的，处不缴或者少缴的税款百分之五十的罚款"的规定，请计算 4S 店需要缴纳多少税收滞纳金。

（3）对于上述案例，请谈谈自己的感悟。

项目三 合法节税：消费税的税务筹划

项目认知目标

项目认知目标

○ 能够描述税务筹划的概念和原则。
○ 能够厘清税务筹划的一般思路。
○ 准确阐述消费税税务筹划的方法和要点。

项目技能目标

○ 通过模块学习，能够提出消费税税务筹划思路。
○ 通过模块学习，能够独立完成消费税税务筹划方案。

项目价值目标

○ 理解国家依据人民中心理念，按照公平合理、涵养税源的要求，通过一系列税收优惠政策，为服务纳税人复工复产所做出的努力。
○ 理解税收为国家"集中力量办大事"所做的贡献，感受税务精神，树立诚信纳税、兴税强国的职业品质。

导入案例

银行销售金银首饰要不要交消费税呢？

目前，随着银行业务范围的拓展，不少银行推出手链、吊坠等金银首饰产品，造型多样、款式新颖，并被赋予了美好的名称和寓意，深受消费者欢迎。那么，银行销售金银首饰，到底要不要缴纳消费税呢？

根据《中华人民共和国消费税暂行条例》、消费税税目税率（税额）表及《财政部 国家税务总局关于调整金银首饰消费税纳税环节有关问题的通知》（〔1994〕财税字第 95 号）等税收政策法规的规定，金、银和金基、银基合金首饰，以及金、银和金基、银基合 金的镶嵌首饰，属于消费税应税对象，并在零售环节征收消费税。

因此，银行销售金银首饰也是要依法缴纳消费税的。

一、税务筹划的方法

（一）征税范围的纳税筹划

 3.8　消费税税务筹划

消费税的征收范围比较窄，仅仅局限在五大类 15 个税目商品，这 15 个税目应税消费 品分别是：烟、酒及酒精、化妆品、贵重首饰及珠宝玉石、鞭炮及焰火、高尔夫球及球 具、高档手表、游艇、木制一次性筷子、实木地板、成品油、汽车轮胎、摩托车、小汽 车、涂料。如果企业希望从源头上节税，要在做出投资决策时，避开上述应税消费品，选 择其他符合国家产业政策、在流转税及所得税方面有优惠措施的市场前景看好的产品进行 投资，如高档摄像机、高档组合音响、裘皮制品、移动电话、装饰材料等。同时，随着经 济发展，百姓生活质量的提高，过去认为是奢侈品的商品，现在已经不是奢侈品了，如洗 发水、护肤用品等，成为人们生活必需品。同时，又有一些高档消费品和新兴消费行为出 现，例如高尔夫球及球具、高档手表、游艇等列入消费税的征税范围。今后像酒店会所、 俱乐部的消费等，都有可能要调整为消费税的征收范围。所以，企业在选择投资方向时， 要考虑国家对消费税的改革方向及发展趋势。

（二）消费税计税依据的纳税筹划

现行制度规定，消费税的计算方法有从价定率、从量定额和从价定率与从量定额相结 合三种方法。进行消费税的税收筹划时，在计税依据方面大有文章可做。

1. 包装物押金的筹划

对实行从价定率办法计算应纳税额的应税消费品，如果包装物连同产品销售，无论包 装物是否单独计价，也不论会计上如何处理，包装物均应并入销售额中计征消费税。但如 果包装物并未随同产品销售，而是借给购货方周转使用，仅仅收取包装物押金的话，只要 此项押金在规定的时间内（一般为 1 年）退回。就可以不并入销售额计算纳税。因此，企 业可以在情况允许时采用出借包装物的方式，一方面有助于减少计税依据，降低税收负 担；另一方面在归还押金之前，企业可以占有这部分押金的利息。

【案例 3-2】资料：某企业销售商品 100 件，每件售价 500 元，其中含木质包装箱价 款 50 元。

方案 1：包装物一并销售。则销售额为 50 000 元。若消费税税率为 10%，应纳消费税税额为 50 000×10%＝5 000（元）。

方案2：收取包装物押金方式。规定要求购货方在 6 个月内退还，就可以节税 50×100÷（1+13%）×10%＝442.48（元），实际纳税 5 000-442.48＝4 557.52（元）。此外，企业还可以从银行获得这 5 000 元押金所生的利息。

2. 先销售后包装的筹划

税法规定，纳税人将应税消费品与非应税消费品以及适用税率不同的应税消费品组成成套消费品销售的，应按应税消费品的最高税率征税。习惯上，工业企业销售产品，都采取"先包装后销售"的方式进行。如果改成"先销售后包装"方式，不仅可以大大降低消费税税负，而且增值税税负仍然保持不变。

【案例 3-3】资料：某日用化妆品厂，将生产的化妆品、护肤护发品、小工艺品等组成成套消费品销售。每套消费品由下列产品组成：化妆品包括一瓶香水（300 元）、一瓶指甲油（10 元）、一支口红（150 元）；护肤护发品包括两瓶浴液（125 元）、一瓶摩丝（80 元）、一块香皂（12 元）；化妆工具及小工艺品（40 元）、塑料包装盒（5 元）。高档化妆品消费税税率为 15%。上述价格均不含税。

方案1：按照习惯做法，先包装后销售。应纳消费税＝（300+10+150+125+80+12+40+5）×15%＝108.3（元）。

方案2：先销售后包装。将上述产品先分别销售给商家，再由商家包装后对外销售。实际操作中，只是换了个包装地点，并将产品分别开具发票，账务上分别核算销售收入。应纳消费税＝（300+10+150）×15%＝69（元）。

则每套高档化妆品节税额为：108.3-69＝39.3（元）。

3. 折扣销售和实物折扣的筹划

税法规定，企业采用折扣销售方式时，如果折扣额和销售额在同一张发票上分别注明的，可按折扣后的余额计算消费税；如果将折扣额另开发票，不论其在财务上如何处理，均不得从销售额中减除折扣额。企业严格按照税法规定开具发票，可以大幅度降低销售额，少交消费税。

在现实中还会出现"买二送一"等实物折扣销售方式。税法规定：将自产、委托加工或购买的货物用于实物折扣的，该实物款额不得从销售额中减除，应按视同销售中的"赠送他人"处理，计算征收消费税。因此，企业如果将"实物折扣"变换成折扣销售，就可以按规定扣除，从而少交消费税。

【案例 3-4】资料：企业要销售 200 件商品，可以给予 10 件的折扣。在开具发票时，可以按 210 件的销售数量和金额开具，然后在同一张发票上单独注明折扣 10 件的金额。这样，实物折扣的部分就可以从销售额中扣除，不用计算消费税，从而节约了税收支出。

（三）税率的筹划

1. 兼营不同税率应税消费品的筹划

税法规定，纳税人兼营不同税率的应税消费品，应分开核算不同税率应税消费品的销售额、销售数量。未分别核算的或将不同税率的应税消费品组成成套消费品销售的，从高适用税率。这就要求企业健全会计核算，按不同税率将应税消费品分开核算。如果为达到促销效果，采用成套销售方式的，可以考虑将税率相同或相近的消费品组成成套销售。如可以将不同品牌的化妆品套装销售，而如果将护肤护发品（消费税税率为0）和高档化妆品（消费税税率为15%）组成一套销售，就会大大增加企业应缴纳的消费税。同样，将税率为20%的粮食白酒和税率为10%的药酒组成礼品套装销售也是不合算的。除非企业成套销售所带来的收益远远大于因此而增加的消费税及其他成本，或者企业是为了达到占领市场、宣传新产品等战略目的，否则单纯从税收角度看，企业应将不同税率应税消费品分开核算，分开销售。

2. 混合销售行为的筹划

税法规定，从事货物的生产、批发或零售的企业，以及以从事货物的生产、批发或零售为主，并兼营非应税劳务的企业的混合销售行为，视同销售货物，应当征收增值税。若货物为应税消费品，则计算消费税的销售额和计算增值税的销售额是一致的，都是向购买方收取的全部价款和价外费用。价外费用包括价外向购买方收取的手续费、补贴、包装物租金、运输装卸费、代收款项等诸多费用。如摩托车生产企业既向客户销售摩托车，又负责运送所售摩托车并收取运费，则运费作为价外费用，应并入销售额计算征收消费税。如果将运费同应税消费品分开核算，运费部分只纳9%的增值税，而无需按应税消费品的高税率纳消费税，则可以减少销售额，少纳消费税。现在由于客户日益重视售后服务，企业可以考虑设立售后服务部、专业服务中心等来为客户提供各种劳务，将取得的各种劳务收入单独核算、单独纳税，以避免因消费税高税率而带来的额外负担。又如，白酒生产企业就可以成立专门的运输中心来运输所售白酒，所收运费缴纳9%的增值税，而不用按20%缴纳消费税，这样就节约了纳税支出。

（四）已纳税款扣除的筹划

税法规定，将应税消费品用于连续生产应税消费品的，可按当期生产领用数量计算准予扣除外购的、进口的或委托加工收回的应税消费品已纳的消费税税款。而且允许扣除已纳税款的应税消费品只限于从工业企业购进的应税消费品，对从商业企业购进应税消费品的已纳税款一律不得扣除。因此，企业采购应税消费品，应尽可能从其生产厂家按出厂价购入，这样不仅可以避免从商业企业购入而额外多支付的成本，而且也可以实行已纳税款抵扣制，降低企业的税负。同时须注意的是允许抵扣已纳税款的消费品的用途应符合税法规定的范围，如用外购已税烟丝生产卷烟，用外购已税化妆品生产化妆品等，就可以实行税款抵扣制，而用外购已税酒精生产白酒、用外购已税汽车轮胎生产小汽车则不允许扣除已纳的消费税税款。

二、消费税纳税筹划应注意的问题

企业要做好税务筹划，实现税后收益最大化，在实践中需注意以下几个问题。

（一）筹划时应把握好"度"

不应把税务筹划演变为避税、逃税。避税虽然不违法，但违背了国家立法意图和道德，钻法律空子。逃税则是明显违反了税收法律规定，是国家不允许的。税收筹划的目的是节税，使企业承担较小的纳税成本，必须在税收法律、制度规定的范围内进行。

（二）必须在规定的期限及地点纳税

税法规定了消费税的纳税期限及纳税地点，企业必须认真履行纳税义务，在规定期限内和规定地点及时足额缴纳税款；否则就要接受加收滞纳金和罚款等惩罚，甚至应税消费品还有可能被保全和强制执行，这样就大大增加了企业的税收负担，增大了企业的财务风险，对企业经营极为不利。

任务思考与自测

1. 整理笔记，并通过查找和阅读其他资料，绘制本节课思维导图，厘清知识脉络。

2. 资料：A 企业销售 1 000 套高档化妆品，每套价值 2 000 元，其中含包装物价值 200 元。高档化妆品的消费税税率为 15%。

要求：请帮忙 A 企业针对上述业务做出筹划方案。

课程前沿　健康为民新举措，电子烟开征消费税

阅读与思考

　3.9　电子烟消费税新规

一、电子烟开征消费税的背景和意义

思考：搜集资料，梳理电子烟开征消费税的背景，体会电子烟开征消费税的作用，感悟人民中心理念。

二、从电子烟消费税税率设置中感受消费结构调整导向

思考：通过电子烟消费税税率基本知识，感受国家通过引导消费结构倡导无烟中国、健康中国的决心。

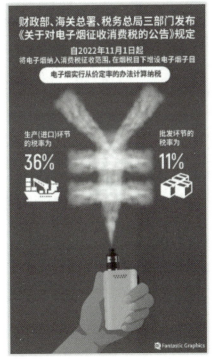

电子烟消费税基本知识

认知情境四
土地增值税纳税申报与筹划

情境学习目标

〇 能够理解土地增值税开征背景、意义。能够描述土地增值税的概念、征税范围、税率与征收率及计税方法等基础知识。

〇 具备综合运用土地增值税的法律规范完成土地增值税纳税申报的能力，具备综合运用土地增值税知识进行税务筹划的能力。

〇 能够理解土地增值税开征意义，能够体会国家运用税收杠杆引导房地产经营方向、规范房地产市场交易秩序、合理调节土地增值收益分配、维护国家权益、促进产业发展、增进民生福祉的决心和努力；感受国家利用"大智移云物区"等新一代信息技术推进智慧税务建设、改进营商环境的成效；关注土地增值税法变革情况，准确把握土地增值税立法趋势，具备及时更新知识、自主学习、独立思考的能力。

情境工作任务

根据企业的实际情况，完成以下工作任务：

〇 确定土地增值税的征税范围、税目、税率及应纳税额的计算，做好知识储备。

〇 根据公司特点，填制土地增值税申报表，规范纳税申报流程，锻炼实操能力。

〇 明确税务会计岗位职能，具备税务会计工作的认知态度和团队理念。

情境结构图

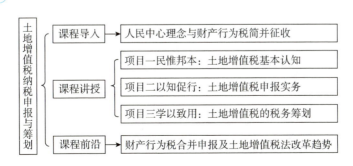

 课程导入 人民中心理念与财产行为税简并征收

阅读与思考

 4.1 人民中心，将简并征收进行到底

一、财产行为税简并征收的原因

思考：搜集资料，梳理财产行为税简并征收的原因，感悟人民中心理念。

十大财产行为税简并征收

二、财产行为税简并征收的好处

思考：通过阅读财产行为税简并征收指南，感受国家利用"大智移云物区"等新一代信息技术推进智慧税务建设、改进营商环境的成效。

财产行为税简并征收的成效

项目一 民惟邦本：土地增值税基本认知

项目认知目标

○ 能够分析和评价土地增值税开征的深层次原因和开征原则。

○ 准确识别土地增值税征税范围，准确描述土地增值税四级超率累进税率。

○ 准确阐释土地增值税的计税方法，准确描述土地增值税应纳税额的计算公式。

○ 准确评价土地增值税法的改革趋势，对主要变化和立法亮点有充分的关注和把握。

项目技能目标

○ 通过土地增值税基本认知模块学习，深化对土地增值税开征动因、意义的理解。

○ 通过土地增值税基本认知模块的学习，强化土地增值税税目、税率、计税方法的应用能力。

项目价值目标

○ 理解土地增值税开征意义，体会国家运用税收杠杆引导房地产经营方向、规范房地产市场交易秩序、合理调节土地增值收益分配、维护国家权益、促进房地产行业健康发展所做的努力。

○ 领会国家通过完善税制结构优化资源配置、维护市场统一、促进社会公平，以增进民生福祉、提高人民住房等生活品质的决心。

○ 关注土地增值税法（征求意见稿）的变革情况，对未来几年土地增值税立法趋势有准确的把握，具备及时更新知识、自主学习、独立思考的能力。

📦 导入案例

土地增值税未来改革方向

2019 年 7 月 16 日，财政部、国家税务总局发布《中华人民共和国土地增值税法（征求意见稿）》（以下简称"征求意见稿"），向社会公开征求意见。这意味着土地增值税将启动立法进程，从条例上升为法律。

与现行的《中华人民共和国土地增值税暂行条例》相比，本次征求意见稿主要有以下变化：

（1）集体房地产纳入征税范围。

（2）税收优惠政策调整，增加地方政府对普通住宅、集体房地产享受减免税的权限。

（3）明确纳税义务发生时间和申报纳税期限，清算环节由应清算与可清算合并为应清算。

（4）征收管理模式变为后续管理。

内容选自：微信公众号"普华永道"之推文"土地增值税启动立法，内容变化引关注"。（https://mp.weixin.qq.com/s/QnswZ_ 12PBDmNwICxXXyLA）

要求：根据上述背景，请同学们搜集相关资料，讨论这些变化对房地产开发企业等相关利益方在业务模式及税务合规性要求上可能带来的影响。

任务一　体民之情：土地增值税前世今生

一、土地增值税在国际上开征状况

对土地增值额的课税，实质是对土地收益或者说是对地租征税。所谓地租，是指从土地上获取的收入超过生产费用后的余额，属于"利润"范畴。由于土地的特殊自然属性，因此与一般意义上的利润不同，而属于特殊的超额利润。对地租征税的理论——租税学说，是 18 世纪中期法国重农主义倡导者魁奈首创，后被亚当·斯密、约翰·穆勒、亨利·乔治和达马熙克等加以补充、发展。

租税学说的基本思想是地主取得的地租是一种"不劳而获"的所得。"不劳而获"的所得，主要是指从事土地改良以外的所得（主要表现为地价上涨）。对于这种非劳动力与资本所致的增值部分，应采取高税率加以征收，以实现地租的社会化，达到鼓励土地改良，以征税来维护整个社会的共同利益的目的。据统计，目前世界上有 60 多个国家和地区直接对土地（有的连同地上建筑物）的转让收入征税。大概分为三种类型：一是对土地转让所得征税，如英国；二是对土地转让的收入额征税，墨西哥；三是对土地转让的增值额征税，如意大利和韩国。

二、土地增值税在我国的开征过程

土地增值税是以纳税人转让国有土地使用权、地上的建筑物及其附着物（以下简称"转让房地产"）所取得的增值额为征税对象，依照规定税率征收的一种税。1951 年我国开征城市房地产税,对房产和地产分别按不同的税率征收,由产权所有人交纳。后来随着城市土地的国有化地产税逐渐取消。1988 年国务院发布了《中华人民共和国城镇土地使用税暂行条例》,在全国范围内开征了城镇土地使用税。1990 年,针对房地产交易市场迅速发展的情况,为健全房地产转让方面的税收规定,在营业税条例中增设了"土地使用权转让及出售建筑物"税目税率确定为转让收入的 5%;对外商投资企业征收工商统一税,税率为 3%。1994 年新税制实行后,外商投资企业和内资一样,统一执行 5% 的营业税政策。鉴于个人买卖房产日益增多,国家于 1989 年恢复征收契税,由买方(限个人)按交易额的 6% 缴纳。1993 年 6 月,国务院根据当时房地产"过热"的情况,提出加强宏观调控的意见,明确指出要尽快开征土地增值税,调节土地增值收益,维护国家权益。为此,国务院在 1993 年 12 月 13 日发布《中华人民共和国土地增值税暂行条例》(以下简称《土地增值税暂行条例》),财政部于 1995 年 1 月 27 日颁布了《中华人民共和国土地增值税暂行条例实施细则》。土地增值税从 1994 年 1 月 1 日起在全国开征。

三、土地增值税的征税原则

设置土地增值税主要原则,是对转让国有土地使用权、地上的建筑物及其附着物所取得的增值收益征税,在土地(房地产)转让环节计征,不分纳税人性质,增值多的多征,增值少的少征,无增值的不征。着重调节转让房地产的过高收益,抑制房地产的投机、牟取暴利行为,保护从事正常房地产开发的房地产商的合法权益,促进房地产开发和房地产市场的健康发展。

开征土地增值税,主要是国家运用税收杠杆引导房地产经营的方向,规范房地产市场的交易秩序,合理调节土地增值收益分配,维护国家权益,促进房地产开发的健康发展。具体包括:

(1)开征土地增值税,是适应我国社会主义市场经济发展新形势,增强国家对房地产开发和房地产交易市场调控的需要。1987 年实行国有土地使用权的有偿出让和转让,极大地促进了我国房地产业发展和房地产市场的建立,对提高土地使用效益,增加国家财政收入,改善城市基础设施和人民生活居住条件,以及带动国民经济相关产业的发展都产生了积极作用。但是 1992 年之后,我国部分地区房地产持续高温,炒买炒卖房地产情况严重,使得过多资金流向房地产,极大地浪费国家的资源和财力,国家土地资金收益大量流失,严重冲击和危害了国民经济的协调健康发展。为扭转这一局面,国家采取了一系列宏观调控措施,其中一项就是开征土地增值税,这也是社会主义市场经济发展的客观需要。

(2)对土地增值额课税,主要目的是抑制炒买炒卖土地获取暴利的行为,以保护正当房地产开发的发展。土地增值主要是两方面原因:一是自然增值,由于土地资源稀缺,自然导致土地价格上升。二是投资增值,把生地变为熟地,建成各种生产、生活、商业设施,形成土地增值。土地属国家所有,国家理应参与土地增值收益分配,并取得较大份额。征收土地增值税有利于减少国家土地资源增值收益的流失,对炒买炒卖房地产获取暴利者,则要用高税率进行调节。这样既能保护正当房地产开发的发展,也能遏制投机者牟取暴利的行为,维护国家整体利益。

(3)规范国家参与土地增值收益的分配方式,增加国家财政收入,为经济建设积累资金。我国涉及房地产交易市场的税收,主要有增值税、企业所得税、个人所得税、契税等。开征土地增值税能对土地增值的过高收入进行调节,并为增加国家财政收入开辟新税源,开征土地增值税可以规范土地增值收益的分配制度，统一各地土地增值收益收费标准。

四、土地增值税的特点

（1）征税范围的特征"有偿、转让、国有"。无论是单独转让土地使用权或是房屋产权和土地使用权一并转让的，无论是新开发建造的商品房还是原有的存量房地产，只要有偿转让国有土地使用权，均应计征土地增值税。

（2）土地增值税以转让房地产的增值额为计税依据，并实行四级超率累进税率，对增值率高的多征税，增值率低的少征税，能够有效抑制炒买炒卖地皮、楼花等牟取暴利的投机行为，防止扰乱房地产开发和房地产市场发展的行为，充分体现土地增值税对过高增值收益的有效调节作用。

（3）为维护房地产开发商正常开发合理权益，使其能够取得一定的投资回报率，对房地产开发商为取得土地使用权所支付的价款、用于开发土地及建房的成本和规定的费用，可以在扣除项目金额中进行扣除。并考虑通货膨胀因素，对从事房地产开发的纳税人，按取得土地使用权所支付的金额和房地产开发成本之和加计 20% 的扣除。这样一方面制约和抑制了房地产的投机和炒卖；另一方面又保护了正常的房地产开发。

（4）考虑到我国的现实情况，为改善人民的居住条件，对从事普通标准住宅建设的单位和个人给予一定的税收优惠；对于个人转让自有住房以及国家因市政规划、重点建设的需要而征用或由纳税人自行转让的房地产，给予税收优惠政策。

任务思考与自测

1. 整理笔记，并通过查找和阅读其他资料，绘制本节课思维导图，厘清知识脉络。

2. 阅读微信公众号"昌尧讲税"推文《什么是土地增值税＼为什么要开征土地增值税＼制定土地增值税所遵循的原则是什么？》，领会土地增值税开征的意义、原则以及未来立法趋势。（https://mp.weixin.qq.com/s/TlTbGxBeE_ fpgBa1rcOHAw）

任务二　安民之术：土地增值税基础知识

一、土地增值税征税范围

4.2　土地增值税基本认知

土地增值税的纳税义务人是有偿转让国有土地使用权、地上的建筑物及其附着物的单位和个人，包括各类企业单位、事业单位、机关、社会团体、个体工商业户以及其他单位和个人。

二、土地增值税征税对象

土地增值税的征税对象是转让国有土地使用权、地上的建筑物及其附着物所取得的增值额。增值额为纳税人转让房地产的收入减除《土地增值税暂行条例》规定的扣除项目金额后的余额。

三、土地增值税税率

土地增值税实行四级超率累进税率（见表4-1），依据增值额与扣除项目金额的比例，确定对应的税率。增值额（相当于纯利润）占的比例越高，对应税率越高，交的税越多，税率最高达60%。

表4-1　土地增值税四级超率累进税率

级次	增值额与扣除项目金额的比例	税率/%	速算扣除率/%
1	不超过50%的部分	30	0
2	超过50%至100%的部分	40	5
3	超过100%至200%的部分	50	15
4	超过200%的部分	60	35

四、土地增值税计税方法

土地增值税的计税依据是转让房地产所取得的增值额。转让房地产的增值额，是转让房地产的收入减除税法规定的扣除项目金额后的余额。用公式表示是：

增值额=转让房地产的收入总额-扣除项目金额

应纳土地增值税=增值额×适用税率-扣除项目金额×速算扣除率

（一）收入的确认

纳税人转让房地产的土地增值税应税收入为不含增值税的收入额。

（1）一般计税方法的纳税人，其转让房地产的土地增值税应税收入不含增值税销项税额。

收入额=（全部价款和价外费用-当期允许扣除的土地价款）/（1+9%）

销项税额=（全部价款和价外费用-当期允许扣除的土地价款）/（1+9%）×9%

（2）适用简易计税方法的纳税人，其转让房地产的土地增值税应税收入不含增值税应纳税额，需要将含增值税收入换算成不含增值税收入，换算方法为：

土地增值税应税收入=转让房地产含税销售额/（1+5%）

适用简易计税方法纳税人，开具增值税普通发票，征收率为5%。

（二）房地产开发企业的可扣除项目

（1）取得土地使用权所支付的金额，是指纳税人为取得土地使用权所支付的地价款（指土地出让金、土地转让金）和按国家统一规定缴纳的有关费用（登记费、过户费等）。

（2）开发土地和新建房及配套设施的成本。"营改增"后，土地增值税纳税人接受建筑安装服务取得的增值税发票，应在发票备注栏注明建筑服务发生地县（市、区）名称及项目名称，否则不得计入土地增值税扣除项目金额；土地增值税扣除项目涉及的增值税进项税额，允许在销项税额中计算抵扣的，不计入土地增值税的扣除项目；不允许在销项税额中计算抵扣的，计入开发成本，作为扣除项目。开发成本具体包括以下6项。

①土地征用及拆迁补偿费，包括土地征用费，耕地占用税，劳动力安置费，有关地上、地下附着物拆迁补偿的净支出，安置动迁用房支出等。

②前期工程费，包括规划、设计、项目可行性研究和水文、地质、勘察、测绘、"三通一平"等支出。

③建筑安装工程费，是指以出包方式支付给承包单位的建筑安装工程费，以自营方式发生的建筑安装工程费。

④基础设施费，包括开发小区内道路、供水、供电、供气、排污、排洪、通信、照明、环卫、绿化等工程发生的支出。

⑤公共配套设施费，包括不能有偿转让的开发小区内公共配套设施发生的支出。

⑥开发间接费用，是指直接组织、管理开发项目发生的费用，包括工资、职工福利费、折旧费、修理费、办公费、水电费、劳动保护费、周转房摊销等。

（3）开发土地和新建房及配套设施的期间费用，主要包括财务费用、管理费用和销售费用。

①财务费用中的利息支出，凡能够按转让房地产项目计算分摊并提供金融机构证明的，允许据实扣除，但最高不能超过按商业银行同类同期贷款利率计算的金额。其他房地产开发费用，按前（1）、（2）项计算的金额之和的5%以内计算扣除。此时，允许扣除的房地产开发费为不超过利息+（取得土地使用权所支付的金额+房地产开发成本）×5%。

②凡不能按转让房地产项目计算分摊利息支出或不能提供金融机构证明的，房地产开发费用按前（1）、（2）项计算的金额之和的10%以内计算扣除。此时，允许扣除的房地产开发费为不超过（取得土地使用权所支付的金额+房地产开发成本）×10%。

（4）与转让房地产有关的税金，指在转让房地产时缴纳的城市维护建设税、印花税、教育费附加和地方教育费附加可视同税金予以扣除。

（5）财政部确定的其他扣除项目。对从事房地产开发的纳税人可按其取得土地使用权所支付的金额加房地产开发成本计算的金额之和，再加计20%的扣除。

（三）销售旧房及建筑物的具体扣除项目

转让旧房的，应按房屋及建筑物的评估价格、取得土地使用权所支付的地价款和按国家统一规定缴纳的有关费用以及在转让环节缴纳的税金作为扣除项目金额计征土地增值税。

五、土地增值税的预征

纳税人在项目全部竣工结算前转让房地产取得的收入，由于涉及成本确定或其他原因，而无法据以计算土地增值税的，可以预征土地增值税，待该项目全部竣工、办理结算后再进行清算，多退少补。

$$土地增值税预征的计征依据=预收款-应预缴增值税税款$$
$$应预缴税款=（预收款-应预缴增值税税款）×预征率$$

六、土地增值税清算

土地增值税清算是指纳税人在符合土地增值税清算条件后，依照税收法律、法规及土地增值税有关政策规定，计算房地产开发项目应缴纳的土地增值税税额，并填写土地增值税清算申报表，向主管税务机关提供有关资料，办理土地增值税清算手续，结清该房地产项目应缴纳土地增值税税款的行为。

1. 主动清算

纳税人符合下列条件之一的，应进行土地增值税的清算。

（1）房地产开发项目全部竣工、完成销售的。

（2）整体转让未竣工决算房地产开发项目的。

（3）直接转让土地使用权的。

2. 被动清算

对符合以下条件之一的，主管税务机关可要求纳税人进行土地增值税清算。

（1）已竣工验收的房地产开发项目，已转让的房地产建筑面积占整个项目可售建筑面积的比例在85%以上，或该比例虽未超过85%，但剩余的可售建筑面积已经出租或自用的。

（2）取得销售（预售）许可证满三年仍未销售完毕的。

（3）纳税人申请注销税务登记但未办理土地增值税清算手续的。

（4）省（自治区、直辖市、计划单列市）税务机关规定的其他情况。

七、土地增值税应纳税额的计算

【案例4-1】资料：2022年，某房地产开发公司开发一栋写字楼出售，取得的销售收入总额2 000万元，支付开发写字楼的地价款（包含契税）400万元，开发过程中支付拆迁补偿费100万元，供水供电基础设施费80万元，建筑工程费用520万元，开发过程向金融机构借款500万元，借款期限1年，金融机构年利率5%。施工、销售过程中发生的管理费用和销售费用共计260万元。该企业销售写字楼缴纳的印花税、城市维护建设税、教育费附加等共计110万元。

要求：根据上述条件，计算该公司该项目应缴土地增值税税额。

第一步：确认收入。不含税销售收入2 000万元。

第二步：确定扣除项目。

（1）取得土地使用权所支付的金额=400万元。

（2）房地产开发成本=100+80+520=700（万元）。

（3）房地产开发费用=80万元，其中：

①利息支出=500×5%=25（万元）。

②其他=1 100×5%=55（万元）（管理费用和销售费用不能据实扣除）。

（4）税金=110万元。

（5）加计扣除=1 100×20%=220（万元）。

扣除项目金额合计=400+700+80+110+220=1 510（万元）

第三步，计算增值额。

增值额=2 000-1 510=490（万元）

第四步，计算增值率，选择税率。

增值额/扣除项目金额=490/1 510=32%，由于32%<50%故适用税率为30%。

第五步，计算应纳税额。

应该缴纳土地增值税税额=490×30%=147（万元）

任务思考与自测

1. 整理笔记，并通过查找和阅读其他资料，绘制本节课思维导图，厘清知识脉络。

2. 资料：位于县城的某房地产开发企业（增值税一般纳税人）在当地开发建造普通标准住宅，2018 年 6 月取得土地使用权支付金额 1 000 万元、缴纳相关税费 40 万元，发生房地产开发成本 1 100 万元，另发生利息支出 80 万元（含加罚利息 10 万元），该利息支出能够按转让房地产项目计算分摊并能提供银行贷款利息证明。2022 年 12 月将开发的房地产全部销售，取得不含增值税销售收入 3 000 万元并签订产权转移书据。

已知：其他房地产开发费用的扣除比例为 4%，该企业转让不动产选择简易计税办法，适用的增值税征收率为 5%，产权转移书据适用的印花税税率为 0.5‰。

要求：根据上述资料，计算应缴纳的土地增值税。

项目二 以知促行：土地增值税申报实务

项目认知目标

○ 能够分析、评价财产和行为税申报表整合的深层次原因。
○ 准确阐释申报表整合后土地增值税的申报流程。
○ 准确识别土地增值税申报表体系，能够描述每张报表的填制要点。

项目技能目标

○ 通过申报表整合后土地增值税申报流程模块学习，能够熟练描述申报表整合后土地增值税申报流程。
○ 通过土地增值税申报实务模块学习，能够熟练填制土地增值税申报表及其附列资料。

项目价值目标

○ 理解国家运用"大智移云物区"等新信息技术，对财产和行为税申报表体系所做的整合实践，体会土地增值税办税流程的优化、办税负担的减轻和办税质效的提升。
○ 体会随着国家智慧税务管理体系的不断完善，土地增值税申报事宜日趋智能、简化的趋势，强化制度自信。
○ 紧跟税法变革步伐，及时更新知识，养成自主学习、独立思考的习惯。

导入案例

装修费用是否列入土地增值税扣除项目？

目前，基于绿色建筑和环境保护的需要，越来越多的地方政府鼓励房地产开发企业在销售商品房时精装修交付。《国家税务总局关于房地产开发企业土地增值税清算管理有关问题的通知》（国税发〔2006〕187号）规定，精装修商品房的计税收入包括精装修部分的收入，故精装修的成本费用可以计入房地产的开发成本，允许其纳入土地增值税的扣除范畴。

精装修可以分为硬装和软装两部分。硬装一般不可移动或移动后价值减损，主要包括吊顶、墙地面处理、水电路改造和墙面改造等；软装一般可以移动且价值不会减损，主要包括家具、装饰画、灯饰、布艺、饰品等其他装饰摆件。鉴于硬装和软装的性质不同，理应区别对待。

硬装费用应计入房地产开发成本，软装费用不计入房地产开发成本（董宏等，2019）。现行税收政策规定，土地增值税的应税行为包括转让国有土地使用权及其建筑物、附着物。我们认为，房地产装修是否属于土地增值税征税范围中的附着物，取决于装修部分是否可以移动以及移动后价值是否减损。鉴于硬装具有附着物的特性，比如水管电线、粉刷吊顶、瓷砖地板、门窗隔断等，一般不可移动或移动后价值降低，故硬装属于土地增值税的征税对象，其费用应允许计入房地产开发成本；软装不具有附着物的特性，比如沙发凳子、茶几饭桌、绿植挂画等，通常可以移动且价值不会降低，故软装不属于土地增值税的征税对象，其费用则不允许计入房地产开发成本。

本文摘自《税务研究》2021年第12期。

要求： 根据上述背景，请同学们搜集相关资料，谈一谈装修费用是否应列入土地增值税扣除项目。

任务一　以行求知：合并申报后土地增值税申报流程

财产和行为税合并纳税申报，是指"十税合一"财产和行为税申报，由一张主表和一张减免税附表组成。纳税人登录电子税务局即可实现"一张报表、一次申报、一次缴款、一张凭证"。十税主要包括：城镇土地使用税、房产税、车船税、印花税、耕地占用税、资源税、土地增值税、契税、环境保护税和烟叶税。不同纳税期限的财产和行为税各税种可以合并申报，统一使用财产和行为税纳税申报表进行合并纳税申报，相关税种的原有申报表不再使用。

自2021年6月1日起，财产行为税申报使用"十税合一"的财产和行为税纳税申报表，纳税人进行土地增值税申报前，应先进行土地增值税税源信息采集。从土地增值税的申报义务来看，对所有纳税人均适用的税源采集类型包括：转让旧房及建筑物、整体转让在建工程。针对从事房地产开发的纳税人，适用的税源采集类型包括：土地增值税项目报告、预征、清算、尾盘销售。

一、进行税源采集

进行土地增值税项目税源采集需要先做税种认定，可以在电子税务局"涉税事项办理需求"提交申请（进入"我要办税"→"其他服务事项"→"涉税事项办理需求"模块办理），等待审核通过后即可进行税源采集和申报。

土地增值税项目税源采集操作步骤为：依次选择"我要办税"→"税费申报及缴纳"→"合并纳税申报"→"土地增值税税源采集"→"新增项目"选项，填写带"＊"号必填项（注意"土地增值税项目所在地行政区划"要选择到"所属区"），填写完后单击"保存"按钮即可。

目前新增项目采集完成后不能进行修改，所以在填写完相关栏目后请仔细核对数据后再进行保存。

二、土地增值税预征申报流程

（一）进行税源采集

税源采集操作步骤为：依次选择"我要办税"→"税费申报及缴纳"→"合并纳税申报"→"土地增值税税源采集"→"新增采集"→"土地增值税税源采集（预征）"选项，选择对应的税款属期起和属期止，选择"土地项目"→"新增采集"→"土地增值税（一）"选项，填写完对应栏目后，单击"提交"按钮，单击"确认提交"按钮。

（二）土地增值税预征申报

操作流程：依次选择"我要办税"→"税费申报及缴纳"→"合并纳税申报"→"财产和行为税纳税申报表"→"申报表列表"选项，选择"税款属期"，单击"查询"按钮，选择对应的税种打"√"，单击"提交"按钮，选择对应的税源信息打"√"，单击"确认申报"按钮。如涉及减免，单击"减免税明细表"选项，如没有，跳过此环节，选择"财产和行为税纳税申报表"选项，单击"提交"→"全申报"按钮。

（三）申报错误修订流程

1. 已全申报未导入状态下修订流程

在申报状态为"已全申报未导入"时，如果想修改，打开"财产和行为税纳税申报表"模块选择对应申报表，单击右上角"修改"按钮，选择对应的申报表进行修改，修改完成后保存对应的申报表，最后单击"全申报"按钮；如果想作废，打开"财产和行为税纳税申报表"模块选择对应申报表，单击右上角"作废"按钮，选择对应的申报表作废即可。

2. 已全申报已导入状态下修订流程

在申报状态为"已全申报已导入"时，如果想修改，操作步骤为：依次选择"我要办税"→"税费申报及缴纳"→"更正申报"→"可更正申报"选项，选择对应的申报表单击右侧"更正"按钮，单击"已更正报表"的"财产和行为税纳税申报表"选项，单击"申报明细更正"，单击右侧"更正"按钮，勾选对应的税源明细表后单击"修改"，修改税源信息后单击"提交"→"确认提交"按钮。有减免明细单击"修改"按钮，勾选"减免税明细表"选项修改，如果没有减免明细，跳过此环节，单击"修改"按钮，勾选"财产和行为税纳税申报表"选项，单击"修改"按钮，确认数据无误后单击"提交"→"全申报"按钮。

如果使用上述方法无法进行更正，代表申报数据已传送至税务局数据库，只能是前往办税服务厅更正。

三、土地增值税清算申报流程

（一）进行税源采集

税源采集操作步骤为：依次选择"我要办税"→"税费申报及缴纳"→"合并纳税申报"→"土地增值税税源采集"→"新增采集"选项，选择"土地增值税税源采集（清算查账）"→"土地增值税（二）"选项，单击"土地增值税项目编号"选项选择对应的项目，填写完表格里相关的申报数据，单击"提交"→"确认提交"按钮。

（二）土地增值税清算申报流程

清算申报操作步骤为：依次选择"我要办税"→"税费申报及缴纳"→"合并纳税申报"→"财产和行为税纳税申报表"→"申报表列表"选项，选择"税款属期"，单击"查询"按钮，选择对应的税种打"√"，单击"提交"按钮，选择对应的税源信息打"√"，单击"确认申报"按钮。如有减免性质，单击"减免税明细表"选项，如没有，跳过此环节，选择"财产和行为税纳税申报表"选项，单击"提交"→"全申报"按钮。

四、土地增值税清算后尾盘申报流程

（一）进行税源采集

税源采集操作步骤为：依次选择"我要办税"→"税费申报及缴纳"→"合并纳税申报"→"土地增值税税源采集"→"新增采集"选项，选择"土地增值税税源采集（尾盘）"→"新增采集"→"土地增值税（四）"选项，单击"土地增值税项目编号"选项选择对应项目，填写完表格里相关的申报数据，单击"提交"→"确认提交"按钮。

（二）土地增值税清算后尾盘申报流程

尾盘申报操作步骤为：依次选择"我要办税"→"税费申报及缴纳"→"合并纳税申报"→"财产和行为税纳税申报表"选项，选择对应的税款属期，勾选"土地增值税"，单击"提交"按钮，勾选对应尾盘税源信息，单击"确认申报"按钮。选择"财产和行为税纳税申报表"选项，核对数据确认无误后单击"提交"→"全申报"按钮。

 任务思考与自测

1. 整理笔记，并通过查找和阅读其他资料，绘制本节课思维导图，厘清知识脉络。

2. 观看微信公众号"深圳税务"推文《十税合并申报之专题讲解篇（土地增值税）》或者类似自媒体视频，能够对土地增值税申报流程有一个整体认知，具备运用专业知识，解决实操问题的能力。（https://mp.weixin.qq.com/s/p3wuZs4CrV sHQeziqysUmA）

任务二　行胜于言：土地增值税申报案例

一、土地增值税主要报表

4.3　土地增值税申报表体系

原有的土地增值税申报表主要包括以下 8 个，分别适用于不同的企业和不同的情形，合并征收之后，土地增值税申报表的填制未发生重大变化，如图 4-1 所示。

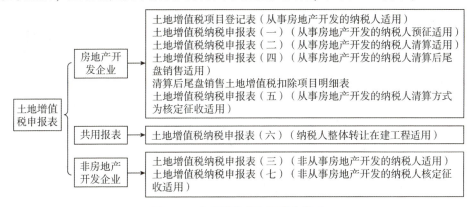

图 4-1　土地增值税主要报表体系

二、土地增值税申报案例资料

【案例 4-2】 资料：飞天航空有限责任公司属于多元化经营的公司，包含部分房地产业务，由飞天地产有限责任公司经营（以下简称"飞天地产"），飞天地产为增值税一般纳税人，位于 ZJK 市 207 线东侧，成立于 2012 年 3 月 12 日。统一社会信用代码：91130 ＊＊＊＊＊＊＊1291R。法定代表人：LS。注册资本：壹仟零伍万元整。经营范围：房地产开发经营（在未获得国家专项审批前不得经营）。开户银行及账号：中行 ZB 支行 ZB 营业部，1002 ＊＊＊＊＊＊11。

2020 年 7 月 30 日，飞天地产与市国土资源局签订《国有土地使用权出让合同》，宗地合同编号为［2020］＊＊＊＊36，开发建造"宝聚家园"项目，该项目所在地 ZJK 市建安路北侧、天宝小区东侧，宗地面积 8 634 平方米，合同金额 1 722.2 万元。

2020 年 9 月 2 日，取得固定资产投资项目核准证，总建筑面积 11.72 万平方米；总投资 25 000.00 万元；建造多层砖混住宅 20 栋，总建筑面积 11.72 万平方米。

2020 年 10 月 15 日，取得建设用地规划许可证，建设规模 92 870 平方米；2021 年 6 月 12 日，取得建设工程规划许可证；2022 年 7 月 21 日，取得建筑工程施工许可证；2022

年 9 月 25 日，取得商品房预售许可证；2022 年 3 月 20 日，取得建设工程竣工结算备案书。

假定 2022 年 10 月取得销售收入 1 127.62 万元（含税）；截至 2023 年 1 月共销售 10.72 万平方米，销售收入为 133 000.00 万元（含税），允许抵扣的进项税额 5 440.91 万元，清算时房地产开发成本是 60 677.80 万元，2023 年 2 月清算完毕。清算后该房地产公司于 2023 年 4 月将余下 1 万平方米房屋销售，取得销售收入为 10 278 万元。

要求：填制该单位 2022 年 10 月预缴的土地增值税税额、尾盘销售应纳的土地增值税税额，并填报相关报表。（当地土地增值税预征率为 5%）

案例分析：

（1）飞天地产应于项目立项及每次实现转让时，填报土地增值税项目登记表（从事房地产开发的纳税人适用），此表一式三份，两份税务机关留存，一份纳税人留存。

4.4　房地产开发企业土地增值税预征申报

（2）土地增值税预征申报表填制。

2022 年 10 月，飞天地产取得房地产销售收入 1 127.62 万元（含税），应按照当地政府规定的预征率预缴土地增值税，并填报土地增值税纳税申报表（一）（从事房地产开发的纳税人预征适用），见表 4-2。此表一式两份，税务机关和飞天地产各执一份。

不含税收入 = 1 127.62/（1+9%）= 1 034.51（万元）

应预缴土地增值税 = 1 127.62/（1+9%）×5% = 51.73（万元）

表 4-2　土地增值税纳税申报表（一）（从事房地产开发的纳税人预征适用）

金额单位：万元

纳税人识别号									
房产类型	房产类型子目	收入				预征率（%）	应纳税额	税款缴纳	
		应税收入	货币收入	实物收入及其他收入	视同销售收入			本期已缴税额	本期应缴税额计算
	1	2=3+4+5	3	4	5	6	7=2×6	8	9=7-8
普通住宅		1 034.51	1 034.51			5	51.73	0	51.73
非普通住宅									
其他类型房地产									
合计		—				—			51.73
以下由纳税人填写：									

续表

纳税人声明	此纳税申报表是根据《中华人民共和国土地增值税暂行条例》及其实施细则和国家有关税收规定填报的,是真实的、可靠的、完整的。			
纳税人签章		代理人签章	代理人身份证号	
以下由税务机关填写:				
受理人		受理日期	年 月 日	受理税务机关签章

（3）土地增值税清算申报表填制,见表4-3。

4.5　房地产开发企业土地增值税清算申报

飞天地产截至2023年1月房屋销售率为（11.72-1）/11.72=91.47%,符合清算条件。

清算时应缴纳土地增值税。

第一步：计算清算时收入。

133 000/（1+9%）= 122 018.35（万元）。

第二步：计算清算时扣除项目总额。

①取得土地使用权所支付金额：1 722.2×91.47%=1 575.3（万元）。

②房地产开发成本：60 677.8×91.47%=55 501.98（万元）。

③房地产开发费用：（1 575.3+55 501.98）×10%=5 707.73（万元）。

④与转让房地产有关的税金：

（122 018.35×9%-5 440.91）×（7%+3%+2%）= 664.89（万元）。

⑤其他扣除项目金额：（1 575.3+55 501.98）×20%=11 415.46（万元）。

⑥扣除项目金额合计

=1 575.3+55 501.98+5 707.73+664.89+11 415.46=74 865.36（万元）。

第三步：计算土地增值额和增值率。

①土地增值税增值额=122 018.35-74 865.36 =47 152.99（万元）。

②土地增值率=47 152.99/74 865.36=62.98%。

第四步：找出税率,代入公式计算应纳税额。

应纳土地增值税：47 152.99×40%-74 865.36×5%=15 117.93（万元）。

第五步：已预缴金额为51.73万元,则

需要补税=15 117.93-51.73=15 066.2（万元）。

（4）土地增值税清算后尾盘销售申报表填制,见表4-4、表4-5。

清算后转让房地产应纳税。

4.6 房地产开发企业土地增值税尾盘销售

第一步：计算收入。

$$10\ 278/(1+9\%) = 9\ 429.36\ （万元）$$

第二步：计算可扣除项目。

①与销售尾盘有关的税金。

$$10\ 278/(1+9\%) \times 9\% \times (7\%+3\%+2\%) = 101.84\ （万元）$$

②其他四项扣除项目。

清算时的单位建筑面积成本费用

$$= (1\ 575.3+55\ 501.98+5\ 707.73+11\ 415.46)/10.72$$

$$= 6\ 921.69\ （元/平方米）$$

其他四项扣除项目 $= 6\ 921.69 \times 1 = 6\ 921.69\ （万元）$

③销售尾盘扣除项目总额。

$$6\ 921.69+101.84 = 7\ 023.53\ （万元）$$

第三步：计算增值额和增值率。

①销售尾盘土地增值额。

$$10\ 278/(1+9\%) -7\ 023.53 = 2\ 405.83\ （万元）$$

②销售尾盘增值率。

$$2\ 405.83/7\ 023.53 = 34.25\%$$

第四步：选择税率，计算应纳税额。

应缴纳土地增值税 $= 2\ 405.83 \times 30\% = 721.75\ （万元）$

表 4-3 土地增值税纳税申报表（二）（从事房地产开发的纳税人清算适用）

金额单位：万元

项目		行次	金额			合计
			普通住宅	非普通住宅	其他类型房地产	
一、转让房地产收入总额 1=2+3+4		1	122 018.35			122 018.35
其中	货币收入	2	122 018.35			122 018.35
	实物收入及其他收入	3				
	视同销售收入	4				
二、扣除项目金额合计 5=6+7+14+17+21		5	74 865.36			74 865.36
1. 取得土地使用权所支付的金额		6	1 575.3			1 575.3
2. 房地产开发成本 7=8+9+10+11+12+13		7	55 501.98			55 501.98
其中	土地征用及拆迁补偿费	8	—			—
	前期工程费	9	—			—
	建筑安装工程费	10	—			—
	基础设施费	11	—			—
	公共配套设施费	12	—			—
	开发间接费用	13	—			—
3. 房地产开发费用 14=15+16		14	5 707.73			5 707.73
其中	利息支出	15				
	其他房地产开发费用	16	5 707.73			5 707.73
4. 与转让房地产有关的税金等 17=18+19+20		17	664.89			664.89
其中	城镇维护建设税	18	387.85			387.85
	教育费附加	19	166.22			166.22
	地方教育费附加	20	110.81			110.81
5. 财政部规定的其他扣除项目		21	11 415.46			11 415.46

续表

项目		行次	金额			
			普通住宅	非普通住宅	其他类型房地产	合计
6.代收费用		22				
三、增值额　23=1-5		23	47 152.99			47 152.99
四、增值额与扣除项目金额之比（%）24=23÷5		24	62.98			
五、适用税率（%）		25	40			
六、速算扣除系数（%）		26	5			
七、应缴土地增值税税额　27=23×25-5×26		27	15 117.93			15 117.93
八、减免税额　28=30+32+34		28				
其中	减免税（1）	29				
		30				
	减免税（2）	31				
		32				
	减免税（3）	33				
		34				
九、已缴土地增值税税额		35	51.73			51.73
十、应补（退）土地增值税税额　36=27-28-35		36	15 066.2			15 066.2

表4-4　土地增值税纳税申报表（四）（从事房地产开发的纳税人清算后尾盘销售适用）

金额单位：万元

纳税人识别号				
纳税人名称	飞天地产	项目名称	宝聚家园	项目编号 [2020] ＊＊＊＊36　项目地址 ZB县建安路北侧，天宝小区东侧
所属行业	房地产业	登记注册类型	有限责任公司	纳税人地址 ZJK市ZB县207线东侧　邮政编码 76450
开户银行	中行ZB支行ZB营业部	银行账号	1002＊＊＊＊＊＊11	主管部门　　　　电话

项目	行次	普通住宅	非普通住宅	其他类型房地产	合计
一、转让房地产收入总额　1=2+3+4	1	9 429.36			9 429.36
货币收入	2	9 429.36			9 429.36
其中　实物收入及其他收入	3				
视同销售收入	4				
二、扣除项目金额合计	5	7 023.53			7 023.53
三、增值额　6=1-5	6	2 405.83			2 405.83
四、增值额与扣除项目金额之比（%）7=6÷5	7	34.25			34.25
五、适用税率（核定征收率）（%）	8	30			30
六、速算扣除系数（%）	9	0			0
七、应缴土地增值税额 10=6×8-5×9	10	721.75			721.75
八、减免税额 11=13+15+17	11				
减免税（1）	12				
减免性代码（1）	13				
其中　减免税（2）	14				
减免性代码（2）	15				
减免税（3）	16				
减免性代码（3）	17				
九、已缴土地增值税额	18				
十、应补（退）土地增值税额 19=10-11-18	19	721.75			721.75

表4-5　清算后尾盘销售土地增值税扣除项目明细表

纳税人名称：飞天地产

税款所属期：自2023年4月1日至2023年4月30日　　填表日期：2023年5月10日　　金额单位：万元　　面积单位：平方米

纳税人识别号					
纳税人名称		项目名称		项目编号	
所属行业		登记注册类型		纳税人地址		项目地址
开户银行		银行账号		主管部门		邮政编码
					电话
项目总可售面积	117 200	项目已可售面积	107 200	清算后剩余可售面积	10 000
项目	行次	普通住宅	非普通住宅	其他类型房地产	合计
本次清算后尾盘销售的销售面积	1	10 000			10 000
单位成本费用	2	6 921.69			—
扣除项目金额合计 3＝1×2	3	69 216 900			—
本次与转让房地产有关的增值税		848.64	本次与转让房地产有关的城市维护建设税	59.4	本次与转让房地产有关的教育费附加	42.44

以下由纳税人填写：

纳税人声明：此纳税申报表是根据《中华人民共和国土地增值税暂行条例》及其实施细则和国家有关税收规定填报的，是真实的、可靠的、完整的。

纳税人签章：　　　　　　　代理人签章：　　　　　　　代理人身份证号

以下由税务机关填写：

受理人　　　　　　　受理日期：　　年　月　日　　　受理税务机关签章

4.7 房地产开发企业土地增值税申报表填制综合实例

任务思考与自测

1. 整理笔记，并通过查找和阅读其他资料，绘制本节课思维导图，厘清知识脉络。

2. 资料：飞天航空有限责任公司属于多元化经营的公司，包含部分房地产业务，由飞天地产有限责任公司经营（以下简称"飞天地产"），2020 年 1 月 1 日通过竞拍获得一宗国有土地使用权，面积 46 860 平方米，项目分三期开发，总可售面积为 131 200 平方米，其中"飞天佳苑一期"于 2022 年 12 月竣工验收，并已销售完毕，同月进行清算。

飞天地产本次清算土地增值税的"飞天佳苑一期"项目开发的商品房业态为非普通住宅和商业用房（非独立商业，俗称"底商"）。"飞天佳苑一期"占地面积 15 551 平方米，可售建筑面积 37 634 平方米，其中，非普通住宅可售建筑面积 35 536 平方米，商业用房可售面积 2 098 平方米；非普通住宅售价每平方米 10 000 元，商业用房（底商）每平方米 15 000 元。

截至 2022 年 12 月 31 日，企业账面上开发成本经税务审核确定如下。

（1）取得土地使用权所支付的金额累计 56 232 000.00 元。

（2）"飞天佳苑一期"开发成本。

①土地征用及拆迁补偿费：经税务审核，该项目的土地征用及拆迁补偿费为支付给农民的青苗及果树的补偿费，总金额为 17 069 555.15 元。

②前期工程费：会计核算金额为 35 589 344.78 元，经税务审核，不规范票据金额 20 000.00 元。

③建筑安装工程费：会计核算金额为 75 789 983.58 元，属于一期的建筑安装工程费中，商业的直接成本为 1 103 287.00 元。

④基础设施费：会计核算金额为 29 667 634.88 元。

⑤公共配套设施费：会计核算金额为 38 073 565.12 元。

⑥开发间接费：会计核算金额为 13 372 865.56 元，主要费用是工程人员的工资、福利、办公费和设备折旧费，经税务审核，企业将应属于期间费用的 475 070.00 元计入了开发间接费；利息支出 1 000 000.00 元为非金融机构的利息。

要求：

（1）请回答飞天地产土地增值税何时需要清算。

（2）描述飞天地产土地增值税清算的过程，请展示计算过程。

（3）填制土地增值税纳税申报表（二）（从事房地产开发的纳税人清算适用）。

项目三 学以致用：土地增值税的税务筹划

项目认知目标

- 能够描述税务筹划的概念和原则。
- 能够厘清税务筹划的一般思路。
- 准确阐述土地增值税税务筹划的方法和要点。

项目技能目标

- 通过模块学习，能够提出土地增值税税务筹划思路。
- 通过模块学习，能够独立完成土地增值税税务筹划方案。

项目价值目标

- 理解国家依据人民中心理念，利用信息技术创新征收方式，实践其简政放权、便民服务、公平合理、涵养税源的税收管理理念和税收服务精神。
- 理解税收为国家"集中力量办大事"所做的贡献，感受税务精神，树立诚信纳税、兴税强国的职业品质。

导入案例

土地增值税全周期、全端口筹划思路

增值税、企业所得税、土地增值税是房地产企业的三大税种。增值税、企业所得税基

本以真实票据、真实业务作为成本税前扣除的基本逻辑。因此各个项目的增值税、所得税在销售额中的占比与项目利润呈显著正相关。

土地增值税作为房地产行业的主要税种，具有税额占比大、清算规则复杂、持续周期长的特点。因此，各大房企都将土地增值税管理作为财务工作的重中之重。遵循土地增值税清算规则，一般来说，项目越赚钱，所缴纳的税金越高；项目不赚钱，基本就不用交税。

由于土地增值税将一个项目的收入、成本拆分为不同的清算单位、产品类型计算增值额。基于计算方法的细致性和业务发展的多变性，极容易出现土地增值税税率与利润率不配比的问题。也就是项目不怎么赚钱，但交了大量土地增值税。

因此，土地增值税内部管理要解决的核心问题是在充分学习理解税务政策的基础上，尽量实现清算口径下收入与成本的均衡配比，避免"无效成本、低效收入"的产生，进行全周期、全端口的税务策划。

注：本文引自微信公众号推文《土增税筹划，一些实用技巧汇总》。（https://mp.weixin.qq.com/s/QNXyocg3ybI627aKcT_ wYw）

要求：请阅读以上推文，搜集其他资料，对土地增值税税务筹划思路有清晰整体的认知。

 ## 4.8 土地增值税纳税筹划

一、税收优惠临界点筹划

《土地增值税暂行条例》第八条规定：纳税人建造普通标准住宅出售，增值额未超过扣除项目金额20%的，免征土地增值税。因此，在普通住宅的售价制定中，如果计算增值率在20%附近，可以考虑适当调低售价，使增值率低于20%，从而享受免征土地增值税的税收优惠政策。

【案例4-3】 资料：飞天房地产开发有限公司开发"宜居家园"（一期）小区，该小区住房建筑容积率在1.0以上，单套建筑面积在140平方米以下，总面积1万平方米，计划不含增值税销售价格在12 000万元左右，扣除项目金额合计为9 600万元。

要求：计算该地产公司应缴纳的土地增值税并提出筹划方案。

案例分析：

（1）方案1：销售价格为12 000元/m²，扣除项目金额共计9 600元/m²，增值额为2 400元/m²，增值率25%，超过20%，未超过50%。按30%税率增收土地增值税，应缴土地增值税720元/m²。计算过程如下：

$$土地增值额 = 12\ 000 - 9\ 600 = 2\ 400（万元）$$

$$土地增值率 = 2\ 400 / 9\ 600 = 25\%$$

$$应纳土地增值税 = 2\ 400 \times 30\% = 720（万元）$$

$$销售毛利 = 12\ 000 - 9\ 600 - 720 = 1\ 680（万元）$$

（2）方案2：若不含增值税销售价格为11 500万元，其他条件不变，扣除项目金额共计9 600元/m²，增值额为1 900元/m²，增值率19.79%，未超过20%，免征土地增值税。计算过程如下：

不含增值税销售价格为11 500万元，其他条件不变，则：

$$土地增值额 = 11\ 500 - 9\ 600 = 1\ 900（万元）$$
$$土地增值率 = 1\ 900/9\ 600 = 19.79\%$$

纳税人建造普通标准住宅出售，增值额未超过扣除项目金额20%的，免征土地增值税。

$$销售毛利 = 11\ 500 - 9\ 600 = 1\ 900（万元）。$$

两种方案计算过程对比见表4-6。

表4-6 两种方案计算对比

项目	方案1	方案2
销售价格	12 000 元/m²	11 500 元/m²
扣除项目金额合计	9 600 元/m²	9 600 元/m²
增值额	2 400 元/m²	1 900 元/m²
增值率	25%	19.79%
土地增值税	720 元/m²	免税
收益净额（不考虑其他因素）	1 680 元/m²	1 900 元/m²

综上所述，方案2，单价较低，由于增值额没有超过扣除项目金额的20%，享受了免征土地增值税的优惠，在不考虑其他因素的情况下，每平方米净收益为1 900元；而第一种方案单价较高，但是最终每平方米的净收益为1 680元，因此，选择定价较低的方案2，不仅能实现更好的利润，也有利于扩大销售量。

二、合理选用利息支出

对于利息支出，可以分两种方式确定扣除：第一种是据实扣除法，第二种是比例扣除法。企业在选择利息支出扣除方法时，如果预计利息费用较高，且主要靠金融机构筹资，一般采取据实扣除法；如果融资成本较低，或者通过非金融机构贷款的，一般采取比例扣除法。

【案例4-4】资料：飞天房地产开发有限公司开发"宜居家园"（三期）小区，取得土地使用权，支付地价款及相关费用4 800万元，房地产开发成本8 400万元，为开发该项目申请贷款支付利息支出1 200万元，不超过商业银行同类同期贷款利率。分析最佳的财务费用安排及对土地增值税的影响。

案例分析：

（1）方案1：选择据实扣除法，即提供金融机构证明。

可扣除的房地产开发费用 = 1 200 + （4 800 + 8 400）×5% = 1 860（万元）

（2）方案2：选择比例扣除法，即不提供金融机构证明。

可扣除的房地产开发费用 = （4 800 + 8 400）×10% = 1 320（万元）

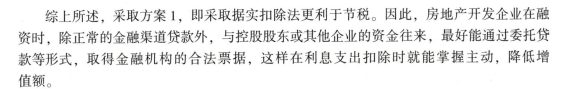

综上所述，采取方案1，即采取据实扣除法更利于节税。因此，房地产开发企业在融资时，除正常的金融渠道贷款外，与控股股东或其他企业的资金往来，最好能通过委托贷款等形式，取得金融机构的合法票据，这样在利息支出扣除时就能掌握主动，降低增值额。

三、合理安排装修费用

【案例4-5】资料：飞天房地产开发有限公司开发"宜居家园"（二期）小区，总面积1万平方米。如果采取毛坯房销售，不含增值税销售价格为24 190万元，扣除项目金额合计为11 520万元，在不考虑税金及附加因素影响情况下，请出具税务筹划方案。

案例分析：

方案1：毛坯房销售计算过程如下：

土地增值额=24 190−11 520=12 670（万元）。

土地增值率=12 670/11 520=109.98%，适用50%的税率，速算扣除系数为15%。

应纳土地增值税=12 670×50%−11 520×15%=4 607（万元）。

此时增值率为109.98%，则考虑将其降低至100%以下，则税率会降低为40%。故方案2可以采用简装修方案，假设装修成本为2 500万元，装修毛利10%，则售价增加2 500×（1+10%）=2 750（万元）。

方案2：简装修销售计算过程如下：

土地增值额=26 940−14 020=12 920（万元）。

土地增值率=12 920/14 020=92.15%，适用40%的税率，速算扣除系数为5%。

应纳土地增值税=12 920×40%−14 020×5%=4 467（万元）。

两种方案计算过程对比见表4-7。

表4-7　两种方案计算对比

项目	方案1（毛坯房）	方案2（简装房）
销售价格	24 190元/m²	26 940元/m²
扣除项目金额合计	11 520元/m²	14 020元/m²
增值额	12 670元/m²	12 920元/m²
增值率	109.98%	92.15%
税率	50%	40%
土地增值税	4 607元/m²	4 467元/m²
收益净额（不考虑其他因素）	8 063元/m²	8 453元/m²

综上所述，方案2简装修方案更有利于节税。

四、不同类型房产合并申报或者单独申报

选择合并不同期开发的项目，或者合并或独立申报同期不同利润的产品项目，都是常见的土地增值税筹划方式。

【案例4-6】资料：飞天房地产开发有限公司2020年开发大型项目，一层至五层为商

业楼盘，六层以上为住宅项目，其中既有普通标准住宅，也有非普通标准住宅。预计不含增值税销售收入为 120 000 万元，商业楼盘不含增值税收入为 36 000 万元，普通标准住宅不含增值税收入为 33 600 万元，非普通标准住宅 50 400 万元。经测算，扣除项目金额合计为 84 000 万元，商业楼盘 16 800 万元，普通标准住宅 28 880 万元，非普通标准住宅 38 320万元。通过核算方法的选择提出筹划思路。

案例分析：

方案 1：三个项目合并核算。

土地增值额 = 120 000−84 000 = 36 000（万元）。

土地增值率 = 36 000/84 000 = 42.86%，适用 30% 的税率，速算扣除系数为 0。

应纳土地增值税 = 36 000×30% = 10 800（万元）。

方案 2：商业楼盘与住宅项目分别核算，普通标准住宅与非普通标准住宅合并核算。

（1）商业楼盘应纳土地增值税：

土地增值额 = 36 000−16 800 = 19 200（万元）。

土地增值率 = 19 200/16 800 = 114.29%，适用 50% 的税率，速算扣除系数为 15%。

应纳土地增值税 = 19 200×50%−16 800×15% = 7 080（万元）。

（2）住宅项目应纳土地增值税：

土地增值额 =（33 600+50 400）−（28 880+38 320）= 16 800（万元）。

土地增值率 = 16 800/67 200 = 25%，适用 30% 的税率，速算扣除系数为 0，不得享受免征土地增值税优惠。

应纳土地增值税 = 16 800×30% = 5 040（万元）。

（3）共计应纳土地增值税 = 5 040+7 080 = 12 120（万元）。

方案 3：商业楼盘、普通标准住宅与非普通标准住宅均分别核算。

（1）商业楼盘应纳税额仍为 7 080 万元。

（2）非普通标准住宅应纳土地增值税：

土地增值额 = 50 400−38 320 = 12 080（万元）。

土地增值率 = 12 080/38 320 = 31.52%，适用税率为 30%，速算扣除系数为 0。

应纳土地增值税 = 12 080×30% = 3 624（万元）。

（3）普通标准住宅免征土地增值税。

土地增值额 = 33 600−28 880 = 4 720（万元）。

土地增值率 = 4 720/28 880 = 16.34%，享受税收优惠政策，免征土地增值税。

（4）共计应纳土地增值税 = 7 080+3 624 = 10 704（万元）。

综上所述，方案 3 节税效果最佳。一般情况下，土地增值税需要按项目单独清算，如需合并项目清算的，首先在立项时就要有所筹划测算，否则到后期就有困难。要了解当地政策规定清算单位划分要求，多数地区是按照《建设工程规划许可证》或是立项批复文件规定清单单位划分的，当然一些地区也有不同的规定。

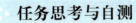

任务思考与自测

1. 整理笔记，并通过查找和阅读其他资料，绘制本节课思维导图，厘清知识脉络。

2. 阅读微信公众号"若愚说税"微信推文《常见的几种土地增值税的筹划技巧》，谈一谈土地增值税还有哪些税务筹划方法。（https://mp.weixin.qq.com/s/nQj2qREZi72jc1YcpCw6WA）

3. 资料：飞天房地产开发企业销售建造的普通住宅，可采取以下两种不同的销售价格：第一种方案是 19 500 元/m²，第二种方案是 20 000 元/m²。

要求：请帮助飞天房地产开发企业针对上述业务做出筹划方案。

4. 资料：飞天房地产开发企业开发一处房产，为取得土地使用权支付 1 000 万元，开发成本 1 200 万元，可计算分摊的利息支出为 200 万元，不超过商业银行同期同类贷款利率。第一种方案是据实扣除法，第二种方案是比例扣除法。

要求：请帮助飞天房地产开发企业针对上述业务做出筹划方案。

 **课程导入** 财产和行为税合并申报及土地增值税法改革趋势

阅读与思考

 4.9 财产和行为税申报表整合政策及申报流程

一、财产和行为税合并申报表实践

思考：搜集资料，描述财产和行为税合并申报表体系包括哪些报表，体会财产和行为税合并申报实践带来的便利，感悟人民中心理念。

财产和行为税合并申报实践

二、土地增值税法改革趋势

思考：通过学习土地增值税法的征求意见稿，把握土地增值税未来发展趋势，体会国家通过税收政策调整产业结构，因地制宜、因城施策的房地产市场调控政策导向。

认知情境五
企业所得税纳税申报与筹划

情境学习目标

○ 能够理解企业所得税改革历程和征收意义。能够描述企业所得税的概念、征税范围、纳税人类型、税率及计税方法等基础知识。

○ 具备综合运用企业所得税的法律规范完成企业所得税纳税申报的能力，具备综合运用企业所得税知识进行税务筹划的能力。

○ 能够理解企业所得税公平效率税制的特点，领会国家为集中力量办大事、改善营商环境、支持国家战略发展，出台的一系列税收优惠政策；准确吃透优惠政策内容，独立制定税务筹划方案，自觉养成诚信纳税的职业素养和合理评价、分析税务风险，制定税务筹划方案的能力。

情境工作任务

根据企业的实际情况，完成以下工作任务：

○ 确定企业所得税的征税范围、税目、税率，进行应纳税额的计算，做好知识储备。

○ 根据公司特点，填制企业所得税纳税申报表，规范纳税申报流程，具备熟练的实操能力。

○ 明确税务会计岗位职能，具备税务会计工作的认知态度和团队理念。

情境结构图

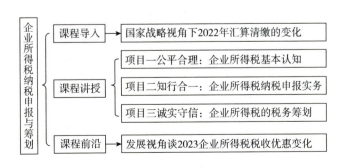

课程导入 · 国家战略视角下 **2022** 年汇算清缴的变化

阅读与思考

5.1 国家战略视角下 2022 汇算清缴的变化

一、2020—2022 年以来企业所得税减税降费优惠政策

思考：搜集资料，梳理分析 2020—2022 年国家税务总局出台了哪些企业所得税减税降费优惠政策，体现国家哪些战略导向和产业布局。

2020—2022 所得税税收优惠政策

二、2022 年企业所得税汇算清缴申报表的主要变化

思考：政策变化体现在申报表之中，具备不变应万变的能力。理解 2022 年企业所得税汇算清缴申报表的主要变化，学会欣赏改革与变化，学会自主学习。

税法变革与自主学习

项目一　公平合理：企业所得税基本认知

📝 项目认知目标

○ 准确识别企业所得税的居民纳税人和非居民纳税人，准确描述不同纳税人的征税范围。

○ 准确阐释企业所得税的计税方法，准确描述应纳税所得额的计算公式，尤其是扣除项目的规定。

○ 准确描述企业所得税法的税收优惠政策，体会国家通过税收优惠政策体现国家战略导向及调整产业结构布局。

🎯 项目技能目标

○ 通过企业所得税基本认知模块学习，深化对居民纳税人和非居民纳税人划分标准和纳税义务的理解。

○ 通过企业所得税基本认知模块的学习，强化企业所得税税目、税率、计税方法的应用能力。

🎯 项目价值目标

○ 掌握 2020—2022 年企业所得税的税收优惠政策，领会党和政府总揽全局，从容应对所彰显的中国力量（制度自信）和中国精神（文化自信）。这些不仅凸显了我国政府"集中力量办大事"的税收精神，也体现了国家利用信息技术创新征收方式，实践其"简政放权，便民服务""公平合理，涵养税源"的税收管理理念和税收服务精神。

○ 体会国家在税收政策设计上凸显出的国家战略导向、产业调整布局，自觉养成诚信纳税的职业素养和合理评价、分析税务风险的能力。

○ 关注企业所得税法的变革情况，对未来几年个人所得税立法趋势有准确的把握，具备及时更新知识、自主学习、独立思考的能力。

导入案例

二十大指引下企业所得税未来改革方向

2022 年，党的二十大胜利召开，为新时代新征程党和国家事业发展，实现第二个百年奋斗目标指明了前进方向，确立了行动指南。以党的二十大精神为指引，加快构建新发展格局，着力推动高质量发展，实现全体人民共同富裕，全力服务中国式现代化，是当前和今后税制改革的重要任务。税务部门坚持以习近平新时代中国特色社会主义思想为指导，狠抓各项税制改革举措落地落实，充分发挥税收在国家治理中的基础性、支柱性、保障性作用，支持经济社会高质量发展。

数字经济的快速发展、国际税收规则的改变和国家发展战略的调整等对我国企业所得税改革提出新要求。冯海波等认为，在多重约束条件下，我国企业所得税改革应采取如下措施：顺应数字经济发展的要求，优化企业所得税分配机制；依据国际税收规则实施进度，适时调整大型跨国科技型企业的税收优惠力度；适当降低企业所得税收入占 GDP 的比重，促进"双循环"新发展格局的形成；提高企业所得税激励创新精准性，推动企业进行实质性创新活动。艾华等基于"支柱二规则"提出了我国企业所得税的应对措施：在对软件企业和集成电路企业提供企业所得税"两免三减半"税收优惠政策的同时，实施"15%优惠税率+2 年电子设备固定资产折旧年限"的税收优惠并赋予企业选择权；扩大加速折旧政策适用范围，对"走出去"企业实行参股豁免税收政策，从而增强对"引进来"和"走出去"企业的吸引和激励。唐晓旺基于产业发展导向而形成的我国企业所得税优惠制度，提出了促进低碳经济发展的企业所得税优惠政策建议：一是加大促进低碳经济发展的企业所得税优惠力度；二是尽快弥补企业所得税优惠政策在促进低碳经济发展方面的空白；三是调整与促进低碳经济发展相冲突的企业所得税优惠政策。

要求： 请同学们搜集相关资料，讨论企业所得税未来改革趋势。

任务一　责无旁贷：企业所得税前世今生

一、企业所得税在我国的开征历程

企业所得税是对我国境内的企业和其他取得收入的组织的生产经营所得和其他所得征收的一种所得税。所得税 1799 年创始于英国，是以所得的多少为负担能力标准的一种税，比较符合公平、普遍的原则，具有经济调节功能，所以被广泛推广。中华人民共和国成立后，企业所得税法的变革经历过以下三个阶段。

（1）为统一外资企业所得税，1991年7月1日起施行《中华人民共和国外商投资企业和外国企业所得税法》。

（2）为统一内资企业所得税，1994年1月1日起施行《中华人民共和国企业所得税暂行条例》。

（3）为统一内外资企业所得税，2008年1月1日开始施行《中华人民共和国企业所得税法》，该法成为现行企业所得税法。

二、企业所得税的特点

（1）征税以量能负担为原则，不存在重复征税问题，体现税收公平。企业所得税以纳税人的生产、经营所得和其他所得为计税依据，贯彻量能负担的原则：所得多、负担能力大的，多纳税；所得少、负担能力小的，少纳税；无所得、没有负担能力的，不纳税。这种将所得税负担和纳税人所得联系起来征税的办法，便于体现税收公平的基本原则。

（2）计税依据为应纳税所得额，计算程序较为复杂，征管难度较大。企业所得税的计税依据，是纳税人的收入总额扣除各项成本、费用、税金、损失等支出后的净所得额，它既不等于企业实现的会计利润额，也不是企业的增值额，更非销售额或营业额。

（3）税负不易转嫁，体现公平原则。与增值税不同，企业所得税并不是在某一流转环节征税，而是直接对所得征税，纳税人就是负税人，税负不易转嫁。

（4）实行按年计征、分期预缴的征收管理办法，征管制度具有灵活性。企业所得税以全年的应纳税所得额作为计税依据，分月或分季预缴，年终汇算清缴。根据规定，纳税人应当自纳税年度终了之日起5个月内，进行汇算清缴，结清应缴应退企业所得税税款。

任务思考与自测

1. 整理笔记，并通过查找和阅读其他资料，绘制本节课思维导图，厘清知识脉络。

2. 阅读微信公众号"中国石化共享服务南京分公司"推文《行业趋势．专业解读：细说税种之企业所得税篇》，领会企业所得税开征原则，把握企业所得税变革趋势。

任务二　战略认同：企业所得税基础知识

一、企业所得税征税范围

5.2　企业所得税基本认知

企业所得税是指对中华人民共和国境内的企业和其他取得收入的组织以其生产经营所得为课税对象所征收的一种所得税。

企业所得税的纳税义务人包括居民企业和非居民企业，不包括个人独资企业和合伙企业。其中，居民企业就来源于中国境内、境外的所得作为征税对象。非居民企业在中国境内设立机构、场所的，就其所设机构、场所取得的来源于中国境内的所得，以及发生在中国境外但与其所设机构、场所有实际联系的所得，缴纳企业所得税。

二、企业所得税税率

企业所得税实行比例税率。具体税率见表5-1。

表5-1　企业所得税税率

税率类型	适用主体
基本税率25%	①居民企业：境内企业、实际管理机构在境内的企业 ②非居民企业：来源于境内外，且与境内机构、场所有实际联系的所得
税率10%	①没有机构、场所的，来源于境内的非居民企业 ②国家规划布局内的重点软件企业
税率20%	符合条件的小型微利企业
税率15%	西部大开发鼓励类产业企业、国家重点扶持的高新技术产业、技术先进型服务企业，对从事污染防治的第三方企业等六类企业
不征	个人独资企业、合伙企业免征企业所得税，这两类企业征收个人所得税，避免重复征收

三、企业所得税计税办法

（一）直接法

应纳税所得额=收入总额-不征税收入-免税收入-各项扣除-以前年度亏损

（二）间接法

应纳税所得额=会计利润+纳税调整增加额-纳税调整减少额

其中：会计利润（利润总额）=营业利润+营业外收入-营业外支出

营业利润=营业收入-营业成本-税金及附加-销售费用-管理费用-财务费用

四、税收优惠

（一）税额式减免

1. 专用设备投资抵免应纳税额

企业购置并实际使用符合规定的环境保护、节能节水、安全生产等专用设备的，按该专用设备投资额的10%抵免应纳税额，当年不足抵免的，可以在以后5个纳税年度中结转抵免。

（1）如果取得的是增值税专用发票，并且该设备的进项税可以抵扣的话，投资额是指增值税专用发票上注明的不含税金额。

（2）如果进项税不得抵扣的话，投资额是指增值税专用发票上注明的价税合计金额。

（3）如果取得的是普通发票，投资额是指普通发票上注明的金额。

2. 减征或免征政策

国债利息收入、符合条件的居民企业之间的股息红利、农林牧副渔项目所得、符合条件的技术转让所得（一个纳税年度内不超过 500 万元）等减免税政策。

（二）税基式减免

1. 减计收入

企业以《资源综合利用企业所得税优惠目录》规定的资源作为主要原材料，生产国家非限制和禁止并符合国家和行业相关标准的产品取得的收入，减按 90% 计入收入总额。

2. 减计应纳税所得额

抵扣应纳税所得额，是指创业投资企业采取股权投资方式投资于未上市的中小高新技术企业 2 年以上的，可以按照其投资额的 70% 在股权持有满 2 年的当年抵扣该创业投资企业的应纳税所得额；当年不足抵扣的，可以在以后纳税年度结转抵扣。

3. 加计扣除

加计扣除主要针对"三新"技术研发费用和安置残疾人员支付的工资。企业为开发新技术、新产品、新工艺发生的研究开发费用，未形成无形资产计入当期损益的，在按照规定据实扣除的基础上，按照研究开发费用的 100% 加计扣除；形成无形资产的，按照无形资产成本的 200% 摊销，不再区分制造业和非制造业。对于残疾人工资，在据实扣除基础上再按实际支付给残疾职工工资的 100% 加计扣除。

4. 资产加速折旧、摊销

资产加速折旧、摊销主要针对由于技术进步产品更新换代较快的固定资产和常年处于强震动、高腐蚀状态的固定资产。采取缩短折旧年限方法的，最低折旧年限不得低于《中华人民共和国企业所得税法实施条例》第六十条规定折旧年限的 60%；采取加速折旧方法的，可以采取双倍余额递减法或者年数总和法。

5. 延长亏损弥补期

自 2018 年 1 月 1 日，当年具备高新技术企业或科技型中小企业资格的企业，其具备资格年度之前 5 个年度发生的尚未弥补完的亏损，准予结转以后年度弥补，最长结转年限由 5 年延长到 10 年。

（三）税率式减免

税率式减免详见表 5-1。

【案例 5-1】 资料：飞天有限公司属于高新技术企业，属于从事股权投资业务的企业范畴。其从被投资企业分配的股息、红利及股权转让收入，可以按规定比例计算业务招待费的扣除限额。其适用 15% 的企业所得税税率。2022 年财务资料显示：

（1）营业收入 2 000 万元，其中转让 5 年以上非独占许可使用权取得技术转让收入 800 万元。

（2）投资收益 245 万元，其中，权益法核算确认的股权投资收益 35 万元，成本法核算确认的股权投资收益 80 万元，国债利息收入 50 万元，转让子公司的股权转让收益 80 万元（其中股权转让收入 580 万元，会计投资成本 500 万元，计税成本 480 万元）。

（3）营业成本 900 万元，其中与技术转让相关的无形资产摊销额 100 万元，实际发生工资费用 120 万元，实际发生职工教育经费 20 万元。

（4）税金及附加 280 万元，其中与技术转让相关的税金 3 万元。

（5）期间费用 230 万元，其中发生业务招待费 50 万元，实际发生工资费用 82 万元，实际发生职工教育经费 5 万元。

（6）营业外收入 850 万元。

（7）营业外支出 30 万元，其中对外公益性捐赠 25 万元。

（8）季度已累计预缴企业所得税 50 万元。

要求：根据上述资料计算 2022 年度公司应补缴的企业所得税。（四舍五入保留两位小数）

【案例分析】按照间接法计算应纳所得税额。

（1）飞天公司 2022 年利润总额 = 2 000+245-900-280-230+850-30 = 1 655（万元）。

（2）技术转让所得 = 技术转让收入-无形资产摊销费用-相关税费-应分摊期间费用 = 800-100-3-800/2 000×230 = 605（万元），其中，500 万元免税，105 万元减半征收。

（3）权益法股权投资收益 35 万元属于税会差异，纳税调减。成本法核算的投资收益 80 万元符合股息红利免税政策，也作纳税调减。国债利息收入 50 万元免税，纳税调减。转让子公司收益因投资成本存在税会差异 500-480 = 20（万元），应进行纳税调增。

（4）职工教育经费扣除限额 = （120+82）×8% = 16.16（万元），则职工教育经费调增 = （20+5）-16.16 = 8.84（万元）。

（5）业务招待费扣除限额计算如下：

实际发生额的 60% = 50×60% = 30（万元）

营业收入、股权投资收益、股权转让收入之和的 0.5% = （2 000+80+580）×0.5%

= 13.3（万元）

两者取小，业务招待费应调增 = 50-13.3 = 36.7（万元）。

（6）公益性捐赠税前扣除限额 = 1 655×12% = 198.6（万元），所以公益性捐赠 25 万元可全额税前扣除。

（7）飞天公司 2022 年应纳税所得额 = 1 655-500-105×50%-35-80-50+20+36.7+8.84 = 1 003.04（万元）。

（8）飞天公司技术转让收益减半征收叠加享受减免税额 = 105×50%×（25%-15%）= 5.25（万元）。

（9）飞天公司 2022 年实际应纳所得税额 = 1 003.04×15%+5.25 = 155.71（万元），或者飞天公司 2022 年不含技术转让收入的应纳税所得额 = 1 655-500-105-35-80-50+20+36.7+8.84 = 950.54（万元）。

飞天公司 2022 年实际应纳所得税额 = 950.54×15%+105×50%×25% = 155.71（万元）。

（10）飞天公司 2022 年应补缴企业所得税额 = 155.71-50 = 105.71（万元）。

任务思考与自测

1. 整理笔记，并通过查找和阅读其他资料，主要包括《中华人民共和国企业所得税法实施条例》（https://mp.weixin.qq.com/s/dKNO9-h1jwfLNV2jcBFTsw），绘制本节课思维导图，厘清知识脉络。

2. 阅读微信公众号"翅儿税税念"推文《企业所得税最新调整！5月1日起，最新最全的税率表、税扣标准！》，把握企业所得税纳税人、征税范围、收入确认、扣除项目、税收优惠等最新政策。

3. 资料：飞天航空有限责任公司为增值税一般纳税人，2022年主营业务收入5 000万元，其他业务收入500万元，主营业务成本2 500万元，其他业务成本100万元，税金及附加220万元，管理费用550万元，销售费用900万元，财务费用100万元，资产处置收益60万元，营业外收入100万元，营业外支出180万元。其中，管理费用中业务招待费支出为80万元，销售费用中广告费为850万元，营业外支出包括10月通过市民政局向希望小学捐赠自产电脑，其成本80万元，不含税售价100万元。（该企业会计核算遵循企业会计准则）

要求：

（1）计算该企业当年利润总额。

（2）计算该企业当年纳税调整金额。

项目二　知行合一：企业所得税纳税申报实务

项目认知目标

○ 能够分析和评价企业所得税申报表简化修订的深层次原因。
○ 准确识别企业所得税预缴申报表修订后的变化。
○ 准确阐释企业所得税汇算清缴申报表体系的构成及各报表勾稽关系。

项目技能目标

○ 通过企业所得税纳税申报（预缴）模块学习，能够熟练填制企业所得税预缴申报表及其附表。
○ 通过企业所得税纳税申报（汇算清缴）模块学习，能够熟练填制企业所得税年度汇算清缴申报表及其附表。

项目价值目标

○ 理解国家运用"大智移云物区"等新信息技术，对企业所得税申报表体系所做的优化实践，体会企业所得税办税流程的优化、办税负担的减轻和办税质效的提升。
○ 体会随着国家智慧税务管理体系的不断完善，企业所得税申报事宜日趋智能、简化的趋势，强化制度自信。
○ 紧跟税法变革步伐，及时更新知识，养成自主学习、独立思考的习惯。

导入案例

2022 年企业所得税汇算清缴表单主要变化

为贯彻落实研发费加计扣除、高新技术企业购买仪器设备税前扣除、中小微企业设备器具税前扣除及基础设施领域不动产投资信托基金等企业所得税政策规定，进一步减轻纳税人办税负担，税务总局下发了国家税务总局公告 2022 年第 27 号，对企业所得税年度纳税申报表进行了修订。本次修订涉及 6 张表单，包括 3 张纳税调整表单和 3 张税收优惠表单，分别对资产折旧、摊销及纳税调整明细表（A105080）、企业重组及递延纳税事项纳税调整明细表（A105100）、免税、减计收入及加计扣除优惠明细表（A107010）、研发费用加计扣除优惠明细表（A107012）、减免所得税优惠明细表（A107040）的表单样式及填报说明进行调整；对纳税调整项目明细表（A105000）的填表说明进行调整。修订后的企业所得税年度纳税申报表适用于 2022 年度及以后年度企业所得税汇算清缴纳税申报。

要求：根据上述背景，请同学们搜集相关资料，谈一谈汇算清缴表单的具体变化，分析其存在的原因。

任务一　以知促行：企业所得税预缴申报实务

为进一步深化"放管服"改革，根据国家税务总局公告 2021 年第 3 号文规定，对我国企业所得税月（季）度预缴纳税申报表（A 类）进行进一步简化，新版报表自 2021 年 4 月 1 日起使用。

一、新版报表的设计思路

针对我国企业所得税月（季）度预缴纳税申报表（A 类，2018 年版）存在表单需随政策变化造成稳定度不高的问题，新版报表采用了分类填报的设计思路。对于绝大部分企业，只需填报一张主表，并在主表上填写相应的具体事项即可完成申报，办税负担进一步减轻。

二、新版报表的变化

1. 优化表单结构，申报更简单

新版报表取消了附表免税收入、减计收入、所得减免等优惠明细表（A201010）和减免所得税优惠明细表（A201030），将两张报表内容统一集成至主表中华人民共和国企业所得税月（季）度预缴纳税申报表（A 类）（A200000）填报。表单结构从"一主四附"缩减为"一主两附"，精简后的表单数量压减 40%，大部分纳税人填报一张主表即可完成申报。

2. 优化填报方式，表单更稳定

新版报表采用了申报事项分类填报的方式，企业可依照《企业所得税申报事项目录》（以下简称《目录》）选择适用的事项填报，缩短填报时间，提高申报质量，增强表单稳定性。目前，《目录》已在税务总局网站"纳税服务"栏目发布，今后如有政策调整，一般将通过更新《目录》的方式调整申报事项，不再频繁修订表单。

3. 优化填报规则，数据更准确

表 A200000 新增"实际缴纳企业所得税计算"部分，帮助民族自治地方企业更准确地计算地方分享的企业所得税减征或免征情况，减少错填、漏填风险。

（1）为便利小型微利企业申报，保障小型微利企业尽享快享优惠政策，申报系统继续提供小型微利企业享受优惠政策智能识别、智能计算、智能填报服务。符合小型微利企业条件的纳税人，系统将自动带出优惠事项及金额，纳税人确认无误后即可申报享受。

（2）对于部分集成电路企业减免、民族自治地区地方分享部分减免等优惠事项，申报系统可帮助纳税人自动计算或校验优惠金额，帮助纳税人进一步减少填报风险。

（3）对于建筑企业总机构直接管理的跨地区设立的项目部按规定在项目所在地预缴的企业所得税额，申报系统将帮助纳税人自动归集并填写主表中华人民共和国企业所得税月（季）度预缴纳税申报表（A 类）（A200000）第 15 行"特定业务预缴（征）所得税额"。

三、新版报表申报案例

 5.3 企业所得税月（季）度预缴纳税申报表（A 类）填制实操

【案例 5-2】资料：飞天航空有限公司 2023 年截至第二季度累计实现营业收入 500 万元，营业成本 400 万元，税金及附加 1.2 万元，期间费用 48 万元，营业外收入 50 万元，实现累计利润总额 100.8 万元，其中包括 30 万元政府补助的不征税项目、20 万元免税项目的国债利息收入。公司 5 月份购置固定资产价值 10 万元，已经计提折旧 0.1 万元，第一季度已预缴所得税 0.2 万元。

（一）案例分析

（1）30 万元的不征税收入填写于第 5 行"不征税收入"栏次。

（2）20 万元的免税国债利息收入填写于第 7 行"免税收入、减计收入、加计扣除"栏次，并自行增加 7.1 填写明细。

（3）固定资产不超过 500 万元的一次性扣除。企业自 2018 年 1 月 1 日至 2023 年 12 月 31 日期间新购进的设备、器具，单位价值不超过 500 万元的，允许一次性计入当期成本费用在计算应纳税所得额时扣除，不再分年度计算折旧；单位价值超过 500 万元的，仍按原规定执行。此处需单独填写 A201020《资产加速折旧、摊销（扣除）优惠明细表》，则主表第 6 行根据 A201020 自动生成。

（4）应纳税所得额 = 100.8-30-20-（10-0.1）= 40.9（万元）。

（5）应纳所得税额 = 40.9×25%×20%-0.2 = 1.845（万元）。

（二）申报表填制

1. 填写 A201020 资产加速折旧、摊销（扣除）优惠明细表（见表 5-2）

表 5-2 资产加速折旧、摊销（扣除）优惠明细表　　　　金额单位：人民币元

行次	项目	本年享受优惠的资产原值	本年累计折旧\摊销（扣除）金额				
			账载折旧\摊销金额	按照税收一般规定计算的折旧\摊销金额	享受加速政策计算的折旧\摊销金额	纳税调减金额	享受加速政策优惠金额
		1	2	3	4	5	6=4-3
1	一、加速折旧、摊销（不含一次性扣除，1.1+1.2+…）	0.00	0.00	0.00	0.00	0.00	0.00
1.1	（填写优惠事项名称）						
1.2	（填写优惠事项名称）						
2	二、一次性扣除（2.1+2.2+…）	100 000.00	1 000.00	1 000.00	100 000.00	99 000.00	99 000.00
2.1	500 万元以下设备器具一次性扣除	100 000.00	1 000.00	1 000.00	100 000.00	99 000.00	99 000.00
3	合计（1+2）	100 000.00	1 000.00	1 000.00	100 000.00	99 000.00	99 000.00

2. 填写企业所得税月（季）度预缴纳税申报表（A 类）主表（见表 5-3）

表 5-3 中华人民共和国企业所得税月（季）度预缴纳税申报表（A 类）

税款所属期间：2022 年 04 月 01 日 至 2022 年 06 月 30 日

纳税人识别号（统一社会信用代码）：

纳税人名称：　　　　　　　　　　　　　　　　　金额单位：人民币元（列至角分）

优惠及附报事项有关信息									
项目	一季度		二季度		三季度		四季度		季度平均值
	季初	季末	季初	季末	季初	季末	季初	季末	
从业人数									
资产总额（万元）									
国家限制或禁止行业	是○否●				小型微利企业		是●否○		
代码	附报事项名称						金额或选项		
K01002	□扶贫捐赠支出全额扣除（本年累计，元）						0.00		
Y01001	□软件集成电路企业优惠政策适用类型						□原政策□新政策		
预缴税款计算									
行次	项目						本年累计金额		
1	营业收入						5 000 000.00		
2	营业成本						4 000 000.00		
3	利润总额						1 008 000.00		

续表

行次	项目	本年累计金额
4	加：特定业务计算的应纳税所得额	0.00
5	减：不征税收入	300 000.00
6	减：资产加速折旧、摊销（扣除）调减额（填写 A201020）	99 000.00
7	减：免税收入、减计收入、加计扣除（7.1+7.2+…）	200 000.00
7.1	国债利息收入免征企业所得税	200 000.00
8	减：所得减免（8.1+8.2+…）	0.00
9	减：弥补以前年度亏损	0.00
10	实际利润额（3+4-5-6-7-8-9） \ 按照上一纳税年度应纳税所得额平均额确定的应纳税所得额	
11	税率（25%）	25%
12	应纳所得税额（10×11）	
13	减：减免所得税额（13.1+13.2+…）	81 800.00
13.1	符合条件的小型微利企业减免所得税	81 800.00
14	减：本年实际已缴纳所得税额	2 000.00
15	减：特定业务预缴（征）所得税额	
16	本期应补（退）所得税额（12-13-14-15） \ 税务机关确定的本期应纳所得税额	18 450.00

任务思考与自测

1. 整理笔记，并通过查找和阅读其他资料，绘制本节课思维导图，厘清知识脉络。

2. 资料：某新办企业注册地为民族自治区，该企业符合当地免征地方分享企业所得税优惠政策。2022 年第一季度取得营业收入 1 200 万元，营业成本 600 万元，利润总额 400 万元，其中发生符合条件技术转让所得 200 万元。该企业第一季度季初从业人数 300 人，季末 280 人；季初资产总额 4 000 万元，季末 5 000 万元。

要求：假设不考虑其他情况，填写该企业 2022 年第一季度的企业所得税月（季）度预缴纳税申报表。

任务二 以行求知：企业所得税汇算清缴申报实务

一、企业所得税汇算清缴表单

企业所得税汇算清缴的表单主要包括四大模块，见表 5-4。

表5-4 企业所得税年度纳税申报表填报表单

表单编号	表单名称	是否填报	模块
A000000	企业所得税年度纳税申报基础信息表	√	信息表
A100000	中华人民共和国企业所得税年度纳税申报表（A类）	√	主表
A101010	一般企业收入明细表	□	企业财务数据
A101020	金融企业收入明细表	□	
A102010	一般企业成本支出明细表	□	
A102020	金融企业支出明细表	□	
A103000	事业单位、民间非营利组织收入、支出明细表	□	
A104000	期间费用明细表	□	
A105000	纳税调整项目明细表	□	税会差异调整
A105010	视同销售和房地产开发企业特定业务纳税调整明细表	□	
A105020	未按权责发生制确认收入纳税调整明细表	□	
A105030	投资收益纳税调整明细表	□	
A105040	专项用途财政性资金纳税调整明细表	□	
A105050	职工薪酬支出及纳税调整明细表	□	
A105060	广告费和业务宣传费等跨年度纳税调整明细表	□	
A105070	捐赠支出及纳税调整明细表	□	
A105080	资产折旧、摊销及纳税调整明细表	□	
A105090	资产损失税前扣除及纳税调整明细表	□	
A105100	企业重组及递延纳税事项纳税调整明细表	□	
A105110	政策性搬迁纳税调整明细表	□	
A105120	贷款损失准备金及纳税调整明细表	□	
A106000	企业所得税弥补亏损明细表	□	税收优惠调整
A107010	免税、减计收入及加计扣除优惠明细表	□	
A107011	符合条件的居民企业之间的股息、红利等权益性投资收益优惠明细表	□	
A107012	研发费用加计扣除优惠明细表	□	
A107020	所得减免优惠明细表	□	
A107030	抵扣应纳税所得额明细表	□	
A107040	减免所得税优惠明细表	□	
A107041	高新技术企业优惠情况及明细表	□	
A107042	软件、集成电路企业优惠情况及明细表	□	
A107050	税额抵免优惠明细表	□	
A108000	境外所得税收抵免明细表	□	
A108010	境外所得纳税调整后所得明细表	□	

续表

表单编号	表单名称	是否填报	模块
A108020	境外分支机构弥补亏损明细表	☐	
A108030	跨年度结转抵免境外所得税明细表	☐	
A109000	跨地区经营汇总纳税企业年度分摊企业所得税明细表	☐	
A109010	企业所得税汇总纳税分支机构所得税分配表	☐	
说明：企业应当根据实际情况选择需要填报的表单。			

5.4 收入费用明细表填制

各表格之间的关系如图 5-1 所示。

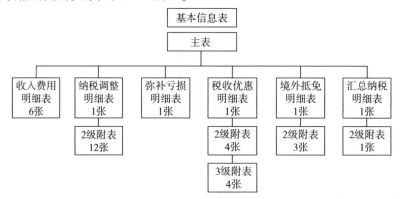

图 5-1 企业所得税汇算清缴表单关系

二、企业所得税汇算清缴申报表体系的勾稽关系

（一）收入费用明细表

收入费用明细表（见表 5-5）表单数据主要来自企业利润表的财务数据。

表 5-5 收入费用明细表

A101010	一般企业收入明细表
A101020	金融企业收入明细表
A102010	一般企业成本支出明细表
A102020	金融企业支出明细表
A103000	事业单位、民间非营利组织收入、支出明细表
A104000	期间费用明细表

（二）调整类报表

调整类报表（见表 5-6）的产生来源于税会差异。

表 5-6　调整类报表

A105000	纳税调整项目明细表
A105010	视同销售和房地产开发企业特定业务纳税调整明细表
A105020	未按权责发生制确认收入纳税调整明细表
A105030	投资收益纳税调整明细表
A105040	专项用途财政性资金纳税调整明细表
A105050	职工薪酬支出及纳税调整明细表
A105060	广告费和业务宣传费等跨年度纳税调整明细表
A105070	捐赠支出及纳税调整明细表
A105080	资产折旧、摊销及纳税调整明细表
A105090	资产损失税前扣除及纳税调整明细表
A105100	企业重组及递延纳税事项纳税调整明细表
A105110	政策性搬迁纳税调整明细表
A105120	贷款损失准备金及纳税调整明细表

1. A105010 视同销售和房地产开发企业特定业务纳税调整明细表

【案例 5-3】飞天有限责任公司将自产的罐头 100 箱用于市场推广，每箱成本价格 100 元，市场销售价格 120 元。会计处理：

5.5　调整类报表 A105010 填制实操

借：销售费用　　　　　　　　　　　　　　　　　　11 560
　　贷：库存商品　　　　　　　　　　　　　　　　10 000
　　　　应交税费——应交增值税（销项）　　　　　 1 560

（1）案例分析。

本案例属于税会差异，税法要求做视同销售处理，故税法调整事项包括调增收入 12 000 元和调增成本 10 000 元。

（2）申报表填写（见表 5-7、表 5-8）。

在表 A105010（见表 5-7）填写收入 12 000 元，成本 10 000 元后，表 A105000（见表 5-8）自动生成相关数据。（篇幅所致，仅截取有数据部分表格。）

表 5-7　视同销售和房地产开发企业特定业务纳税调整明细表　　　　金额单位：元

行次	项目	税收金额	纳税调整金额
		1	2
1	一、视同销售（营业）收入（2+3+4+5+6+7+8+9+10）	12 000.00	12 000.00
2	（一）非货币性资产交换视同销售收入	—	—
3	（二）用于市场推广或销售视同销售收入	12 000.00	12 000.00

续表

行次	项目	税收金额	纳税调整金额
4	（三）用于交际应酬视同销售收入	—	—
5	（四）用于职工奖励或福利视同销售收入	—	—
6	（五）用于股息分配视同销售收入	—	—
7	（六）用于对外捐赠视同销售收入	—	—
8	（七）用于对外投资项目视同销售收入	—	—
9	（八）提供劳务视同销售收入	—	—
10	（九）其他	—	—
11	二、视同销售（营业）成本（12+13+14+15+16+17+18+19+20）	10 000.00	−10 000.00
12	（一）非货币性资产交换视同销售成本	—	—
13	（二）用于市场推广或销售视同销售成本	10 000.00	−10 000.00
14	（三）用于交际应酬视同销售成本	—	—
15	（四）用于职工奖励或福利视同销售成本	—	—
16	（五）用于股息分配视同销售成本	—	—
17	（六）用于对外捐赠视同销售成本	—	—
18	（七）用于对外投资项目视同销售成本	—	—
19	（八）提供劳务视同销售成本	—	—
20	（九）其他	—	—
	……		
44	五、特别纳税调整应税所得		
45	六、其他		
46	合计	12 000.00	10 000.00

表5-8　纳税调整项目明细表　　　　　　　　　金额单位：元

行次	项目	账载金额	税收金额	调增金额	调减金额
		1	2	3	4
1	一、收入类调整项目（2+3+…8+10+11）	*	*	15 000.00	2 500 000.00
2	（一）视同销售收入（填写A105010）	*	12 000.00	12 000.00	*
3	（二）未按权责发生制原则确认的收入（填写A105020）	1 100 000.00	600 000.00	—	500 000.00
4	（三）投资收益（填写A105030）	900 000.00	—	—	900 000.00

续表

行次	项目	账载金额 1	税收金额 2	调增金额 3	调减金额 4
5	（四）按权益法核算长期股权投资对初始投资成本调整确认收益	*	*	*	100 000.00
6	（五）交易性金融资产初始投资调整	*	*		*
7	（六）公允价值变动净损益		*	—	
8	（七）不征税收入	*	*		1 000 000.00
9	其中：专项用途财政性资金（填写A105040）	*	*	—	1 000 000.00
10	（八）销售折扣、折让和退回	3 000.00		3 000.00	—
11	（九）其他			—	
12	二、扣除类调整项目（13+14+…24+26+27+28+29+30）	*	*	443 200.00	176 000.00
13	（一）视同销售成本（填写A105010）	*	10 000.00	*	10 000.00
14	（二）职工薪酬（填写A105050）	1 380 000.00	1 240 000.00	140 000.00	—
	……				
44	五、特别纳税调整应税所得	*	*		
45	六、其他	*	*		
46	合计（1+12+31+36+44+45）	*	*	458 200.00	3 576 000.00

2. A105020 未按权责发生制确认收入纳税调整明细表

5.6　调整类报表 A105020 填制实操

【案例 5-4】飞天有限责任公司 2022 年 6 月销售一台机器设备给 A 公司，合同约定的销售价格为 120 万元（不含税），分次于每年 12 月 31 日等额收取。该项设备成本为 80 万元，如在现销方式下，该项设备的销售价为 110 万元，飞天有限责任公司适用会计准则，会计处理见表 5-9。

表 5-9　会计处理

时间	会计处理
2022 年 6 月销售时	借：长期应收款　　　　　　　　　　1 200 000 　　贷：主营业务收入　　　　　　　　　1 110 000 　　　　未实现融资收益　　　　　　　　　100 000 借：主营业务成本　　　　　　　　　　800 000 　　贷：库存商品　　　　　　　　　　　　800 000
2022 年 12 月 31 日收款时	借：银行存款　　　　　　　　　　　　678 000 　　贷：长期应收款　　　　　　　　　　　600 000 　　　　应交税费——应交增值税（销项税额）78 000 借：未实现融资收益　　　　　　　　　　66 000 　　贷：财务费用　　　　　　　　　　　　66 000

（1）案例分析。

本案例属于税会差异。

①会计上按会计准则确认收入 110 万元，成本 80 万元，财务费用 -6.6 万元。

②税法上则按合同约定应确认收入为 60 万元，成本 40 万元，财务费用 0 万元。

故 2022 年企业所得税汇算清缴应调减所得额收入 50 万元，调增所得额成本 40 万元，调减所得额财务费用 6.6 万元。

（2）申报表填写（见表 5-10、表 5-11）。

表5-10　未按权责发生制确认收入纳税调整明细表

金额单位：元

行次	项目	合同金额（交易金额） 1	账载金额 本年 2	账载金额 累计 3	税收金额 本年 4	税收金额 累计 5	纳税调整金额 6=4-2
1	一、跨期收取的租金、利息、特许权使用费收入（2+3+4）	—	—	—	—	—	—
2	（一）租金						
3	（二）利息						
4	（三）特许权使用费						
5	二、分期确认收入（6+7+8）	1 200 000.00	1 100 000.00	1 100 000.00	600 000.00	—	-500 000.00
6	（一）分期收款方式销售货物收入	1 200 000.00	1 100 000.00	1 100 000.00	600 000.00	500 000.00	-500 000.00
7	（二）持续时间超过12个月的建造合同收入						
8	（三）其他分期确认收入						
9	三、政府补助递延收入（10+11+12）	—	—		—		—
10	（一）与收益相关的政府补助						
11	（二）与资产相关的政府补助						
12	（三）其他						
13	四、其他未按权责发生制确认收入						
14	合计（1+5+9+13）	1 200 000.00	1 100 000.00	1 100 000.00	600 000.00	—	-500 000.00

表 5-11　纳税调整项目明细表　　　　金额单位：元

行次	项目	账载金额	税收金额	调增金额	调减金额
		1	2	3	4
1	一、收入类调整项目（2+3+…8+10+11）	*	*	15 000.00	2 500 000.00
2	（一）视同销售收入（填写A105010）	*	12 000.00	12 000.00	*
3	（二）未按权责发生制原则确认的收入（填写 A105020）	1 100 000.00	600 000.00	—	500 000.00
4	（三）投资收益（填写A105030）	900 000.00	—	—	900 000.00
5	（四）按权益法核算长期股权投资对初始投资成本调整确认收益	*	*	*	100 000.00
6	（五）交易性金融资产初始投资调整	*	*		*
7	（六）公允价值变动净损益		*	—	—
8	（七）不征税收入	*	*		1 000 000.00
9	其中：专项用途财政性资金（填写A105040）	*	*	—	1 000 000.00
10	（八）销售折扣、折让和退回	3 000.00		3 000.00	—
11	（九）其他			—	
12	二、扣除类调整项目（13+14+…24+26+27+28+29+30）	*	*	443 200.00	176 000.00
13	（一）视同销售成本（填写A105010）	*	10 000.00	*	10 000.00
14	（二）职工薪酬（填写A105050）	1 380 000.00	1 240 000.00	140 000.00	—
15	（三）业务招待费支出	8 000.00	4 800.00	3 200.00	*

续表

行次	项目	账载金额	税收金额	调增金额	调减金额
		1	2	3	4
16	（四）广告费和业务宣传费支出（填写 A105060）	*	*	—	100 000.00
17	（五）捐赠支出（填写 A105070）	1 500 000.00	1 200 000.00	300 000.00	—
18	（六）利息支出			—	—
19	（七）罚金、罚款和被没收财物的损失		*	—	*
20	（八）税收滞纳金、加收利息		*	—	*
21	（九）赞助支出		*	—	*
22	（十）与未实现融资收益相关在当期确认的财务费用	−66 000.00		—	66 000.00
23	（十一）佣金和手续费支出（保险企业填写 A105060）	—		—	—
	……				
44	五、特别纳税调整应税所得	*	*		
45	六、其他	*	*		
46	合计（1+12+31+36+44+45）	*	*	458 200.00	3 576 000.00

在表 A105020（见表 5-10）填写合同金额 1 200 000 元，账载金额 1 100 000 元，税收金额 600 000 元后，表 A105000（见表 5-11）自动生成相关数据。（篇幅所致，仅截取有数据部分表格，阴影部分为本案例生成的数据，下同，不再赘述。）

3. A105030 投资收益纳税调整明细表

5.7 调整类报表 A105030 填制实操

【案例 5-5】飞天有限责任公司 2022 年 1 月取得甲公司 30% 的股权（假设属于直接投资），支付价款 200 万元，取得投资时被投资单位净资产账面价值 700 万元。2022 年 12 月 31 日甲公司所有者权益为 1 000 万元，其中 2022 年实现的净损益为 300 万元，但甲公司股东会尚未宣告分派股息红利。甲公司于 2023 年 3 月向飞天有限责任公司分配股利 90 万元，会计处理见表 5-12。

表 5-12　会计处理

时间	会计处理	
2022 年 1 月，投资时	借：长期股权投资——成本	2 100 000
	贷：银行存款	2 000 000
	营业外收入	100 000
2022 年 12 月 31 日，确认投资收益	借：长期股权投资——损益调整	900 000
	贷：投资收益	900 000
2023 年 3 月，分配股利时	借：应收股利	900 000
	贷：长期股权投资——损益调整	900 000
	借：银行存款	900 000
	贷：应收股利	900 000

（1）案例分析。

本案例属于税会差异。

①投资时，会计上按会计准则确认营业外收入 100 000 元，但税法不确认，故纳税调减 100 000 元，直接调减在 A105000 纳税调整项目明细表中。

②2022 年 12 月 31 日，会计按照准则要求确认投资收益，税法则不确认投资收益，故投资收益调减 900 000 元，填写 A105030 投资收益纳税调整明细表；

③2023 年 3 月，分配现金股利税法应确认收入，但属于符合条件的居民企业之间的股息、红利等权益性投资收益，享受免税优惠政策，填写 A107011 符合条件的居民企业之间的股息、红利等权益性投资收益优惠明细表。

（2）申报表填写（见表 5-13、表 5-14、表 5-15、表 5-16）。

按照②分析资料填写 A105030 投资收益纳税调整明细表（见表 5-13），按照③分析资料填写 A107011 符合条件的居民企业之间的股息、红利等权益性投资收益优惠明细表（见表 5-14），自动生成 A107010 免税、减计收入及加计扣除优惠明细表（见表 5-15）。

表 5-13　投资收益纳税调整明细表

金额单位：元

行次	项目	持有收益			处置收益							纳税调整金额 11=3+10
		账载金额 1	税收金额 2	纳税调整金额 3 (2-1)	会计确认的处置收入 4	税收计算的处置收入 5	处置投资的账面价值 6	处置投资的计税基础 7	会计确认的处置所得或处置损失 8=4-6	税收计算的处置所得 9=5-7	纳税调整金额 10=9-8	
1	一、交易性金融资产		—	—					—	—	—	—
2	二、可供出售金融资产		—	—					—	—	—	—
3	三、持有至到期投资		—	—					—	—	—	—
4	四、衍生工具		—	—					—	—	—	—
5	五、交易性金融负债		—	—					—	—	—	—
6	六、长期股权投资	900 000.00	—	-900 000.00	—	—	—	—	—	—	—	-900 000.00
7	七、短期投资		—	—					—	—	—	—
8	八、长期债券投资		—	—					—	—	—	—
9	九、其他		—	—	—	—	—	—	—	—	—	—
10	合计 (1+2+3+4+5+6+7+8+9)	900 000.00	—	-900 000.00	—	—	—	—	—	—	—	-900 000.00

表5-14 符合条件的居民企业之间的股息、红利等权益性投资收益优惠明细表

金额单位：元

行次	被投资企业	被投资企业一社会信用代码（纳税人识别号）	投资性质	投资成本	投资比例	被投资企业利润分配确认金额		被投资企业清算确认金额			撤回或减少投资确认金额						合计
						被投资企业做出利润分配或转股决定时间	依决定归属于本公司的股息、红利等权益性投资收益金额	分得的被投资企业清算剩余资产	被清算企业累计未分配利润和累计盈余公积应享有部分	应确认的股息所得	从被投资企业撤回或减少投资取得的资产	减少投资比例	收回初始投资成本	取得资产中超过初始投资成本部分	撤回或减少投资应享有被投资企业累计未分配利润和累计盈余公积	应确认的股息所得	
	1	2	3	4	5	6	7	8	9	10（8与9孰小）	11	12	13（4×12）	14（11-13）	15	16（14与15孰小）	17（7+10+16）
1	甲企业	—		2 000 000.00	30%	2023.3.31	900 000.00			—	—		—	—		—	900 000.00
2										—	—		—	—		—	—
3										—	—		—	—		—	—
4										—	—		—	—		—	—
5										—	—		—	—		—	—
6										—	—		—	—		—	—
7										—	—		—	—		—	—
8	合计																900 000.00
9	其中：直接投资或非H股股票投资																900 000.00

表 5-15　免税、减计收入及加计扣除优惠明细表　　　　金额单位：元

行次	项目	金额
1	一、免税收入（2+3+9+…+16）	900 000.00
2	（一）国债利息收入免征企业所得税	
3	（二）符合条件的居民企业之间的股息、红利等权益性投资收益免征企业所得税（4+5+6+7+8）	900 000.00
4	1. 一般股息红利等权益性投资收益免征企业所得税（填写A107011）	900 000.00
5	2. 内地居民企业通过沪港通投资且连续持有H股满12个月取得的股息红利所得免征企业所得税（填写A107011）	—
6	3. 内地居民企业通过深港通投资且连续持有H股满12个月取得的股息红利所得免征企业所得税（填写A107011）	—
7	4. 居民企业持有创新企业CDR取得的股息红利所得免征企业所得税（填写A107011）	—
8	5. 符合条件的永续债利息收入免征企业所得税（填写A107011）	—
9	（三）符合条件的非营利组织的收入免征企业所得税	
10	（四）中国清洁发展机制基金取得的收入免征企业所得税	
11	（五）投资者从证券投资基金分配中取得的收入免征企业所得税	
12	（六）取得的地方政府债券利息收入免征企业所得税	
13	（七）中国保险保障基金有限责任公司取得的保险保障基金等收入免征企业所得税	
14	（八）中国奥委会取得北京冬奥组委支付的收入免征企业所得税	
15	（九）中国残奥委会取得北京冬奥组委分期支付的收入免征企业所得税	
	……	
29	（四）安置残疾人员所支付的工资加计扣除	
30	（五）其他（30.1+30.2+30.3）	—
30.1	1. 企业投入基础研究支出加计扣除	
30.2	2. 高新技术企业设备器具加计扣除	
30.3	3. 其他	
31	合计（1+17+25）	900 000.00

表 5-16　纳税调整项目明细表　　　　　　　　　　金额单位：元

行次	项目	账载金额	税收金额	调增金额	调减金额
		1	2	3	4
1	一、收入类调整项目（2+3+…8+10+11）	*	*	15 000.00	2 500 000.00
2	（一）视同销售收入（填写A105010）	*	12 000.00	12 000.00	*
3	（二）未按权责发生制原则确认的收入（填写A105020）	1 100 000.00	600 000.00	—	500 000.00
4	（三）投资收益（填写A105030）	900 000.00	—	—	900 000.00
5	（四）按权益法核算长期股权投资对初始投资成本调整确认收益	*	*	*	100 000.00
6	（五）交易性金融资产初始投资调整	*	*		*
7	（六）公允价值变动净损益		*	—	—
8	（七）不征税收入	*	*		1 000 000.00
9	其中：专项用途财政性资金（填写A105040）	*	*	—	1 000 000.00
10	（八）销售折扣、折让和退回	3 000.00		3 000.00	—
11	（九）其他			—	—
12	二、扣除类调整项目（13+14+…24+26+27+28+29+30）	*	*	443 200.00	176 000.00
13	（一）视同销售成本（填写A105010）	*	10 000.00	*	10 000.00
14	（二）职工薪酬（填写A105050）	1 380 000.00	1 240 000.00	140 000.00	—
15	（三）业务招待费支出	8 000.00	4 800.00	3 200.00	*

续表

行次	项目	账载金额	税收金额	调增金额	调减金额
		1	2	3	4
16	（四）广告费和业务宣传费支出（填写A105060）	*	*	—	100 000.00
17	（五）捐赠支出（填写A105070）	1 500 000.00	1 200 000.00	300 000.00	—
18	（六）利息支出				
19	（七）罚金、罚款和被没收财物的损失		*	—	*
20	（八）税收滞纳金、加收利息		*	—	*
21	（九）赞助支出		*	—	*
22	（十）与未实现融资收益相关在当期确认的财务费用	−66 000.00		—	66 000.00
	……				
44	五、特别纳税调整应税所得	*	*		
45	六、其他	*	*		
46	合计（1+12+31+36+44+45）	*	*	458 200.00	3 576 000.00

4. A105040专项用途财政性资金纳税调整明细表

5.8　调整类报表A105040填制实操

【案例5-6】飞天有限责任公司2022年得到省政府拨付的专项财政拨款100万元，2022年5月支付相关费用50万元。假设，该财政拨款符合不征税条件。

（1）案例分析。

本案例属于税会差异。会计上按会计准则确认收入100万元，确认成本50万元，但税法不确认，故纳税调减收入100万元，调减成本50万元。

（2）申报表填写（见表5-17、表5-18）。

表5-17 专项用途财政性资金纳税调整明细表

金额单位：元

行次	项目	取得年度	财政性资金	其中：符合不征税收入条件的财政性资金（金额）	其中：计入本年损益的金额	以前年度支出情况 前五年度	前四年度	前三年度	前二年度	前一年度	本年支出情况 支出金额	其中：费用化支出金额	本年结余情况 结余金额	其中：上缴财政金额	应计入本年应税收入金额
		1	2	3	4	5	6	7	8	9	10	11	12	13	14
1	前五年度												—		
2	前四年度					∗							—		
3	前三年度					∗	∗						—		
4	前二年度					∗	∗	∗					—		
5	前一年度					∗	∗	∗	∗				—		
6	本年	2022年	1 000 000.00	1 000 000.00	1 000 000.00	∗	∗	∗	∗	∗	500 000.00	500 000.00	—	—	—
7	合计（1+2+…+6）	∗	1 000 000.00	1 000 000.00	1 000 000.00	∗	∗	∗	∗	∗	500 000.00	500 000.00	—	—	—

表5-18　纳税调整项目明细表　　　　　　　　　　　　金额单位：元

行次	项目	账载金额	税收金额	调增金额	调减金额
		1	2	3	4
1	一、收入类调整项目（2+3+…8+10+11）	*	*	15 000.00	2 500 000.00
2	（一）视同销售收入（填写A105010）	*	12 000.00	12 000.00	*
3	（二）未按权责发生制原则确认的收入（填写A105020）	1 100 000.00	600 000.00	—	500 000.00
4	（三）投资收益（填写A105030）	900 000.00	—		900 000.00
5	（四）按权益法核算长期股权投资对初始投资成本调整确认收益	*	*	*	100 000.00
6	（五）交易性金融资产初始投资调整	*	*		*
7	（六）公允价值变动净损益		*	—	—
8	（七）不征税收入	*	*		1 000 000.00
9	其中：专项用途财政性资金（填写A105040）	*	*	—	1 000 000.00
10	（八）销售折扣、折让和退回	3 000.00		3 000.00	—
11	（九）其他			—	—
12	二、扣除类调整项目（13+14+…24+26+27+28+29+30）	*	*	443 200.00	176 000.00
13	（一）视同销售成本（填写A105010）	*	10 000.00	*	10 000.00
14	（二）职工薪酬（填写A105050）	1 380 000.00	1 240 000.00	140 000.00	—
15	（三）业务招待费支出	8 000.00	4 800.00	3 200.00	*
16	（四）广告费和业务宣传费支出（填写A105060）	*	*		100 000.00
17	（五）捐赠支出（填写A105070）	1 500 000.00	1 200 000.00	300 000.00	
18	（六）利息支出			—	—

续表

行次	项目	账载金额	税收金额	调增金额	调减金额
		1	2	3	4
19	（七）罚金、罚款和被没收财物的损失		*	—	*
20	（八）税收滞纳金、加收利息		*	—	*
21	（九）赞助支出		*	—	*
22	（十）与未实现融资收益相关在当期确认的财务费用	−66 000.00		−	66 000.00
23	（十一）佣金和手续费支出（保险企业填写A105060）	—		—	
24	（十二）不征税收入用于支出所形成的费用	*	*		*
25	其中：专项用途财政性资金用于支出所形成的费用（填写A105040）	*	*	500 000.00	*

5. 销售折扣调整

【案例5-7】飞天有限责任公司销售A商品，每件定价30元（不含税），商品成本每件是20元。为了促进商品销售，与客户达成购销协议，协议约定如果客户累计购买达到1 000件，商品可以享受10%的价格折扣（每件27元），丁公司本次购买1 000件，根据约定可以享受折扣，飞天有限责任公司全额开具发票，但未在备注栏内约定折扣价。会计分录如下：

借：应收账款　　　　　　　　　　　　　　　　　　　30 900
　　贷：主营业务收入　　　　　　　　27 000（27×1 000）
　　　　应交税费——应交增值税（销项税额）　　　　3 900
借：主营业务成本　　　　　　　　　　　　　　　　　20 000
　　贷：库存商品　　　　　　　　　　　　　　　　　20 000

（1）案例分析。

本案例属于税会差异。会计上按会计准则确认收入27 000元，但税法应确认30 000元，故纳税调增收入3 000元。

（2）申报表填写（见表5-19）。

表5-19　纳税调整项目明细表　　　　　　　　　　　　金额单位：元

行次	项目	账载金额	税收金额	调增金额	调减金额
		1	2	3	4
1	一、收入类调整项目（2+3+…8+10+11）	*	*	15 000.00	2 500 000.00
2	（一）视同销售收入（填写A105010）	*	12 000.00	12 000.00	*

续表

行次	项目	账载金额 1	税收金额 2	调增金额 3	调减金额 4
3	（二）未按权责发生制原则确认的收入（填写 A105020）	1 100 000.00	600 000.00	—	500 000.00
4	（三）投资收益（填写 A105030）	900 000.00	—	—	900 000.00
5	（四）按权益法核算长期股权投资对初始投资成本调整确认收益	*	*	*	100 000.00
6	（五）交易性金融资产初始投资调整	*	*		*
7	（六）公允价值变动净损益		*	—	—
8	（七）不征税收入	*	*		1 000 000.00
9	其中：专项用途财政性资金（填写 A105040）	*	*		1 000 000.00
10	（八）销售折扣、折让和退回	3 000.00		3 000.00	—
11	（九）其他			—	—

6. A105050 职工薪酬支出及纳税调整明细表

 5.9　调整类报表 A105050 填制实操

【案例 5-8】飞天有限责任公司应付职工薪酬账户数据见表 5-20。

表 5-20　工资及三项经费发生额明细表

单位：万元

账户名称	借方发生额	贷方发生额	年末余额
职工薪酬	100	110	10
职工福利费	15	15	0
职工教育经费	10	10	0
工会经费	3	3	0

（1）案例分析。

①职工薪酬，尚未支付的工资不得扣除，需调增 10 万元。

②职工福利费：限额扣除 100 万元×14%＝14 万元，实际支付 15 万元，应调增 1 万元。

③职工教育经费：限额扣除 100 万元×8%＝8 万元，实际支付 10 万元，应调增 2 万元。

④工会经费：限额扣除 100 万元×2%＝2 万元，实际支付 3 万元，应调增 1 万元。

（2）申报表填写（见表 5-21、表 5-22）。

表 5-21　职工薪酬支出及纳税调整明细表

金额单位：元

行次	项目	账载金额 1	实际发生额 2	税收规定扣除率 3	以前年度累计结转扣除额 4	税收金额 5	纳税调整金额 6=1-5	累计结转以后年度扣除额 7=2+4-5
1	一、工资薪金支出	1 100 000.00	1 000 000.00	*	*	1 000 000.00	100 000.00	*
2	其中：股权激励	—	—	*	*	—	—	*
3	二、职工福利费支出	150 000.00	150 000.00	14%	*	140 000.00	10 000.00	*
4	三、职工教育经费支出	100 000.00	100 000.00	*	—	80 000.00	20 000.00	20 000.00
5	其中：按税收规定比例扣除的职工教育经费	100 000.00		8%		80 000.00	20 000.00	20 000.00
6	按税收规定全额扣除的职工培训费用			100%	*		—	*
7	四、工会经费支出	30 000.00	30 000.00	2%	*	20 000.00	10 000.00	*
8	五、各类基本社会保障性缴款	—	—	*	*	—	—	*
9	六、住房公积金	—	—	*	*	—	—	*
10	七、补充养老保险	—	—	5%	*	—	—	*
11	八、补充医疗保险	—	—	5%	*	—	—	*
12	九、其他	—	—	*	*	—	—	*
13	合计（1+3+4+7+8+9+10+11+12）	1 380 000.00	1 280 000.00	*	—	1 240 000.00	140 000.00	20 000.00

表 5-22 纳税调整项目明细表 金额单位：元

行次	项目	账载金额 1	税收金额 2	调增金额 3	调减金额 4
1	一、收入类调整项目（2+3+…8+10+11）	*	*	15 000.00	2 500 000.00
2	（一）视同销售收入（填写A105010）	*	12 000.00	12 000.00	*
3	（二）未按权责发生制原则确认的收入（填写A105020）	1 100 000.00	600 000.00	—	500 000.00
4	（三）投资收益（填写A105030）	900 000.00	—	—	900 000.00
5	（四）按权益法核算长期股权投资对初始投资成本调整确认收益	*	*	*	100 000.00
6	（五）交易性金融资产初始投资调整	*	*		*
7	（六）公允价值变动净损益		*	—	
8	（七）不征税收入	*	*		1 000 000.00
9	其中：专项用途财政性资金（填写A105040）	*	*		1 000 000.00
10	（八）销售折扣、折让和退回	3 000.00		3 000.00	—
11	（九）其他			—	—
12	二、扣除类调整项目（13+14+…24+26+27+28+29+30）	*	*	443 200.00	176 000.00
13	（一）视同销售成本（填写A105010）	*	10 000.00	*	10 000.00
14	（二）职工薪酬（填写A105050）	1 380 000.00	1 240 000.00	140 000.00	—

7. A105060 广告费和业务宣传费跨年度纳税调整明细表

5.10 调整类报表 A105060 填制实操

【案例5-9】飞天有限责任公司 2022 年销售收入为 100 万元，广告费发生 5 万元。上年结转广告费支出 25 万元。

（1）案例分析。

广告费和业务宣传费的税法扣除限额为 100 万元×15%＝15 万元。

实际发生 5 万元+上年结转 25 万元，故本年度调减利润 10 万元。

（2）申报表填写（见表5-23、表5-24）。

表5-23　广告费和业务宣传费等跨年度纳税调整明细表　　　　金额单位：元

行次	项目	广告费和业务宣传费 1	保险企业手续费 及佣金支出 2
1	一、本年支出	50 000.00	
2	减：不允许扣除的支出		
3	二、本年符合条件的支出（1-2）	50 000.00	—
4	三、本年计算扣除限额的基数	1 000 000.00	
5	乘：税收规定扣除率	15%	18%
6	四、本企业计算的扣除限额（4×5）	150 000.00	—
7	五、本年结转以后年度扣除额（3>6，本行=3-6；3≤6，本行=0）	—	—
8	加：以前年度累计结转扣除额	250 000.00	—
9	减：本年扣除的以前年度结转额［3>6，本行=0；3≤6，本行=8与（6-3）孰小值］	100 000.00	—
10	六、按照分摊协议归集至其他关联方的金额（10≤3与6孰小值）		
11	按照分摊协议从其他关联方归集至本企业的金额		
12	七、本年支出纳税调整金额（3>6，本行=2+3-6+10-11；3≤6，本行=2+10-11-9）	-100 000.00	—
13	八、累计结转以后年度扣除额（7+8-9）	150 000.00	—

表5-24　纳税调整项目明细表　　　　金额单位：元

行次	项目	账载金额 1	税收金额 2	调增金额 3	调减金额 4
1	一、收入类调整项目（2+3+…8+10+11）	*	*	15 000.00	2 500 000.00
2	（一）视同销售收入（填写A105010）	*	12 000.00	12 000.00	*
3	（二）未按权责发生制原则确认的收入（填写A105020）	1 100 000.00	600 000.00	—	500 000.00
4	（三）投资收益（填写A105030）	900 000.00	—	—	900 000.00

续表

行次	项目	账载金额	税收金额	调增金额	调减金额
		1	2	3	4
5	（四）按权益法核算长期股权投资对初始投资成本调整确认收益	*	*	*	100 000.00
6	（五）交易性金融资产初始投资调整	*	*		*
7	（六）公允价值变动净损益		*	—	—
8	（七）不征税收入	*	*		1 000 000.00
9	其中：专项用途财政性资金（填写A105040）	*	*	—	1 000 000.00
10	（八）销售折扣、折让和退回	3 000.00		3 000.00	—
11	（九）其他				
12	二、扣除类调整项目（13+14+…24+26+27+28+29+30）	*	*	443 200.00	176 000.00
13	（一）视同销售成本（填写A105010）	*	10 000.00	*	10 000.00
14	（二）职工薪酬（填写A105050）	1 380 000.00	1 240 000.00	140 000.00	—
15	（三）业务招待费支出	8 000.00	4 800.00	3 200.00	*
16	（四）广告费和业务宣传费支出（填写A105060）	*	*	—	100 000.00

8. A105070 捐赠支出及纳税调整明细表

5.11 调整类报表 A105070 填制实操

【案例5-10】飞天有限责任公司2022年12月向中国红十字会捐赠150万元，当年实现利润总额为1 000万元，涉及纳税调增所得额为200万元，调整后应纳税所得额为1 200万元。

（1）案例分析。

捐赠扣除限额标准为1 000万元×12%＝120万元，故纳税调增所得额30万元。

（2）申报表填写（见表5-25、表5-26）。

金额单位：元

表 5-25　捐赠支出及纳税调整明细表

行次	项目	账载金额	以前年度结转可扣除的捐赠额	按税收规定计算的扣除限额	税收金额	纳税调增金额	纳税调减金额	可结转以后年度扣除的捐赠额
		1	2	3	4	5	6	7
1	一、非公益性捐赠		*	*	*	—	*	*
2	二、限额扣除的公益性捐赠（3+4+5+6）	1 500 000.00	—	1 200 000.00	1 200 000.00	300 000.00	—	300 000.00
3	前三年度（　　年）	*	—	*	*	*	—	*
4	前二年度（　　年）	*	—	*	*	*	—	—
5	前一年度（　　年）	*	—	*	*	*	—	—
6	本　年（　　年）	1 500 000.00	*	1 200 000.00	1 200 000.00	300 000.00	*	300 000.00
7	三、全额扣除的公益性捐赠	—	*	*	—	*	*	*
8	1.		*	*	—	*	*	*
9	2.		*	*	—	*	*	*
10	3.		*	*	—	*	*	*
11	合计（1+2+7）	1 500 000.00	—	1 200 000.00	1 200 000.00	300 000.00	—	300 000.00
附列资料	2015 年度至本年发生的公益性扶贫捐赠合计金额		*	*	*	*	*	*

表 5-26　纳税调整项目明细表　　　　　　　　　　　　　　金额单位：元

行次	项目	账载金额 1	税收金额 2	调增金额 3	调减金额 4
1	一、收入类调整项目（2+3+…8+10+11）	*	*	15 000.00	2 500 000.00
2	（一）视同销售收入（填写A105010）	*	12 000.00	12 000.00	*
3	（二）未按权责发生制原则确认的收入（填写A105020）	1 100 000.00	600 000.00	—	500 000.00
4	（三）投资收益（填写A105030）	900 000.00	—	—	900 000.00
5	（四）按权益法核算长期股权投资对初始投资成本调整确认收益	*	*	*	100 000.00
6	（五）交易性金融资产初始投资调整	*	*		*
7	（六）公允价值变动净损益		*	—	—
8	（七）不征税收入	*			1 000 000.00
9	其中：专项用途财政性资金（填写A105040）	*	*		1 000 000.00
10	（八）销售折扣、折让和退回	3 000.00		3 000.00	—
11	（九）其他			—	—
12	二、扣除类调整项目（13+14+…24+26+27+28+29+30）	*	*	443 200.00	176 000.00
13	（一）视同销售成本（填写A105010）	*	10 000.00	*	10 000.00
14	（二）职工薪酬（填写A105050）	1 380 000.00	1 240 000.00	140 000.00	—
15	（三）业务招待费支出	8 000.00	4 800.00	3 200.00	*
16	（四）广告费和业务宣传费支出（填写A105060）	*	*		100 000.00
17	（五）捐赠支出（填写A105070）	1 500 000.00	1 200 000.00	300 000.00	—

9. A105080 资产折旧、摊销及纳税调整明细表

 5.12　调整类报表 A105080 填制实操

【案例 5-11】飞天有限责任公司 2022 年购置生产设备一台，价值 100 万元，当年计提折旧 10 万元。

（1）案例分析。

会计上确认费用 10 万元，税法允许一次性全额扣除，故确认扣除项目 100 万元，故纳税调减所得额 90 万元。

（2）申报表填写（见表 5-27、表 5-28）。

金额单位：元

表5-27 资产折旧、摊销及纳税调整明细表

行次	项目	账载金额			资产计税基础	税收金额				纳税调整金额
		资产原值	本年折旧、摊销额	累计折旧、摊销额		税收折旧、摊销额	享受加速折旧政策的资产按税收一般规定计算的折旧、摊销额	加速折旧、摊销统计额	累计折旧、摊销额	
		1	2	3	4	5	6	7=5-6	8	9=2-5
1	一、固定资产（2+3+4+5+6+7）	1 000 000.00	100 000.00	100 000.00	1 000 000.00	1 000 000.00	*	*	—	-900 000.00
2	（一）房屋、建筑物						*	*		—
3	（二）飞机、火车、轮船、机器、机械和其他生产设备	1 000 000.00	100 000.00	100 000.00	1 000 000.00	1 000 000.00	*	*		-900 000.00
4	所有固定资产 （三）与生产经营活动有关的器具、工具、家具等						*	*		—
5	（四）飞机、火车、轮船以外的运输工具						*	*		—
6	（五）电子设备						*	*		—
7	（六）其他						*	*		—
8	其中：享受固定资产加速折旧及一次性扣除 （一）重要行业固定资产加速折旧（不含一次性扣除）	—	—	—	—	—	*	—	—	*
9	（二）其他行业研发设备加速折旧	—	—	—	—	—		—	—	*
10	（三）特定地区企业固定资产加速折旧（10.1+10.2）	—	—	—	—	—		—	—	*

续表

行次	项目	账载金额			资产计税基础	税收金额				纳税调整金额
		资产原值	本年折旧、摊销额	累计折旧、摊销额	资产计税基础	税收折旧、摊销额	享受加速折旧政策的资产按税收一般规定计算的折旧、摊销额	加速折旧、摊销统计额	累计折旧、摊销额	纳税调整金额
		1	2	3	4	5	6	7=5-6	8	9=2-5
10.1	加速折旧的资产除政策 1. 海南自由贸易港企业固定资产加速折旧							—		*
10.2	折旧额大于一般 2. 其他特定地区企业固定资产加速折旧						—	—		*
11	（四）500万元以下设备器具一次性扣除（11.1+11.2）折旧额的部分	1 000 000.00	100 000.00	100 000.00	1 000 000.00	1 000 000.00	100 000.00	900 000.00	100 000.00	900 000.00

表 5-28　纳税调整项目明细表　　　　　　　　　　　　　　金额单位：元

行次	项目	账载金额	税收金额	调增金额	调减金额
		1	2	3	4
1	一、收入类调整项目（2+3+…8+10+11）	*	*	15 000.00	2 500 000.00
2	（一）视同销售收入（填写 A105010）	*	12 000.00	12 000.00	*
3	（二）未按权责发生制原则确认的收入（填写 A105020）	1 100 000.00	600 000.00	—	500 000.00
4	（三）投资收益（填写 A105030）	900 000.00	—		900 000.00
5	（四）按权益法核算长期股权投资对初始投资成本调整确认收益	*	*	*	100 000.00
6	（五）交易性金融资产初始投资调整	*	*		*
7	（六）公允价值变动净损益		*		—
8	（七）不征税收入	*	*		1 000 000.00
9	其中：专项用途财政性资金（填写 A105040）	*	*	—	1 000 000.00
10	（八）销售折扣、折让和退回	3 000.00		3 000.00	—
11	（九）其他			—	—
12	二、扣除类调整项目（13+14+…24+26+27+28+29+30）	*	*	443 200.00	176 000.00
13	（一）视同销售成本（填写 A105010）	*	10 000.00	*	10 000.00
14	（二）职工薪酬（填写 A105050）	1 380 000.00	1 240 000.00	140 000.00	—
15	（三）业务招待费支出	8 000.00	4 800.00	3 200.00	*
16	（四）广告费和业务宣传费支出（填写 A105060）	*	*	—	100 000.00
17	（五）捐赠支出（填写 A105070）	1 500 000.00	1 200 000.00	300 000.00	—
18	（六）利息支出			—	

续表

行次	项目	账载金额 1	税收金额 2	调增金额 3	调减金额 4
19	（七）罚金、罚款和被没收财物的损失		*	—	*
20	（八）税收滞纳金、加收利息		*	—	*
21	（九）赞助支出		*	—	*
22	（十）与未实现融资收益相关在当期确认的财务费用	-66 000.00		—	66 000.00
23	（十一）佣金和手续费支出（保险企业填写 A105060）	—		—	
24	（十二）不征税收入用于支出所形成的费用	*	*		*
25	其中：专项用途财政性资金用于支出所形成的费用（填写 A105040）	*	*	500 000.00	*
26	（十三）跨期扣除项目			—	—
27	（十四）与取得收入无关的支出		*	—	*
28	（十五）境外所得分摊的共同支出	*	*	—	*
29	（十六）党组织工作经费			—	—
30	（十七）其他			—	—
31	三、资产类调整项目（32+33+34+35）	*	*	—	900 000.00
32	（一）资产折旧、摊销（填写 A105080）	100 000.00	1 000 000.00		900 000.00

10. 业务招待费的调整

 5.13　业务招待费调整填制实操

【案例5-12】飞天有限责任公司2022年销售收入为800 000元，当年度发生业务招待费为8 000元，年度汇算清缴时调整视同销售收入200 000元。

（1）案例分析。

业务招待费的扣除限额是按照发生额的60%和营业收入的0.5%孰低原则进行确定。

（营业收入 800 000+视同销售收入 200 000）×0.5%＝5 000（元）。

8 000×60%＝4 800（元）。

实际发生 8 000 元，扣除限额为 4 800 元，则年终应调增 3 200 元。

（2）申报表填写（见表 5-29）。

表 5-29　纳税调整项目明细表　　　　　　　　　　　　　金额单位：元

行次	项目	账载金额	税收金额	调增金额	调减金额
		1	2	3	4
1	一、收入类调整项目（2+3+…8+10+11）	*	*	15 000.00	2 500 000.00
2	（一）视同销售收入（填写A105010）	*	12 000.00	12 000.00	*
3	（二）未按权责发生制原则确认的收入（填写A105020）	1 100 000.00	600 000.00	—	500 000.00
4	（三）投资收益（填写A105030）	900 000.00	—	—	900 000.00
5	（四）按权益法核算长期股权投资对初始投资成本调整确认收益	*	*	*	100 000.00
6	（五）交易性金融资产初始投资调整	*	*		*
7	（六）公允价值变动净损益		*	—	
8	（七）不征税收入	*	*		1 000 000.00
9	其中：专项用途财政性资金（填写A105040）	*	*		1 000 000.00
10	（八）销售折扣、折让和退回	3 000.00		3 000.00	—
11	（九）其他			—	—
12	二、扣除类调整项目（13+14+…24+26+27+28+29+30）	*	*	443 200.00	176 000.00
13	（一）视同销售成本（填写A105010）	*	10 000.00	*	10 000.00
14	（二）职工薪酬（填写A105050）	1 380 000.00	1 240 000.00	140 000.00	—
15	（三）业务招待费支出	8 000.00	4 800.00	3 200.00	*
16	（四）广告费和业务宣传费支出（填写A105060）	*	*	—	100 000.00

续表

行次	项目	账载金额 1	税收金额 2	调增金额 3	调减金额 4
17	（五）捐赠支出（填写 A105070）	1 500 000.00	1 200 000.00	300 000.00	—
18	（六）利息支出			—	—
19	（七）罚金、罚款和被没收财物的损失		*	—	*
20	（八）税收滞纳金、加收利息		*	—	*
21	（九）赞助支出		*	—	*
22	（十）与未实现融资收益相关在当期确认的财务费用	−66 000.00		—	66 000.00
23	（十一）佣金和手续费支出（保险企业填写 A105060）	—		—	
24	（十二）不征税收入用于支出所形成的费用	*	*		*
25	其中：专项用途财政性资金用于支出所形成的费用（填写 A105040）	*	*	500 000.00	*
26	（十三）跨期扣除项目			—	—
27	（十四）与取得收入无关的支出		*	—	*
28	（十五）境外所得分摊的共同支出	*	*	—	*
29	（十六）党组织工作经费			—	—
30	（十七）其他			—	—
31	三、资产类调整项目（32＋33＋34＋35）	*	*	—	900 000.00
32	（一）资产折旧、摊销（填写 A105080）	100 000.00	1 000 000.00	—	900 000.00
	······				
46	合计（1＋12＋31＋36＋44＋45）	*	*	458 200.00	3 576 000.00

5.14　年终汇算清缴主表的填制

三、企业所得税汇算清缴案例

【案例5-13】 资料：某市 A 房地产开发有限公司，开发建设"美丽园"居住小区项目，开发的商品房可售面积为 10 万平方米。2021 年 6 月取得房屋预售许可证，当年取得不含税预售房款 4 000 万元，按预售收入缴纳并计入税金及附加的税费金额 300 万元（含预缴土地增值税）。当年发生管理费用 100 万元，其中业务招待费 36 万元；当年发生销售费用 700 万元，其中广告费 620 万元；因扬尘被城管部门罚款 30 万元。

当地主管税务机关规定开发商品房企业所得税预计计税毛利率为 15%；房地产开发企业预售房款可以作为计算业务招待费和广告宣传费扣除限额的基数。

2022 年 11 月项目完工。当年取得不含税预售房款 5 000 万元（年末转营业收入），取得现房不含税销售收入 1 000 万元，共计缴纳并计入税金及附加的税费金额 450 万元（含预缴土地增值税 120 万元）。当年 12 月结转实现销售的商品房 5.2 万平方米，并将上年预收款结转营业收入 4 000 万元，公司根据有关合同和预算等资料，采取预提方法计入开发成本。

至 2022 年年底该项目开发成本账面金额合计为 7 320 万元，并结转到完工产品成本，其中，出包合同总金额为 4 120 万元，发生出包合同以外的开发成本 3 200 万元。当年发生管理费用 120 万元，其中业务招待费 60 万元。当年发生销售费用 100 万元，其中广告费 24 万元。

其他资料：所有表单的金额以万元为单位，应交税费各账户无期末余额。

（一）计算 2021 年度的应纳税所得额

会计利润 = 4 000×15%-300-100-700-30 = -530（万元）。

（1）罚款不允许税前扣除，纳税调增 30 万元。

（2）4 000×0.5% = 20（万元），同时，36×60% = 21.6（万元）。业务招待费按照二者孰低作为限额扣除。故业务招待费的扣除限额为 20 万元，需要纳税调整 36-20 = 16（万元）。

（3）广告费扣除限额 = 4 000×15% = 600（万元），故广告费纳税调整 620-600 = 20（万元）。

因此，2021 年度应纳税所得额 = -530+30+16+20 = -464（万元）。

（二）2022 年度可以扣除的计税成本

2022 年度税前可以扣除的计税成本 = 7 320×5.2/10 = 3 806.4（万元）。

（三）填写 2022 年度汇算清缴申报表

（1）填写 A105060 广告费和业务宣传费等跨年度纳税调整明细表（见表 5-30）。

表 5-30 广告费和业务宣传费等跨年度纳税调整明细表　　　金额单位：万元

行次	项目	广告费和业务宣传费	保险企业手续费及佣金支出
		1	2
1	一、本年支出	24.00	
2	减：不允许扣除的支出		
3	二、本年符合条件的支出（1-2）	24.00	—
4	三、本年计算扣除限额的基数	6 000.00	
5	乘：税收规定扣除率	15%	
6	四、本企业计算的扣除限额（4×5）	900.00	—
7	五、本年结转以后年度扣除额（3>6，本行＝3-6；3≤6，本行＝0）	—	—
8	加：以前年度累计结转扣除额	20.00	
9	减：本年扣除的以前年度结转额［3>6，本行＝0；3≤6，本行＝8 与（6-3）孰小值］	20.00	
10	六、按照分摊协议归集至其他关联方的金额（10≤3 与 6 孰小值）		
11	按照分摊协议从其他关联方归集至本企业的金额		
12	七、本年支出纳税调整金额（3>6，本行＝2+3-6+10-11；3≤6，本行＝2+10-11-9）	-20.00	—
13	八、累计结转以后年度扣除额（7+8-9）	0	—

　　知识小百科：广告费和业务宣传费扣除限额的基数为 6 000 万元。2022 年 11 月项目完工。当年取得不含税预售房款 5 000 万元（年末转营业收入），取得现房不含税销售收入 1 000 万元。按照 2022 年度汇算清缴纳税申报表，以 6 000 万元作为基数。

　　（2）填写 A105010 视同销售和房地产开发企业特定业务纳税调整明细表（见表 5-31）。

表 5-31 视同销售和房地产开发企业特定业务纳税调整明细表　　　金额单位：万元

行次	项目	税收金额	纳税调整金额
		1	2
1	一、视同销售（营业）收入（2+3+4+5+6+7+8+9+10）	—	—
2	（一）非货币性资产交换视同销售收入	—	—
3	（二）用于市场推广或销售视同销售收入	—	—
4	（三）用于交际应酬视同销售收入	—	—
5	（四）用于职工奖励或福利视同销售收入	—	—
6	（五）用于股息分配视同销售收入		

行次	项目	税收金额	纳税调整金额
		1	2
7	（六）用于对外捐赠视同销售收入	—	—
8	（七）用于对外投资项目视同销售收入	—	—
9	（八）提供劳务视同销售收入	—	—
10	（九）其他	—	—
11	二、视同销售（营业）成本（12+13+14+15+16+17+18+19+20）	—	—
12	（一）非货币性资产交换视同销售成本	—	—
13	（二）用于市场推广或销售视同销售成本	—	—
14	（三）用于交际应酬视同销售成本	—	—
15	（四）用于职工奖励或福利视同销售成本	—	—
16	（五）用于股息分配视同销售成本	—	—
17	（六）用于对外捐赠视同销售成本	—	—
18	（七）用于对外投资项目视同销售成本	—	—
19	（八）提供劳务视同销售成本	—	—
20	（九）其他	—	—
21	三、房地产开发企业特定业务计算的纳税调整额（22-26）	−300.00	−300.00
22	（一）房地产企业销售未完工开发产品特定业务计算的纳税调整额（24-25）	—	—
23	1. 销售未完工产品的收入		*
24	2. 销售未完工产品预计毛利额		—
25	3. 实际发生的税金及附加、土地增值税		
26	（二）房地产企业销售的未完工产品转完工产品特定业务计算的纳税调整额（28-29）	300.00	300.00
27	1. 销售未完工产品转完工产品确认的销售收入	4 000.00	*
28	2. 转回的销售未完工产品预计毛利额	600.00	600.00
29	3. 转回实际发生的税金及附加、土地增值税	300.00	300.00

（3）填写 A105000 纳税调整项目明细表（见表5-32）。

表5-32　纳税调整项目明细表　　　　　　　　　　　　　金额单位：万元

行次	项目	账载金额	税收金额	调增金额	调减金额
		1	2	3	4
1	一、收入类调整项目（2+3+…8+10+11）	*	*	—	—
2	（一）视同销售收入（填写 A105010）	*	—	—	*

续表

行次	项目	账载金额	税收金额	调增金额	调减金额
		1	2	3	4
3	（二）未按权责发生制原则确认的收入（填写A105020）	—	—	—	—
4	（三）投资收益（填写A105030）	—	—	—	—
5	（四）按权益法核算长期股权投资对初始投资成本调整确认收益	*	*	*	
6	（五）交易性金融资产初始投资调整	*	*		*
7	（六）公允价值变动净损益		*	—	
8	（七）不征税收入	*	*		
9	其中：专项用途财政性资金（填写A105040）	*	*	—	—
10	（八）销售折扣、折让和退回			—	—
11	（九）其他				
12	二、扣除类调整项目（13+14+…24+26+27+28+29+30）	*	*	30.00	20.00
13	（一）视同销售成本（填写A105010）	*	—	*	
14	（二）职工薪酬（填写A105050）	—	—	—	—
15	（三）业务招待费支出	60.00	30.00	30.00	*
16	（四）广告费和业务宣传费支出（填写A105060）	*	*	—	20.00
17	（五）捐赠支出（填写A105070）	—	—	—	—
18	（六）利息支出			—	—
19	（七）罚金、罚款和被没收财物的损失		*		*
20	（八）税收滞纳金、加收利息		*		*
21	（九）赞助支出		*	—	*
22	（十）与未实现融资收益相关在当期确认的财务费用			—	—
23	（十一）佣金和手续费支出（保险企业填写A105060）	—	—	—	—
24	（十二）不征税收入用于支出所形成的费用	*	*		*
25	其中：专项用途财政性资金用于支出所形成的费用（填写A105040）	*	*	—	*
26	（十三）跨期扣除项目			—	—
27	（十四）与取得收入无关的支出		*		*
28	（十五）境外所得分摊的共同支出	*	*	—	*

续表

行次	项目	账载金额	税收金额	调增金额	调减金额
		1	2	3	4
29	（十六）党组织工作经费			—	—
30	（十七）其他			—	—
31	三、资产类调整项目（32+33+34+35）	＊	＊		
32	（一）资产折旧、摊销（填写 A105080）	—	—		
33	（二）资产减值准备金		＊		
34	（三）资产损失（填写 A105090）	＊	＊		
35	（四）其他			—	—
36	四、特殊事项调整项目（37+38+…+43）	＊	＊	—	300.00
37	（一）企业重组及递延纳税事项（填写 A105100）	—	—	—	—
38	（二）政策性搬迁（填写 A105110）	＊	＊		
39	（三）特殊行业准备金（39.1+39.2+39.4+39.5+39.6+39.7）	＊	＊		
39.1	1. 保险公司保险保障基金			—	—
39.2	2. 保险公司准备金			—	—
39.3	其中：已发生未报案未决赔款准备金			—	—
39.4	3. 证券行业准备金			—	—
39.5	4. 期货行业准备金			—	—
39.6	5. 中小企业融资（信用）担保机构准备金			—	—
39.7	6. 金融企业、小额贷款公司准备金（填写 A105120）	＊	＊		
40	（四）房地产开发企业特定业务计算的纳税调整额（填写 A105010）	＊	−300.00	—	300.00
41	（五）合伙企业法人合伙人应分得的应纳税所得额			—	—
42	（六）发行永续债利息支出				
43	（七）其他	＊	＊		
44	五、特别纳税调整应税所得	＊	＊		
45	六、其他	＊	＊		
46	合计（1+12+31+36+44+45）	＊	＊	30.00	320.00

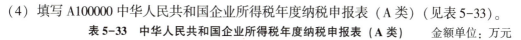

（4）填写 A100000 中华人民共和国企业所得税年度纳税申报表（A 类）（见表 5-33）。

表 5-33　中华人民共和国企业所得税年度纳税申报表（A 类）　　金额单位：万元

行次	类别	项目	金额
1	利润总额计算	一、营业收入（填写 A101010＼101020＼103000）	10 000.00
2		减：营业成本（填写 A102010＼102020＼103000）	3 806.40
3		减：税金及附加	450.00
4		减：销售费用（填写 A104000）	100.00
5		减：管理费用（填写 A104000）	120.00
6		减：财务费用（填写 A104000）	—
7		减：资产减值损失	
8		加：公允价值变动收益	
9		加：投资收益	
10		二、营业利润（1-2-3-4-5-6-7+8+9）	5 523.60
11		加：营业外收入（填写 A101010＼101020＼103000）	—
12		减：营业外支出（填写 A102010＼102020＼103000）	—
13		三、利润总额（10+11-12）	5 523.60
14	应纳税所得额计算	减：境外所得（填写 A108010）	—
15		加：纳税调整增加额（填写 A105000）	30.00
16		减：纳税调整减少额（填写 A105000）	320.00
17		减：免税、减计收入及加计扣除（填写 A107010）	—
18		加：境外应税所得抵减境内亏损（填写 A108000）	—
19		四、纳税调整后所得（13-14+15-16-17+18）	5 233.60
20		减：所得减免（填写 A107020）	
21		减：弥补以前年度亏损（填写 A106000）	464.00
22		减：抵扣应纳税所得额（填写 A107030）	—
23		五、应纳税所得额（19-20-21-22）	4 769.60
24	应纳税额计算	税率（25%）	25%
25		六、应纳所得税额（23×24）	1 192.40
26		减：减免所得税额（填写 A107040）	—
27		减：抵免所得税额（填写 A107050）	—
28		七、应纳税额（25-26-27）	1 192.40
29		加：境外所得应纳所得税额（填写 A108000）	—
30		减：境外所得抵免所得税额（填写 A108000）	—
31		八、实际应纳所得税额（28+29-30）	1 192.40
32		减：本年累计实际已缴纳的所得税额	
33		九、本年应补（退）所得税额（31-32）	1 192.40

续表

行次	类别	项目	金额
34		其中：总机构分摊本年应补（退）所得税额（填写 A109000）	—
35		财政集中分配本年应补（退）所得税额（填写 A109000）	—
36		总机构主体生产经营部门分摊本年应补（退）所得税额（填写 A109000）	—
37	实际应纳税额计算	减：民族自治地区企业所得税地方分享部分：（□ 免征 □ 减征：减征幅度 %）	—
38		十、本年实际应补（退）所得税额（33-37）	1 192.40

任务思考与自测

1. 整理笔记，并通过查找和阅读其他资料，绘制本节课思维导图，厘清知识脉络。

2. 资料：飞天有限公司 2022 年财务数据见表 5-34。

表 5-34　收入与广告费情况　　　　　　　　　　金额单位：万元

项目	金额
主营业务收入	4 000
其他业务收入	1 900
营业外收入	500
视同销售收入	100
广告费与业务宣传费	1 200
其中：不符合规定的广告费和业务宣传费	100

要求：

（1）计算广告费的扣除限额及纳税调整金额。

（2）填写 A105060 广告费和业务宣传费等跨年度纳税调整明细表。

3. 阅读微信公众号"金信财税社"发表的《点进来｜5 个案例 5 种情况 教你填报企业所得税汇算清缴》（https://mp.weixin.qq.com/s/okDyi2_ EYmTEHj4hZ_ AoIg），自学汇算清缴其他表格的填写，养成自主学习、拓展内化知识的能力。

项目三　诚实守信：企业所得税的税务筹划

📝 **项目认知目标**

> ○ 能够描述税务筹划的概念和原则。
> ○ 能够厘清税务筹划的一般思路。
> ○ 准确阐述企业所得税税务筹划的方法和要点。

📍 **项目技能目标**

> ○ 通过模块学习，能够提出企业所得税税务筹划思路。
> ○ 通过模块学习，能够独立完成企业所得税税务筹划方案。

🎯 **项目价值目标**

> ○ 理解国家依据人民中心理念，按照公平合理、涵养税源的要求，通过一系列税收优惠政策，为服务纳税人复工复产所做出的努力。
> ○ 理解税收为国家"集中力量办大事"所做的贡献，感受税务精神，树立诚信纳税、兴税强国的职业品质。

💠 **导入案例**

企业所得税纳税筹划的基本原则有哪些？

（1）筹划过程必须合法，不得越过法律的鸿沟。这是纳税筹划的底线。它不得超出我国相关法律规定的范畴，按照当局战略手段来对公司的相关活动进行灵活的事先安排，从而削减所缴税款并且以满足企业整体效益最大化为最终目标。纳税人员只有深刻理解税法，对税法政策有深层次的研究，税收规划才能得以顺利实施并取得相应效果，不然税收规划就会成为一种变相违法行为，会受到法律严厉的处罚。

（2）税务筹划遵循弹性原则，要随机应变。企业在主要业务开展之前，要分析和研究当前相关税收政策。由于税收规划是事先计划的，而营业过程中又将会面临各种新的突发情况，特别是国家税收政策会随着市场经济的变化发生变化，从而增大筹划风险。

（3）税务筹划遵循规避风险原则，要建立风险应对机制。企业务必提前防范危机的发生，并且创设行之有效的规避制度。通过对各路信息的研究来了解国家税收政策的变动、市场的竞争环境、当前税务机关执法的力度以及各大单位的经营状况，从而可以根据市场规律预测即将到来的不同风险，进而采取有效的防范布控措施。

（4）税务筹划遵循成本效益原则，不能顾此失彼。任何事物都有两面性，税务策划方案亦是如此。如若税务策划方案获得圆满成功，纳税人则在获得了减少税负好处的同时，不可避免地会发生一些费用，而且还有可能为使用该方案付出一定的机会成本。所以在选择筹划方案时尽可能选择简单易行、行之有效的途径，从而达到降低筹划成本、获取最大的经济效益的目的。

要求：请同学们阅读相关资料，领会企业所得税税务筹划的原则，讨论如何养成诚信纳税的职业品质。

 5.15　小型微利企业税务筹划思路

一、税务筹划的方法

（一）通过纳税人身份筹划

企业所得税的纳税人分为居民企业和非居民企业。居民企业应就来源于中国境内、境外的全部所得纳税，承担全面纳税义务。非居民企业一般情况下只就其来源于我国境内的所得纳税，承担有限纳税义务。

方案1：外资若在中国境内设立具有法人资格的企业，包括中外合资企业、中外合作企业和外资企业，就会成为中国的居民纳税人，对在中国境内注册的企业的境内、境外所得全部在中国纳税。

方案2：外资若设立外国企业的分支机构，成为中国的非居民纳税人，其纳税义务就会不同，仅就其来源于中国境内的所得以及发生在中国境外但与其所设机构、场所有实际联系的所得，缴纳企业所得税。

（二）通过企业组织形式筹划

1. 公司制企业与非公司制企业的筹划

企业组织形式一般分为三类，公司企业、合伙企业和独资企业。企业分为法人企业和非法人企业，法人企业也叫公司制企业；非法人企业就是自然人性质的企业，主要指的是个人独资企业、合伙企业和个体户。法人企业需缴纳企业所得税，非法人企业缴纳个人所得税——经营所得。

方案1：若设立具有法人资格的公司制企业，就会面临双重纳税的责任，即企业在获利时要缴纳一次企业所得税，在将税后利润分配给自然人股东时还要缴纳一次个人所得税，造成双重征税。此时，公司按照应纳税所得额的25%缴纳企业所得税，股东按照剩余部分的20%缴纳个人所得税，也就是75%×20%=15%，此时，企业所得税税负约达40%（25%+15%）。

方案2：若设立个人独资企业或合伙企业，则仅需要缴纳个人所得税，不需缴纳企业所得税。

2. 子公司与分公司的筹划

子公司是独立法人，如果盈利或亏损，均不能并入母公司利润，应当作为独立的居民企业单独缴纳企业所得税。分公司不是独立法人，不属于所得税的居民企业，其实现的利润或亏损应当并入总公司，由总公司汇总纳税。

方案1：如果设立子公司，在子公司处微利情况下，子公司可以享受小微企业优惠政策，使集团公司整体税负降低，并且子公司向母公司分配现金股利或利润时，还可以享受免税政策。

方案2：如果设立分公司，如果分公司是微利，总公司就其实现的利润在缴纳所得税时，不能减少公司的整体税负；如果分公司是亏损，则可抵减总公司的应纳税所得额，在巨额处亏损情况下，能够达到降低总公司的整体税负的目标。

因此，企业投资设立下属公司，当下属公司处微利情况下，企业应选择设立子公司的组织形式；当下属公司处亏损情况下，企业应选择设立分公司的组织形式。

（三）通过企业分立进行筹划

1. 通过新设分立的筹划

新设分立是指一个公司将其全部财产分割，解散原公司，组成两个或两个以上的新公司。通过这种分立，可以把一个企业分解成若干新企业，新设企业如果满足小型微利企业条件，可以享受小微企业优惠政策；如果符合高新企业条件，则可以享受高新企业15%的优惠税率。

2. 通过派生分立的筹划

派生分立是指一个公司将一部分财产或营业依法分出，成立两个或两个以上公司的行为。通过这种分立，可以将企业某个特定部门分立出去，成为一个独立的子公司。新成立公司可以享受小型微利企业优惠政策，符合要求还可以享受更低的企业所得税税率。

3. 增加企业集团内部销售环节进行筹划

增加企业集团内部销售环节，扩大母公司销售额，增加可以税前扣除的费用，比如业务招待费等限额扣除费用，从而达到节税目的。

（四）通过投资产业方向等税收优惠进行筹划

国家为鼓励和扶持高新技术发展，出台一系列税收优惠政策。例如对符合条件的技术转让所得免征、减征企业所得税，对高新技术企业减按15%税率征税，对企业的研发费用加计扣除，等等。企业在进行产业投资时，考虑利用自身优势或者资源进行相关技术创新或产品研发，在提升市场竞争力的同时降低企业税负。

筹划思路：集团公司可以集中力量将 X 公司打造成高新技术企业（例如将相关研发项目放在 X 公司，将研发人员、研发经费归集在 X 公司），再将其他公司的盈利项目整合到 X 公司，使得 X 公司应纳税所得额提高至 3 000 万元，则集团可以少缴纳企业所得税 = 3 000×（25%−15%）= 300（万元）。

二、小型微利企业所得税税务筹划

 5.16　小型微利企业所得税税务筹划案例（一）

将企业年应纳税所得额控制在 300 万元以内，可以享受小型微利企业的所得税优惠政策，控制应纳税所得额的方式主要有：业务推迟、公益捐赠、固定资产一次性扣除、费用提前、业务拆分、加计扣除等。

（一）通过业务推迟，符合小型微利企业的标准

【案例 5−14】资料：飞天航空公司截至 2022 年 11 月 30 日，已实现利润约 250 万元。预计 12 月将会获得利润 40 万元。近日业务部接到一笔临时订单，利润大约 15 万元。

（1）筹划思路：业务部将该笔临时订单推迟到 2023 年 1 月。

（2）筹划效果：

①筹划前的利润总额：250+40+15 = 305（万元）。

305 万元>300 万元，不符合小型微利企业的标准，不能享受小型微利企业的减半征收的税收优惠，因此适用 25% 的税率。

筹划前缴纳企业所得税：305×25% = 76.25（万元）。

②筹划后利润总额：250+40 = 290（万元）。

290 万元<300 万元，符合小型微利企业标准，享受小型微利企业减半征收的税收优惠政策。

筹划后缴纳企业所得税：100×2.5% = 2.5（万元），190×5% = 9.5（万元）；合计 12 万元。

③经过筹划后节约企业所得税：76.25−12 = 64.25（万元）。

（二）通过公益性捐赠，符合小型微利企业标准

【案例 5−15】资料：飞天航空公司截至 2022 年 11 月 30 日，已实现利润约 250 万元。预计 12 月将会获得利润 55 万元。

（1）筹划思路：企业所得税的筹划思路是将 6 万元现金捐给社会公益性组织。该捐款按利润 12% 以内可全部（305×12% = 36.6 万元）税前扣除，应税利润就是 299 万元（250+55−6 = 299 万元）。

（2）筹划效果：

①筹划前的利润总额：250+55 = 305（万元）。

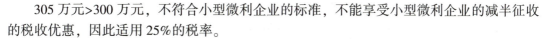

305 万元>300 万元，不符合小型微利企业的标准，不能享受小型微利企业的减半征收的税收优惠，因此适用 25% 的税率。

筹划前缴纳企业所得税：305×25%＝76.25（万元）。

②筹划后利润总额：250+55−6＝299（万元）。

299 万元<300 万元，符合小型微利企业的标准，享受小型微利企业的减半征收税收优惠。

筹划后缴纳企业所得税：100×2.5%＝2.5（万元），199×5%＝9.95（万元），合计2.5+9.95＝12.45（万元）。

③经过筹划后节约企业所得税：76.25−12.45＝63.8（万元）。

（三）利用固定资产一次性扣除优惠政策，符合小型微利企业标准

【案例 5−16】资料：飞天航空公司预计 2022 年应纳税所得额 500 万元，企业所得税按规定要缴纳 125 万元，公司规划将于 2023 年购买大批设备进行扩大生产规模；人员及资产方面符合小型微利企业条件。

（1）筹划思路：将扩大再生产购买设备计划提前，于 11 月购买不含税 200 万元的机器设备。一次性折旧扣除使应纳税所得额下降到 300 万元，符合小型微利企业条件，依法享受所得税优惠政策。

5.17　小型微利企业所得税税务筹划案例（二）

（2）筹划效果：

①筹划前 500 万元大于 300 万元，不符合小型微利企业税收优惠标准。

缴纳企业所得税：500×25%＝125（万元）。

②筹划后享受小型微利企业减半征收的税收优惠政策。

缴纳企业所得税：100×2.5%＝2.5（万元），200×5%＝10（万元），共计 2.5+10＝12.5（万元）。

③经过筹划后节约企业所得税：125−12.5＝112.5（万元）。

（四）利用费用提前确认，符合小型微利企业标准

【案例 5−17】资料：飞天航空公司 2022 年资产总额为 5 002 万元，平均职工人数为200 人，利润总额 305 万元，初步估算所得税汇算清缴时的应纳税所得为 302 万元。

（1）筹划思路：按照企业所得税法规定的小型微利企业指标要求，飞天航空公司有二项指标不满足，即资产总额超过了 5 000 万元，利润超过 300 万元并且超过得不多（2 万元），导致企业不能享受小微企业优惠政策。

将未来支付的费用提前用货币资金支付，例如提前支付广告费 3 万元。这样应纳税所得额变为 299 万元，资产总额由 5 002 万元变成了 4 999 万元，筹划后使企业符合小型微利企业的税收优惠标准，从而合法地享受优惠税率。

（2）筹划效果：

①筹划前：302 万元>300 万元，不能享受小型微利企业减半征收税收优惠政策。

缴纳企业所得税：302×25%＝75.5（万元）。

②筹划后：享受税收优惠政策。

缴纳企业所得税：100×2.5%＝2.5（万元），199×5%＝9.95（万元），合计2.5＋9.95＝12.45（万元）。

③经过筹划后节约企业所得税：75.5－12.45＝63.05（万元）。

（五）利用业务拆分，符合小型微利企业标准

【案例5-18】 资料：飞天航空公司主要经营工程承包建筑、安装和各种建筑装饰劳务，2022年度预计实现应纳税所得额700万元，其中建筑、安装和装饰劳务的年度应纳税所得额分别为250万元、180万元、270万元。企业有职工人数400人，资产总额为6 000万元。公司2022年度的企业应纳所得税为700×25%＝175（万元）。

（1）筹划思路：把飞天航空公司进行拆分，设立甲、乙和丙三个独立的公司，其中甲对乙和丙实行100%控股，三者分别经营建筑、安装和装饰业务。其中甲、乙和丙三个公司的年职工人数分别为150人，130人，120人。资产总额各自为2 000万元。

根据筹划方案，甲、乙和丙符合小型微利企业的标准，可以享受小型微利企业税收优惠。

（2）筹划效果：

①筹划前700万元>300万元，不符合小型微利企业税收优惠标准。

缴纳企业所得税：700×25%＝175（万元）。

②筹划分拆后甲、乙和丙2022年度的企业所得税分别为：

甲的企业所得税：100×2.5%+150×5%＝10（万元）。

乙的企业所得税：100×2.5%+80×5%＝6.5（万元）。

丙的企业所得税：100×2.5%+170×5%＝11（万元）。

筹划后缴纳企业所得税：10+6.5+11＝27.5（万元）。

③经过筹划后节约企业所得税：175－27.5＝147.5（万元）。

（六）利用加计扣除，符合小型微利企业标准

【案例5-19】 资料：飞天航空公司预计2022年应纳税所得额为600万元。该公司2022年第三季度发生研发支出420万元。

（1）筹划思路：可以考虑将开发新技术、新产品和新工艺的研发费用归集，将420万元费用归集为研发费用，按规定可加计扣除315万元（420×75%），应纳税所得额下降到285万元（600-315），符合小型微利企业标准，可享受小型微利企业所得税优惠。注意：2022年10月到12月，研发费用可加计扣除100%。

（2）筹划效果：

①筹划前600万元>300万元，不符合税收优惠政策。

缴纳企业所得税：600×25%＝150（万元）。

②筹划后符合税收优惠政策。

$$600-420×75%＝285（万元）$$

285万元小于300万元，符合小型微利企业标准，享受小型微利企业税收优惠政策。

缴纳企业所得税：100×2.5%＝2.5（万元），185×5%＝9.25（万元），合计2.5＋9.25＝11.75（万元）。

③经过筹划后节约企业所得税：150－11.75＝138.25（万元）。

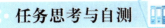

任务思考与自测

1. 整理笔记，并通过查找和阅读其他资料，绘制本节课思维导图，厘清知识脉络。

2. 阅读微信公众号"合信财税通"微信推文《重磅消息：房地产企业所得税税负9个税务筹划点！总分机构的税务处理！》凝练房地产企业所得税的税务筹划方法。（https://mp.weixin.qq.com/s/Hg_ndMdy028_deIcphHRCA）

3. 阅读微信公众号"北坪优教"微信推文《企业所得税税务筹划4大原则，千万不能越过这些红线！》，学习薪酬、运杂费、劳务费、广宣费等项目的税务筹划思路，领会税务筹划原则，感受税务筹划风险。（https://mp.weixin.qq.com/s/cLzbHUTllV0Xwh-nYcRRiA）

课程前沿 发展视角谈 2023 企业所得税税收优惠变化

阅读与思考

5.18 发展视角谈 2023 企业所得税税收优惠变化

一、梳理 2022 年年底到期的税收优惠政策

思考：搜集资料，梳理哪些税收优惠政策即将过期，梳理即将过期但 2022 年度汇算清缴仍可以享受的税收优惠政策。

关注 2022 年到期的所得税优惠政策

二、从存续的税收优惠政策中感受国家战略导向和产业布局调整

思考：通过梳理存续的税收优惠政策，领会国家战略导向和产业布局调整。

关注所得税优惠政策与国家战略导向和产业布局调整

认知情境六
个人所得税纳税申报与筹划

情境学习目标

○ 能够理解个人所得税改革历程和征收意义。能够描述个人所得税的概念、征税范围、纳税人类型、税率及计税方法等基础知识。

○ 具备综合运用个人所得税的法律规范完成个人所得税纳税预扣预缴和汇算清缴的能力，具备综合运用个人所得税知识进行税务筹划的能力。

○ 体会国家秉承量能课税的原则，在精准调节收入分配、推动实现"幼有所育、学有所教、病有所医、住有所居、老有所养"方面的靶向调节作用；准确吃透优惠政策内容，独立制定税务筹划方案，自觉养成诚信纳税的职业素养和合理评价、分析税务风险，制定税务筹划方案的能力；关注个人所得税法的变革情况，对未来几年个人所得税立法趋势有准确的把握，具备及时更新知识、自主学习、独立思考的能力。

情境工作任务

根据企业的实际情况，完成以下工作任务：

○ 确定个人所得税的征税范围、税目、税率及应纳税额的计算，做好知识储备。

○ 根据个人所得税的特点，熟悉代扣代缴流程和个人所得税 App 的汇算清缴功能，规范纳税申报流程，锻炼实操能力。

○ 明确税务会计岗位职能，具备税务会计工作的认知态度和团队理念。

情境结构图

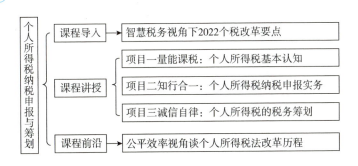

课程导入 智慧税务视角下 2022 个税改革要点

 阅读与思考

6.1 智慧税务视角下 2022 个税改革要点

一、2022 年度个税专项附加扣除项目扩围

思考：搜集资料，梳理 2022 年度个税专项附加扣除扩围新政，体会国家为保障"上有老，下有小"做出的税收规划。

个税专项附加扣除扩围新政

二、理解个人所得税 App 的主要功能

思考：个人所得税 App 是国家税务总局 2018 年推出的税收管理、个人所得税申报系统手机应用，请搜集资料，描述经过 2019 年和 2022 年个人所得税 App 功能更新，个人所得税 App 目前功能有哪些，体会智慧税务发展带来的便利。

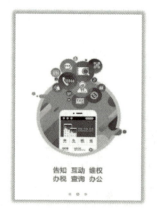

个税 App

项目一 量能课税：个人所得税基本认知

项目认知目标

○ 准确识别个人所得税的居民纳税人和非居民纳税人，准确描述不同纳税人的征税范围。

○ 准确阐释个人所得税综合与分类相结合的税制结构，准确描述不同征收方式之下应纳税所得额的计算公式。

○ 准确理解2018年个人所得税法优化调整目的和意义，把握个税改革的方向和趋势。

项目技能目标

○ 通过个人所得税基本认知模块学习，深化对居民纳税人和非居民纳税人划分标准和纳税义务的理解。

○ 通过个人所得税基本认知模块的学习，强化个人所得税税目、税率、计税方法的应用能力。

项目价值目标

○ 体会国家秉承量能课税的原则，综合考虑纳税人收入和支出的差异性，聚焦教育、医疗、住房、养老等老百姓最关心、最现实的民生利益问题，推进个税改革的决心。

○ 感受个税在精准调节收入分配、推动实现"幼有所育、学有所教、病有所医、住有所居、老有所养"方面的靶向调节作用。

○ 关注个人所得税法的变革情况，对未来几年个人所得税立法趋势有准确的把握，具备及时更新知识、自主学习、独立思考的能力。

◈ 导入案例

二十大指引下个人所得税未来改革方向

近 10 年，我国居民收入差距呈现缩小态势，基尼系数从 2012 年的 0.474 降低到 2021 年的 0.466，但居民收入差距仍然较大。

2019 年，个人所得税从分类课征转变为综合与分类混合课征，基本减除费用标准较大幅度提升，扩大 3%、10%、20% 三档低税率的级距和缩小 25% 税率的级距，引入 6 项专项附加扣除等。2022 年，增设 3 岁以下婴幼儿照护个人所得税专项附加扣除。这些新举措有助于降低纳税人税负，同时也能更好发挥个人所得税的调节收入分配职能。

党的二十大报告对财税改革的要求是："健全现代预算制度，优化税制结构，完善财政转移支付体系。"税制结构可具体化为直接税与间接税之间的比例关系。个人所得税属于直接税，其规模大小的变化，将直接影响直接税与间接税之间的比例关系。党的二十大报告提出"完善分配制度"，则直接涉及深化个人所得税改革。比如，党的二十大报告提出"加大税收、社会保障、转移支付等的调节力度。完善个人所得税制度，调节过高收入"。

在调节收入分配方面，个人所得税是一个具有潜力的税种。进一步优化个人所得税制度，当前大致有三条主线：一是适当扩大综合所得征税范围；二是优化税率结构；三是完善专项附加扣除项目。通过深化个人所得税改革，定向发力，进而不断强化其调节收入分配职能，并使之能更好地与社会保障、转移支付手段有机结合，发挥政策聚合作用，加大调节收入力度，有助于"提低、扩中、调高"，推动居民收入差距保持在合理区间，实现共同富裕目标。

整理自微信公众号"税务研究"推文《多元目标下深化个人所得税改革的思考》。（https://mp.weixin.qq.com/s/prZeRefN_ j-pFtlOZt9jig）

要求： 请同学们搜集相关资料，讨论个人所得税未来改革趋势。

任务一　量力而征：个人所得税前世今生

一、个人所得税在我国的开征历程

个人所得税是以个人（自然人）取得的各项应税所得为征税对象所征收的一种税。中华人民共和国成立后，企业所得税法的变革经历过以下几个阶段。

（1）1993 年 10 月，初步建立内外统一的个人所得税制，规定所有中国居民和有来源于中国所得的非居民，均应依法缴纳个税。

（2）2005 年 10 月，第一次提高了个税免征额，个税免征额由 800 元提高至 1 600 元，于 2006 年 1 月 1 日起施行。

（3）2007 年 12 月，第二次提升个税免征额，个税免征额由 1 600 元提高到 2 000 元，自 2008 年 3 月 1 日起施行。

（4）2011 年 6 月，免征额从 2 000 元提高到 3 500 元，自 2011 年 9 月 1 日起施行。

（5）2018 年 8 月，个税起征点从 3 500 元提高到 5 000 元，扩大 3%、10%、20% 三档

低税率的级距，缩小 25% 税率级距，30%、35%、45% 三档较高税率级距不变。2018 年 10 月 1 日起施行最新起征点和税率。

（6）2019 年 1 月，个人所得税专项附加扣除等优惠正式实施。专项附加扣除，包括子女教育、继续教育、大病医疗、住房贷款利息或者住房租金、赡养老人等 6 项支出。

（7）2022 年 3 月，国务院决定设立 3 岁以下婴幼儿照护个人所得税专项附加扣除，自 2023 年 1 月 1 日起实施。

二、个人所得税的特点

（一）综合与分类相结合

我国实行综合与分类相结合的税制。综合征收是指将纳税人的全部所得合并起来，减去扣除费用后，适用一定的税率征税。分类征收是指将纳税人各种来源不同、性质不同的所得进行分类，分别扣除费用，采用不同的税率征税。

（1）将居民纳税人取得的工资薪金、劳务报酬、稿酬和特许权使用费四项所得计入综合所得，实行按年征收、分月或分次预扣预缴。对经营所得、财产转让所得、财产租赁所得、利息股息、红利所得、偶然所得实行分类征收。

（2）对非居民纳税人取得的各项所得采用分类征收。

（二）累计与比例税率相结合

累计税率，是指税率是不固定的，所得越多，税率越高，交的税就越多。比例税率，税率是固定的，无论所得多少，均适用同一个比例缴税。

（1）对综合所得和经营所得，采用累进税率，实行量能负担。

（2）对财产转让所得、财产租赁所得、利息股息、红利所得和偶然所得，采用比例税率，实行等比负担。

（三）费用扣除额较宽

费用扣除本着从宽从简的原则。综合所得，实行每月扣除 5 000 元、即每年 6 万元的标准，还有 7 项专项附加扣除。在分类所得中也有多个扣除项目。

（四）扣缴与自行申报相结合

对纳税人的应纳税额分别采取由支付单位源泉扣缴和纳税人自行申报两种方法。

（1）个人所得税以所得人为纳税人，以支付所得的单位或者个人为扣缴义务人。

（2）对居民纳税人取得的综合所得，有扣缴义务人的，由扣缴义务人按月或者按次预扣预缴税款，按年计征个人所得税。

任务思考与自测

1. 整理笔记，并通过查找和阅读其他资料，绘制本节课思维导图，厘清知识脉络。

2. 阅读微信公众号"中国经济时报"微信推文《刺激消费 新一轮个税改革提上日程》，进一步领会个人所得税改革趋势。（https://mp.weixin.qq.com/s/Qdp-JmilZAA4T-QR1nSkWA）

任务二　能者多劳：个人所得税基础知识

一、个人所得税纳税人

6.2　个人所得税基本认知

个人所得税是以个人（含个体工商户、个人独资企业、合伙企业中的个人投资者、承租承包者个人）取得的各项应税所得为征税对象所征收的一种税。按照住所和居住时间两个标准，个人所得税纳税人可划分为居民个人和非居民个人，如图6-1所示。

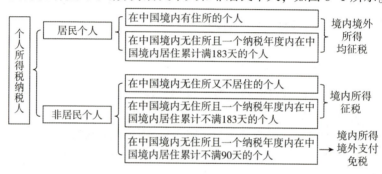

图6-1　个人所得税纳税人

二、个人所得税征税范围

《中华人民共和国个人所得税法》列举征税的个人所得共有九项，四项综合所得，五项分类所得，如图6-2所示。

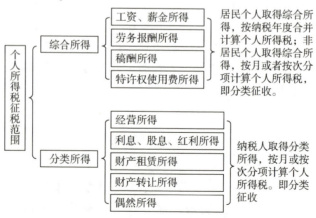

图6-2　个人所得税征税范围

三、个人所得税税率

个人所得税采用累计与比例税率相结合的方式，如图 6-3 所示。

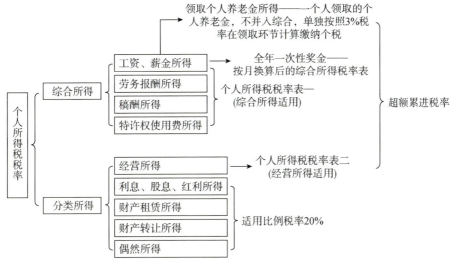

图 6-3 个人所得税税率

（1）综合所得适用 3%~45% 的七级超额累进税率（见表 6-1）。

表 6-1 个人所得税税率表一（综合所得适用）

级数	全月应纳税所得额	税率/%	速算扣除数
1	不超过 36 000 元的部分	3	0
2	超过 36 000 元至 144 000 元的部分	10	2 520
3	超过 144 000 元至 300 000 元的部分	20	16 920
4	超过 300 000 元至 420 000 元的部分	25	31 920
5	超过 420 000 元至 660 000 元的部分	30	52 920
6	超过 660 000 元至 960 000 元的部分	35	85 920
7	超过 960 000 元的部分	45	181 920

（2）经营所得适用 5%~35% 的五级超额累进税率（见表 6-2）。

表 6-2 个人所得税税率表二（经营所得适用）

级数	全年应纳税所得额	税率/%	速算扣除数
1	不超过 30 000 元的部分	5	0
2	超过 30 000 元至 90 000 元的部分	10	1 500
3	超过 90 000 元至 300 000 元的部分	20	10 500
4	超过 300 000 元至 500 000 元的部分	30	40 500
5	超过 500 000 元的部分	35	65 500

（3）综合所得月度预扣预缴。

居民个人分月或分次取得工资、薪金所得，劳务报酬所得，稿酬所得，特许权使用费所得时，支付单位预扣预缴个人所得税。其中，工资、薪金所得适用3%～45%的七级超额累进预扣率（见表6-3）；劳务报酬所得适用20%～40%的三级超额累进预扣率（见表6-4）；稿酬所得、特许权使用费所得适用20%的比例预扣率。

表6-3　个人所得税税率表三（居民个人工资薪金所得预扣预缴适用）

级数	累计预扣预缴应纳税所得额	预扣率/%	速算扣除数
1	不超过36 000元的部分	3	0
2	超过36 000元至144 000元的部分	10	2 520
3	超过144 000元至300 000元的部分	20	16 920
4	超过300 000元至420 000元的部分	25	31 920
5	超过420 000元至660 000元的部分	30	52 920
6	超过660 000元至960 000元的部分	35	85 920
7	超过960 000元的部分	45	181 920

表6-4　个人所得税税率表四（居民个人劳务报酬所得预扣预缴适用）

级数	预扣预缴应纳税所得额	预扣率/%	速算扣除数
1	不超过20 000元的部分	20	0
2	超过20 000元至50 000元的部分	30	2 000
3	超过50 000元的部分	40	7 000

（4）非居民个人适用税率表。

非居民个人取得工资、薪金所得，劳务报酬所得，稿酬所得，特许权使用费所得分所得项目按月或按次计算个人所得税，统一适用3%～45%的七级超额累进税率（见表6-5）。

表6-5　个人所得税税率表五

（非居民个人工资、薪金所得，劳务报酬所得，稿酬所得，特许权使用费所得适用）

级数	应纳税所得额	税率/%	速算扣除数
1	不超过3 000元的部分	3	0
2	超过3 000元至12 000元的部分	10	210
3	超过12 000元至25 000元的部分	20	1 410
4	超过25 000元至35 000元的部分	25	2 660
5	超过35 000元至55 000元的部分	30	4 410
6	超过55 000元至80 000元的部分	35	7 160
7	超过80 000元的部分	45	15 160

注：此税率表相当于综合所得月度税率表，适用全年一次性奖金单独计税方式。

四、应纳税所得额

（一）综合所得年度应纳税所得额

年度应纳税所得额=综合所得-扣除项目，如图6-4所示。

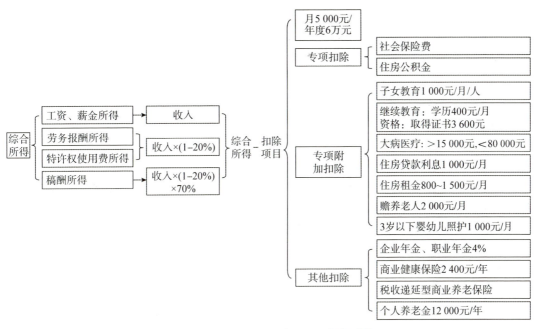

图 6-4　综合所得年度应纳税所得额计算

（二）分类所得的应纳税所得额

1. 经营所得

经营所得是指每一纳税年度的收入总额减除成本、费用以及损失后的余额。自 2022 年 1 月 1 日起，对个人养老金实施递延纳税优惠政策。在缴费环节，个人向个人养老金资金账户的缴费，按照 12 000 元/年的限额标准，在综合所得或经营所得中据实扣除。

2. 财产租赁所得

每次收入不超过 4 000 元的，减除费用 800 元；4 000 元以上的，减除 20% 的费用。

3. 财产转让所得

以转让财产的收入额减除财产原值和合理费用后的余额。

4. 利息、股息、红利所得和偶然所得

每次收入总额。

（三）非居民纳税人的应纳税所得额

非居民个人的工资、薪金所得每月收入额减除费用 5 000 元后的余额为应纳税所得额；非居民个人的劳务报酬所得、稿酬所得、特许权使用费所得，以每次收入额为应纳税所得额。

（四）公益性捐赠

财政部 税务总局公告 2019 年第 99 号规定，个人通过中华人民共和国境内公益性社会组织、县级以上人民政府及其部门等国家机关，向教育、扶贫、济困等公益慈善事业的捐赠，发生的公益捐赠支出，可以按照个人所得税法有关规定在计算应纳税所得额时扣除。

1. 扣除标准

对于个人捐赠，有30%扣除和全额扣除两种方式。

（1）30%扣除的情形。

《中华人民共和国个人所得税法》规定："个人将其所得对教育、扶贫、济困等公益慈善事业进行捐赠，捐赠额未超过纳税人申报的应纳税所得额30%的部分，可以从其应纳税所得额中扣除。"

（2）全额扣除的情形。

全额扣除的情形包括但不限于下列情形。

①对个人通过非营利性的社会团体和政府部门向福利性、非营利性的民办养老机构的捐赠，在缴纳个人所得税前准予全额扣除。

②纳税人通过中国境内非营利的社会团体、国家机关向教育事业的捐赠，准予在个人所得税前全额扣除。

③个人捐赠北京2022年冬奥会、冬残奥会、测试赛的资金和物资支出可在计算个人应纳税所得额时予以全额扣除。

④个人通过公益性社会团体、县级以上人民政府及其部门向受灾地区的捐赠，允许在当年个人所得税前全额扣除。

⑤对企事业单位、社会团体和个人等社会力量，通过非营利性的社会团体和国家机关对公益性青少年活动场所（其中包括新建）的捐赠，在缴纳个人所得税前准予全额扣除。

⑥对企业、事业单位、社会团体和个人等社会力量，向中华健康快车基金会和孙冶方经济科学基金会、中华慈善总会、中国法律援助基金会和中华见义勇为基金会的捐赠，准予在个人所得税前全额扣除。

2. 计算公式

基本公式为：扣除限额=应纳税所得额×30%。

（1）居民个人的综合所得。

①按年综合征税年度综合所得扣除限额=（综合所得收入额−60 000−专项扣除−专项附加扣除−依法确定的其他扣除）×30%。

②按次单独计税。

$$每次单独计税扣除限额=每次单独计税应纳税所得额×30\%$$

（2）居民个人的分类所得。

①财产转让所得。

$$财产转让所得扣除限额=（转让收入−财产原值−合理费用）×30\%$$

②财产租赁所得，以一个月内取得的收入为一次。

每次所得减除税费后收入≤4 000元：

$$扣除限额=（收入−税费−租金−修缮费−800）×30\%$$

每次所得减除税费后收入>4 000元：

$$扣除限额=（收入−税费−租金−修缮费）×（1−20\%）×30\%$$

③利息、股息、红利所得和偶然所得。

利息、股息、红利所得，以支付利息、股息、红利时取得的收入为一次；偶然所得，以每次取得该项收入为一次。

$$每次扣除限额＝应纳税所得额×30\%$$

④经营所得。

若纳税人是居民个人，且有综合所得

$$扣除限额＝（收入－成本－费用－税金－损失）×30\%$$

若纳税人无综合所得：

扣除限额＝（收入－成本－费用－税金－损失－60 000－专项扣除－专项附加扣除－依法确定的其他扣除）×30%

（3）非居民个人取得所得。

$$每月工资薪金所得扣除限额＝（月工资薪金收入合计－5 000）×30\%$$

$$每次劳务报酬所得扣除限额＝每次劳务报酬收入×（1－20\%）×30\%$$

$$每次稿酬所得扣除限额＝每次稿酬收入×（1－20\%）×70\%×30\%$$

$$每次特许权使用费所得扣除限额＝每次特许权使用费所得×（1－20\%）×30\%$$

任务思考与自测

1. 整理笔记，并通过查找和阅读其他资料，绘制本节课思维导图，厘清知识脉络。

2. 阅读微信公众号"中国会计报"推文《个税变了！2022 年 1 月 1 日执行！（附最新最全的税率表、扣缴计算和申报方式）》，把握个人所得税纳税人、征税范围、收入确认、扣除项目等最新政策。

3. 阅读微信公众号"小颖言税"推文《例解个人所得税公益慈善事业捐赠的扣除》，把握个人所得税公益性捐赠的相关政策。（https://mp.weixin.qq.com/s/auHve0SjrwqwytQf3oOHyQ）

项目二　知行合一：个人所得税纳税申报实务

项目认知目标

○ 能够描述个人所得税 App 功能，分析其改进空间。

○ 准确描述自然人电子税务局（扣缴端）的功能，分析其改进空间。

○ 准确阐释个人所得税预扣预缴、汇算清缴、年终一次性奖金、公益性捐赠等情形下税款的计算。

项目技能目标

○ 通过个人所得税 App 模块学习，能够熟练操作个人所得税 App，能熟练填制自然人电子税务局（扣缴端）的申报信息。

○ 通过个人所得税申报案例模块学习，能够熟练进行个人所得税预扣预缴、汇算清缴、年终一次性奖金、公益性捐赠等情形下税款的计算。

项目价值目标

○ 理解国家运用"大智移云物区"等新信息技术，对个人所得税 App、自然人电子税务局（扣缴端）所做的优化实践，体会个人所得税办税流程的优化、办税负担的减轻和办税质效的提升。

○ 体会随着国家智慧税务管理体系的不断完善，个人所得税申报事宜日趋智能、简化的趋势，强化制度自信。

○ 紧跟税法变革步伐，及时更新知识，养成自主学习、独立思考的习惯。

 **导入案例**

个人与国家视角下的个人所得税

税收是调节收入、缩小贫富差距、实现共同富裕的手段，按期纳税是每个公民应尽的义务。缴纳个人所得税不论对于国家，还是对于公民个人，都有一定的好处。

对个人而言，个人所得税的作用主要有三。其一，缩小贫富差距。目前工资、薪金个人所得税使用累进税率，收入越高，对应税率越高，需要缴纳的税费越多；而低收入者，未达到个税起征点，则不用缴纳个人所得税。所以通过税收，能调节收入的差距。其二，作为授信证明。在银行个人信贷类业务审批时，往往会参考个人完税记录，缴纳个人所得税越高，越能提高个人的授信额度。其三，作为居住证、留学签证证明。办理居住证，需要提供最近连续 6 个月的个人所得税缴税证明；办理留学签证时，对于个体户、企业法人要求有完税证明，这可以证明法人或个人的财力水平。

对国家而言，个人所得税的作用主要有三。其一，征收个人所得税，可以增加国家财政收入。国家征收的个人所得税收入，占税收总量的 8.87% 左右，是财政收入的重要部分。其二，调节居民收入分配功能。通过个人所得税征收，可以促进收入公平，减少分配不公程度，逐步实现共同富裕。其三，自动稳定器的功能。在经济繁荣时期，个人所得税的增加速度超过个人收入的增加速度，可以遏制通货膨胀；在经济萧条时期，个人所得税减少的速度超过个人收入降低的速度，可以阻止通货紧缩。

综上所述，只有依法向政府纳税，政府才能利用财政收入，进行国防建设，维护国家安全，同时为广大群众提供公共产品和服务，例如基础设施、环境保护、文化设施、交通建设。因此，依法纳税是每个公民应尽的义务，只有依法纳税，我国经济发展才能越来越快，国力才能越来越强大。

要求：根据上述背景，请同学们搜集相关资料，谈一谈个人所得税的作用和意义。

任务一　以知促行：个人所得税申报案例

一、综合所得月度预扣预缴案例

【案例 6-1】资料：张总系某企业高管，2023 年每月应发工资均为 30 000 元，每月减除费用 5 000 元，"三险一金"等专项扣除 4 500 元，专项附加扣除共计 2 000 元，无每月减免收入及减免税额等其他情况。

要求：计算 2023 年 1—3 月预扣预缴税额。

1 月：（30 000−5 000−4 500−2 000）×3%＝555（元）

2 月：（30 000×2−5 000×2−4 500×2−2 000×2）×10%−2 520−555＝625（元）

3 月：（30 000×3−5 000×3−4 500×3−2 000×3）×10%−2 520−555−625＝1 850（元）

若张总全年无其他事项，则全年个人所得税动态计算表见表 6-6。

表6-6 个人所得税2023年动态计算表

单位：元

项目\月份	1	2	3	4	5	6	7	8	9	10	11	12
每月收入	30 000	30 000	30 000	30 000	30 000	30 000	30 000	30 000	30 000	30 000	30 000	30 000
减除费用	5 000	5 000	5 000	5 000	5 000	5 000	5 000	5 000	5 000	5 000	5 000	5 000
专项扣除	4 500	4 500	4 500	4 500	4 500	4 500	4 500	4 500	4 500	4 500	4 500	4 500
专项附加扣除	2 000	2 000	2 000	2 000	2 000	2 000	2 000	2 000	2 000	2 000	2 000	2 000
累计收入	30 000	60 000	90 000	120 000	150 000	180 000	210 000	240 000	270 000	300 000	330 000	360 000
累计减除费用	5 000	10 000	15 000	20 000	25 000	30 000	35 000	40 000	45 000	50 000	55 000	60 000
累计专项扣除	4 500	9 000	13 500	18 000	22 500	27 000	31 500	36 000	40 500	45 000	49 500	54 000
累计专项附加扣除	2 000	4 000	6 000	8 000	10 000	12 000	14 000	16 000	18 000	20 000	22 000	24 000
应纳税所得额	18 500	37 000	55 500	74 000	92 500	111 000	129 500	148 000	166 500	185 000	203 500	222 000
适用税率	3%	10%	10%	10%	10%	10%	10%	20%	20%	20%	20%	20%
速算扣除数	0	2 520	2 520	2 520	2 520	2 520	2 520	16 920	16 920	16 920	16 920	16 920
应纳税额	555	1 180	3 030	4 880	6 730	8 580	10 430	12 680	16 380	20 080	23 780	27 480
已缴税额	0	555	1 180	3 030	4 880	6 730	8 580	10 430	12 680	16 380	20 080	23 780
本月预缴	555	625	1 850	1 850	1 850	1 850	1 850	2 250	3 700	3 700	3 700	3 700

上述计算结果表明，由于 2 月份累计预扣预缴应纳税所得额为 37 000 元，已适用 10% 的税率，因此 2 月份和 3 月份应预扣预缴有所增高。由于 8 月份累计预扣预缴应纳税所得额为 148 000 元，已适用 20% 的税率，因此 8 月份和 9 月份应预扣预缴有所增高。

> **知识小百科**：2023 年 8 月 31 日，国发〔2023〕13 号公告发布，决定自 2023 年 1 月 1 日起，3 岁以下婴幼儿照护专项附加扣除标准，由每个婴幼儿每月 1 000 元提高到 2 000 元；子女教育专项附加扣除标准，由每个子女每月 1 000 元提高到 2 000 元；赡养老人专项附加扣除标准，由每月 2 000 元提高到 3 000 元。其中，独生子女按照每月 3 000 元的标准定额扣除；非独生子女与兄弟姐妹分摊每月 3 000 元的扣除额度，每人分摊的额度不能超过每月 1 500 元。

二、全年一次性奖金个人所得税计算案例

全年一次性奖金是指行政机关、企事业单位等扣缴义务人根据其全年经济效益和对雇员全年工作业绩的综合考核情况，向雇员发放的一次性奖金，包括年终加薪、实行年薪制和绩效工作办法的单位根据考核情况兑现的年薪和绩效工资。在 2023 年 12 月 31 日前，可以选择不并入当年综合所得，单独计算纳税。计算公式为：应纳税额=全年一次性奖金收入×适用税率-速算扣除数。居民个人取得全年一次性奖金，也可以选择并入当年综合所得计算纳税。

（一）计税方法

1. 单独计税

居民个人取得全年一次性奖金，不并入当年综合所得，以全年一次性奖金收入除以 12 个月得到的数额，按照按月换算后的综合所得税率表（同表 6-5），确定适用税率和速算扣除数，单独计算纳税。计算公式为：

$$应纳税额=全年一次性奖金收入×适用税率-速算扣除数$$

2. 合并计税

居民个人取得全年一次性奖金，也可以选择并入当年综合所得计算纳税。税率表选用表 6-1。

（二）案例分析

【案例 6-2】资料：某企业员工小吴 2022 年每月工资收入为 12 000 元，允许扣除的"三险一金"每月 1 200 元，专项附加扣除每月 2 000 元，没有其他扣除项目。2022 年 3 月从单位取得全年一次性奖金 48 000 元。

要求：计算个人所得税。

1. 企业预扣预缴环节对全年一次性奖金若采用单独计税

（1）查找适用税率及速算扣除数。

全年一次性奖金除以 12：48 000÷12=4 000（元）。

查找税率，参照个人所得税税率表（按月换算）4 000 元适用税率为 10%，速算扣除

数为 210 元。

（2）计算全年一次性奖金应纳税额。

全年一次性奖金应纳税额=全年一次性奖金收入 × 适用税率-速算扣除数=48 000 × 10%-210=4 590（元）。

（3）计算除全年一次性奖金外的综合所得应纳税额。

综合所得应纳税额=（收入额-免税收入-减除费用-专项扣除-专项附加扣除-依法确定的其他扣除）× 适用税率-速算扣除数=（12 000 × 12-5 000 × 12-1200 × 12-2 000 × 12）× 10%-2 520=2 040（元）。

小吴全年个人所得税动态计算表见表6-7。

金额单位：元

表 6-7　个人所得税 2023 年动态计算表

项目月份	1	2	3	4	5	6	7	8	9	10	11	12
每月收入	12 000	12 000	12 000	12 000	12 000	12 000	12 000	12 000	12 000	12 000	12 000	12 000
减除费用	5 000	5 000	5 000	5 000	5 000	5 000	5 000	5 000	5 000	5 000	5 000	5 000
专项扣除	1 200	1 200	1 200	1 200	1 200	1 200	1 200	1 200	1 200	1 200	1 200	1 200
专项附加扣除	2 000	2 000	2 000	2 000	2 000	2 000	2 000	2 000	2 000	2 000	2 000	2 000
累计收入	12 000	24 000	36 000	48 000	60 000	72 000	84 000	96 000	108 000	120 000	132 000	144 000
累计减除费用	5 000	10 000	15 000	20 000	25 000	30 000	35 000	40 000	45 000	50 000	55 000	60 000
累计专项扣除	1 200	2 400	3 600	4 800	6 000	7 200	8 400	9 600	10 800	12 000	13 200	14 400
累计专项附加扣除	2 000	4 000	6 000	8 000	10 000	12 000	14 000	16 000	18 000	20 000	22 000	24 000
应纳税所得额	3 800	7 600	11 400	15 200	19 000	22 800	26 600	30 400	34 200	38 000	41 800	45 600
适用税率	3%	3%	3%	3%	3%	3%	3%	3%	3%	10%	10%	10%
速算扣除数	0	0	0	0	0	0	0	0	0	2 520	2 520	2 520
应纳税额	114	228	342	456	570	684	798	912	1 026	1 280	1 660	2 040
已缴税额	0	114	228	342	456	570	684	798	912	1 026	1 280	1 660
本月预缴	114	114	114	114	114	114	114	114	114	254	380	380

因此，全年综合所得预扣预缴环节个人所得税=2 040+4 590=6 630（元）。

2. 年度汇算环节个人应交个人所得税可以选择单独或者合并计税

（1）单独计税。

小吴如选择全年一次性奖金单独计税，由于全年一次性奖金已在预扣预缴时申报纳税，年度汇算时不涉及补（退）税。则全年综合所得应缴个人所得税等于预扣预缴环节税金6 630元。

（2）合并计税。

小吴如选择全年一次性奖金并入全年综合所得计税,并入后的年度综合所得的应纳税额=(收入额-免税收入-减除费用-专项扣除-专项附加扣除-依法确定的其他扣除)×适用税率-速算扣除数=(12 000×12+48 000-5 000×12-1 200×12-2 000×12)×10%-2 520= 6 840(元)。

综上，在预扣预缴环节申报纳税6 630元，因此如选择全年一次性奖金并入全年综合所得计税，则年度汇算应补税额=6 840-6 630=210（元）。

三、捐赠支出案例

一般情况下，符合规定的捐赠支出在综合所得、经营所得中扣除，扣除限额分别为当年综合所得、当年经营所得应纳税所得额的30%；在分类所得中扣除的，扣除限额为当月分类所得应纳税所得额的30%。

【案例6-3】资料：小王2023年1月工资、薪金所得60 000元（假设暂不考虑"三险一金"），享受当月减除费用5 000元，无专项附加扣除，当月发生符合扣除的公益性捐赠20 000元。假设2023年1月小王在预缴税款时扣除公益捐赠支出，则其应缴纳个人所得税多少元？

案例分析：

小王2023年1月未扣除捐赠额之前的应纳税所得额=60 000-5 000=55 000（元）。

①若无捐赠扣除，其2023年1月应纳税额=55 000×10%-2 520=2 980（元）。

②若小王发生的捐赠符合30%扣除规定：

公益捐赠的扣除限额=55 000×30%=16 500（元），小王实际捐赠额20 000元，则其2023年1月应纳税额=（55 000-16 500）×10%-2 520=1 330（元）。

③若小王当月发生符合30%扣除的实际捐赠额10 000元，小王公益捐赠扣除限额16 500元，应以实际捐赠额为限进行扣除。

2023年1月应纳税额=（55 000-10 000）×10%-2 520=1 980（元）。

④若小王发生的捐赠符合全额扣除规定：

则其2023年1月应纳税额=（55 000-20 000）×3%=1 050（元）。

⑤若小王当月发生符合全额扣除的实际捐赠额为80 000元：

则其2023年1月应纳税额=（55 000-55 000）×3%=0（元），即以应纳税所得额为限进行扣除，无须缴纳个税。

任务思考与自测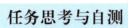

1. 整理笔记，并通过查找和阅读其他资料，绘制本节课思维导图，厘清知识脉络。

2. 资料：2023 年小王取得奖金 4.2 万元，选择享受全年一次性奖金单独计税政策。

要求：假设不考虑其他情况，帮小王计算一次性奖金应缴纳的个人所得税。

3. 资料：2023 年小李全年工资 20 万元，年底奖金 2.4 万元，假设可享受"三险一金"、赡养老人等扣除共 4.4 万元。在年度汇算时，他该怎么缴税呢？

4. 资料：小张全年工资 12 万元，年底奖金 6 万元，假设可享受"三险一金"、赡养老人等扣除共 4 万元。在年度汇算时，他该怎么缴税呢？

5. 资料：2023 年，居民个人小李取得下列收入：（1）在 A 公司任职，全年共取得扣缴"三险一金"后的工资、薪金收入 120 000 元；（2）投资 B 公司，3 月取得 2022 年度分配股利 30 000 元；（3）借款给 C 公司，7 月取得借款利息所得（不考虑增值税）40 000元；（4）10 月，出版专著取得稿酬所得 10 000 元。2023 年 7 月，小李通过县人民政府公益慈善捐赠 20 000 元。小李按其收入规模和适用税率的情况，选择先在分类所得、后在综合所得中扣除捐赠支出，工资、薪金所得选择在年度汇算时扣除捐赠支出。假定小李 2023年度无专项附加扣除、依法确定的其他扣除，请问小李 2023 年应缴纳多少个人所得税？

任务二　以行践知：个人所得税申报实务

一、个人所得税申报方式的选择

6.3　个人所得税申报实务——办税方式选择

在选择个人所得税申报方式时可以根据自身的条件及意愿灵活选择，选择"通过扣缴义务人申报"或者"综合所得年度自行申报"都可以。在个人所得税 App 上填写好专项扣除信息后，系统会提示在"通过扣缴义务人申报"和"综合所得年度自行申报"两种方式中任选一种，如果是单位职工，一般选择"通过扣缴义务人申报"。如果是自由职业或者个体户，可以选择"综合所得年度自行申报"。"通过扣缴义务人申报"指的是向单位申报个人信息，最后由单位向税务机关缴纳员工应缴的税款。

二、通过扣缴义务人申报实操

6.4　个人所得税申报实务——代扣代缴

自然人电子税务局（扣缴端）用于扣缴义务人为在本单位取得所得的人员办理全员全额扣缴申报和代理经营所得纳税申报。

1. 下载自然人电子税务局（扣缴端）

以山东省为例。登录国家税务总局山东省税务局官方网站，依次单击"首页"→"纳税服务"→"下载中心"→"软件下载"→"自然人电子税务局（扣缴端）下载"选项，获取扣缴客户端安装包并及时联网更新到最新版。

2. 实名登录

【实名登录】：使用在个人所得税 App/WEB 实名注册的账号密码登录，或使用个人所得税 App 扫码登录。

【申报密码登录】：使用本单位申报密码登录。

3. 人员信息采集

单击"人员信息采集"→"添加"/"导入"选项，录入人员，采集成功后单击"报送"按钮。

4. 采集专项附加扣除

单击"专项附加扣除信息采集"→"添加"/"导入"选项，采集成功后单击"报送"按钮。

员工自行采集的，可单击"下载更新"选项。

5. 填写报表

单击"综合所得/分类所得/非居民所得/限售股所得申报"选项，根据报表类型添加或导入对应报表，依次单击"税款计算"→"附表填写"选项。

6. 发送申报

依次单击"申报表报送"→"发送申报"→"获取反馈"按钮。

注：综合所得到申报期才能申报（清算状态单位除外）。

7. 税款缴纳

申报成功后，需缴纳税款的单击"税款缴纳"选项，选择对应方式进行扣款，扣款成功即可。

三、个人所得税 App 年终汇算清缴实操

6.5　个人所得税 App 自行申报实务

（1）登录个税 App，单击个人所得税 App 首页"2023 综合所得年度汇算"选项，或者单击个人所得税 App 首页"办税"→"综合所得年度汇算"选项。

（2）进入申报界面后，系统会根据您的收入和纳税情况自动选择合适的申报方式。申报方式分为两种：简易申报和标准申报。简易申报适用于综合所得年收入额不超过 6 万元且已预缴个人所得税的纳税人，其他的则适用标准申报。

（3）若系统自动判定符合条件的进入简易申报模式，弹框显示"简易申报须知"，阅

读并勾选"我已阅读并知晓"选项,进入简易申报主页面。

①核对个人基础信息,确认"任职受雇单位"的内容,选择汇算地。

纳税人可单击"查看收入纳税数据"选项来查看收入纳税明细数据。

确认已缴税额无误后单击"下一步"按钮,勾选"我已阅读并同意"选项,单击"确认"按钮,即可完成简易申报。

②申报完成后,如存在可退税金额的,单击"申请退税"按钮即可发起退税申请。

如果单击"申请退税"按钮,系统会弹出特别提醒,阅读后单击"继续退税"选项,选择或添加需要接收退税的银行卡,单击"提交"→"确定"按钮;如您选择放弃退税的,单击"放弃退税"按钮即可。

6.6　个人所得税年终汇算清缴实务

(4)若使用标准申报。

①选择填报方式。

进入申报页面后,选择填报方式,建议选择"申报表预填服务"选项。

此页面您可以单击"查看收入纳税数据"选项,展示"收入纳税数据"和"专项附加扣除采集记录"页面。

如果对收入信息有异议,进入"详情支持"对收入明细进行"申诉"。在提交申诉之前,请先尝试联系被申诉扣缴义务人进行核实,并确保申诉情况属实。

②基本信息确认。

确认个人基础信息、汇算地,单击"下一步"按钮。

③收入和税前扣除。

如果存在奖金,可单击红字部分,进入详情页进行确认。

全年一次性奖金计税方式可选择"全部并入综合所得计税"或"单独计税",选择后单击"确定"按钮。奖金计税方式的选择,将会影响汇算的税款计算结果。请您根据自身情况进行选择。

如果没有红色字显示则直接进入下一步。

确认无误后单击"下一步"按钮,系统弹出提示框,单击"继续"按钮。

④税款计算。

根据上一步的收入及减税数据,显示应纳税额、减免税额、已缴税额,在左下角显示具体应退(补)税额,单击"下一步"按钮(提交申报)。

⑤享受免申报情况处理。

如果您需要补税,但年度综合所得收入不超过12万元,或者应补税额≤400元,且依法预缴税额的,可享受免申报。

满足免申报情况时,单击"享受免申报"按钮,则申报完成。

⑥退税情况处理。

申报成功,如果退税则跳转到该页面,单击"申请退税"按钮。系统弹出特别提醒,阅读后单击"继续退税"按钮。

选择本人状态正常的一类银行卡,单击"提交"按钮即可。

⑦补税情况处理。

申报成功，如果补税则跳转到该页面，单击"立即缴税"按钮，选择缴税方式后，单击"确定"按钮，补缴成功。

四、经营所得申报实操

（一）月（季）申报实操

1. 人员信息采集

投资者需要在"代扣代缴"子系统的"人员信息采集"菜单下，采集并报送。

2. 申报表填写

单击页面左上角"经营所得"图标——单击"预缴纳税申报"选项，系统自动带入税款所属期，勾选下方的法定代表人并单击"修改"按钮，自动选择据实预缴，据实填写截至税款所属期的当年累计收入总额、累计成本费用，单击"确定"→"提交申报"按钮，系统提示申报成功即可。

3. 税款缴纳

申报成功后若有税款，单击左侧菜单"税款缴纳"选项，可选择 4 种缴纳方式，小额税款建议选择扫码支付，单击"生成二维码"按钮，扫码支付。

4. 打印完税证明

税款缴纳完成后，单击左侧菜单"查询统计"选项，输入所属期，单击"查询"按钮，单击"完税证明开具"按钮。

（二）年度汇算清缴实操

投资者需在次年 3 月 31 日前，通过"年度汇缴申报"模块办理经营所得汇算清缴。

单击"年度汇缴申报"按钮，系统自动带入税款所属期和上一年度预缴申报数据。勾选下方的法定代表人，单击收入、费用信息"修改"按钮，按实际经营情况调整收入、成本费用及相应栏次，单击"确定"按钮，单击"提交申报"→"获取反馈"按钮，系统提示申报成功即可。申报成功后若有税款，缴纳步骤和方式与月（季）度预缴一致。

五、公益性捐赠的个税申报实操

（一）资料准备

1. 搜集捐赠票据

找出捐赠票据（若您找不到捐赠票据，您可以提供支付凭证信息，如微信、支付宝、银行转账记录等，向某大学教育发展基金会询问您的捐赠票据号码，请同时保留支付记录备查）。

2. 填写捐赠信息

某大学教育发展基金会社会信用代码（＊＊＊＊＊＊＊＊＊＊＊＊＊＊＊＊）、受赠单位名称（某大学教育发展基金会）、捐赠凭证号（票据号）、捐赠金额、捐赠日期、项目以及扣除比例（捐赠金额未超过纳税人申报的应纳税所得额30%的部分，可以从其应纳税所得额中扣除）。

（二）申报流程

（1）进入"个人所得税"App 首页，单击"我要办税"→"综合所得年度汇算"选项。

（2）根据捐赠票据填写免税信息。选择申报年度，填写基础信息，选择"我需要申报表预填服务"选项，单击"开始申报"按钮，进入"标准申报"界面，划至最下方单击"准予扣除的捐赠额"选项，单击"新增"按钮。

（3）如实填写申报信息。

①受捐单位统一社会信用代码：＊＊＊＊＊＊＊＊＊＊＊＊＊＊＊＊＊＊。（填写）

②受赠单位名称：某大学教育发展基金会。（点选）

③捐赠凭证号：捐赠收据右上角数字编号。（填写）

（4）针对多张票据的情况，请保存后继续新增。

如有多张捐赠收据，请在保存后，继续单击"新增"按钮，全部登记结束后，即完成"准予扣除的捐赠额"部分的填写。

任务思考与自测

1. 整理笔记，并通过查找和阅读其他资料，绘制本节课思维导图，厘清知识脉络。

2. 阅读微信公众号"安徽税务"的微信推文《2022 年度个税综合所得汇算申报操作流程（手机 App）》（https：//mp.weixin.qq.com/s/I8MeoNTbIH86JyvLLWZBTQ），自主学习个税 App 申报流程，感受智慧税务给纳税人带来的便利。

3. 阅读微信公众号"云南税务"的微信推文《收藏备用！自然人电子税务局（扣缴端）申报操作指南》（https：//mp.weixin.qq.com/s/k9ICsLLyETOptSg0QGTI8Q），自主学习自然人电子税务局（扣缴端）申报流程。

4. 阅读微信公众号"南京大学教育发展基金会"的微信推文《@捐赠人，个人公益捐赠税前扣除实操指南来啦！》（ttps：//mp.weixin.qq.com/s/FIJL1yDD6gN_ df7w4x-a9g），自主学习公益性捐赠个人所得税税前扣除的申报流程。

项目三　诚信自律：个人所得税的税务筹划

📝 项目认知目标

- ○ 能够描述税务筹划的概念和原则。
- ○ 能够理清税务筹划的一般思路。
- ○ 准确阐述个人所得税税务筹划的方法和要点。

📍 项目技能目标

- ○ 通过模块学习，能够提出个人所得税税务筹划思路。
- ○ 通过模块学习，能够独立完成个人所得税税务筹划方案。

◎ 项目价值目标

○ 理解国家依据人民中心理念，按照公平合理、涵养税源的要求，通过一系列税收优惠政策，为减负降税、实现共同富裕所做出的努力。

○ 理解税收为国家"集中力量办大事"所做的贡献，感受抗疫精神，树立诚信纳税、兴税强国的职业品质。

○ 树立税法面前人人平等的理念，无论是明星、领导、公务员还是各行各业的打工人，都应该充分认识到照章纳税是对国家应尽的义务，偷税漏税会受到法律的制裁。

导入案例

个人所得税公益性捐赠的基本原则有哪些？

居民个人综合所得和经营所得均实行按年计算税额，其扣除限额应按年度应纳税所得额来确定。居民个人取得分类所得，以及取得全年一次性奖金、股权激励等按规定采取不并入综合所得而单独计税方式处理的所得，其公益慈善事业捐赠支出，可在捐赠当月取得的分类所得中扣除。扣除不完的，在本月内其他所得项目中继续扣除，或者在本纳税年度内的下次（或下月）取得的应税项目所得中继续扣除。

利用公益性捐赠进行个人所得税税务筹划需要注意以下六个事项：其一，公益捐赠在分类所得中扣除的，应在捐赠当月或以后的分类所得中进行，对捐赠发生当月以前取得的分类所得，不应追溯扣除。其二，居民个人取得工资、薪金所得的，可以选择在预扣预缴时扣除，也可以选择在年度汇算清缴时扣除；从两处以上取得工资、薪金所得，选择其中一处扣除，选择后当年不得变更。其三，居民个人取得劳务报酬所得、稿酬所得、特许权使用费所得的，预扣预缴时不扣除公益捐赠支出，统一在汇算清缴时扣除。其四，居民个人捐赠当月有多项多次分类所得的，应先在其中一项一次分类所得中扣除。已经在分类所得中扣除的公益捐赠支出，不再调整到其他所得中扣除。其五，居民个人根据各项所得的收入、公益捐赠支出、适用税率等情况，自行决定在综合所得、分类所得、经营所得中扣除的公益捐赠支出的顺序。其六，在经营所得中扣除公益捐赠支出的，可以选择在预缴税款时扣除，也可以选择在汇算清缴时扣除。经营所得采取核定征收方式的，不扣除公益捐赠支出。

要求： 请同学们阅读相关资料，领会利用公益性捐赠进行个人所得税税务筹划的原则，讨论如何养成诚信纳税的职业品质。

一、根据工资水平合理安排专项附加扣除比例

6.7　个人所得税税务筹划方法1

子女教育、房屋租金、住房贷款可以选择在夫妻一方100%扣除，另外，子女教育可以选择夫妻双方各扣50%。夫妻双方可以根据各自的工资高低合理安排专项附加扣除比例，选择最利于降低家庭整体税负的扣除比例。

【案例6-4】资料： 飞飞是一个小学五年级的孩子，爸爸全年未扣除专项附加前的综合所得应纳税所得额为150 000元，妈妈为120 000元，不考虑其他专项附加扣除。注意：2023年1月1日开始，子女教育专项附加扣除从1 000元/月提高到2 000元/月。

要求： 给出飞飞一家个人所得税最优筹划方案。

（1）第一种情况：假设妈妈申报子女教育专项附加扣除，该家庭全年税负为（150 000×20%−16 920）＋［（120 000−1 000×12）×10%−2 520］＝21 360（元）。

（2）第二种情况：假设爸爸申报子女教育专项附加扣除，该家庭全年税负为［（150 000−1 000×12）×10%−2 520］＋（120 000×10%−2 520）＝20 760（元）。

综上，飞飞家选择由爸爸填报子女教育专项附加扣除可以降低600元的税负。

当然，赡养老人专项附加扣除非独生子女的也可以根据兄弟姐妹们的工资水平选择不同的分摊方式（但每人最多不能超过 1 000 元），合理降低个人所得税综合所得税负。

二、职工工资福利化，同时降低职工与企业税负

企业工资一般由基本工资、绩效工资、餐补、房补、通信补助、交通补助、高温津贴等多个项目构成。企业可以通过职工工资福利化，在降低职工的个人所得税的同时，增加成本列支，从而降低企业所得税。常用的方法如下：

（1）对于距离市区较远且有大量职工需要集体通行的企业可以通过购买或租赁通勤车代替交通补助。

（2）生产型企业可以通过为员工提供食堂和职工宿舍，代替餐补、房补。

（3）可以配工作专用电话卡给销售岗位的职工，用每月缴纳电话费发票报销代替通信补助等方式，降低职工的个人所得税税负，同时通信费用作为企业成本进行列支，可以降低企业的所得税税负。

（4）对于企业高管等高收入人群，可以通过将其基本工资福利化来降低个人所得税税负。

【案例6-5】资料：飞天航空有限责任公司高管年薪 500 000 元，每月专项扣除金额为 10 000 元，不考虑专项附加扣除。

（1）年薪 500 000 元的情况下：

该高管当年应缴纳的个人所得税 =（500 000 - 10 000×12 - 5 000×12）×25% - 31 920 = 48 080（元）。

（2）如果将工资待遇方案修改为年薪 450 000 元，另每年提供 50 000 元培训费用于到国内重点高校进修学习：

该高管当年应缴纳的个人所得税 =（450 000 - 10 000×12 - 5 000×12）×20% - 16 920 = 37 080（元）。

综上，飞天航空有限责任公司在实际成本 500 000 元不变的情况下，通过基本工资福利化可以降低高管个人所得税税负 = 48 080 - 37 080 = 11 000（元）。

三、人才引进短期待遇长期化，降低税负同时延缓税负

很多企业或地区的人才引进方案中都会有一次性给几十万安家费的政策，通过人才引进短期待遇长期化，在降低个人所得税税负的同时延缓税负缴纳。

【案例6-6】资料：某高校 2021 年 1 月引进高端人才，准备为每位符合招聘条件教师发放安家费 300 000 元。高校给出两种支付方案供职工选择。第一种方案：一次性发放 300 000 元。第二种方案：分三年发放，每年发放 100 000 元，假设教师 A 每月减除专项扣除后的工资为 8 000 元，不考虑专项附加扣除。

要求：请站在税务筹划的角度分析哪种方法更有利于节省个人所得税。

（1）方案 1：一次性发放 300 000 元。

该教师当年应缴纳的个人所得税 =（300 000 + 8 000×12 - 60 000）×25% - 31 920 = 52 080（元）。

2022 年、2023 年应缴纳的个人所得税 =（8 000×12 - 60 000）×3% = 1 080（元）。

三年合计应缴纳的个人所得税 = 52 080 + 1 080×2 = 54 240（元）。

（2）方案 2：分三年发放，每年 100 000 元。

该教师 2021—2023 年每年应缴纳的个人所得税 =（100 000+8 000×12−60 000）×10%−2 520 = 11 080（元）。

三年合计应缴纳的个人所得税 = 11 080×3 = 33 240（元）。

综上，方案 2 三年合计少缴纳个人所得税 = 54 240−33 240 = 21 000（元）；同时，方案 1 第一年税负较重，后两年税负较轻，方案 2 三年的税负均衡。企业可以采取将人才引进的短期待遇长期化，为职工降低个税税负的同时，延缓职工的税负。

四、全年一次性奖金计税方法的选择

6.8　个人所得税税务筹划方法 2（全年一次性奖金）

根据财税〔2023〕30 号公告，居民个人取得全年一次性奖金，在 2027 年 12 月 31 日前可以选择单独计税，也可以选择并入当年综合所得计税。如果职工全年综合所得的应纳税所得额为负数，选择并入综合所得会使纳税人税负较低；如果职工全年综合所得的应纳税所得额为正数，则要根据全年综合所得应纳税所得额与全年一次性奖金金额进一步分析。所以，全年一次性奖金计税方法的选择是要根据具体情况进行纳税筹划的。

1. 企业在发放全年一次性奖金时，若选择单独计税，要留意税率临界点

【案例 6-7】资料：某校教师全年课时费为 36 000 元，视为全年一次性奖金选择单独计税。同时，教师可以选择多上一门课，额外课时费 1 000 元，请站在个人所得税筹划的角度，分析教师应选择多上课还是维持原状。

（1）方案 1：维持原状。

该教师应纳税额 = 36 000×3% = 1 080（元）。

实发金额 = 36 000−1 080 = 34 920（元）。

（2）方案 2：多上一门课。

该教师应纳税额 =（36 000+1 000）×10%−210 = 3 490（元）。

实发金额为 37 000−3 490 = 33 510（元）。

综上，教师多上一门课反而实际到手奖金少了 1 410 元（34 920−33 510 = 1 410），那么这种情况企业或个人则需要对该笔课时费进行纳税筹划。

（3）方案 3：利用公益性捐赠降低税负，提升个人名望。

税法规定："个人将其所得对教育、扶贫、济困等公益慈善事业进行捐赠，捐赠额未超过纳税人申报的应纳税所得额 30% 的部分，可以从其应纳税所得额中扣除。"若教师通过公益捐赠将额外的 1 000 元进行公益性捐赠，则该笔课时费的应纳税所得额仍降到 36 000 元，该笔奖金的应纳税额仍为 1 080 元。

综上，合理运用公益捐赠的方式降低应纳税所得额既可以在特定的前提下降低职工的个人税负，提升个人名望，也可以为国家的慈善事业做贡献。

2. 不同计税方法下全年一次性奖金的税务筹划

不同计税方法下全年一次性奖金的税务筹划基本规律是：其一，如果减去各项扣除之

后，年度综合所得小于等于6万元，年终奖并入综合所得计税最合算；其二，如果减去各项扣除之后，年度综合所得减去6万元加年终奖大于36 000元时，年终奖避开"临界点"后，单独计算更划算。

（1）平时收入和年终奖均较低。

【案例6-8】资料：2023年1月，菲菲从单位获得36 000元年终奖（税前），假设菲菲每月扣除"三险一金"后的收入为4 000元，并且能享受3 000元每月专项费用扣除。假设菲菲在2023年除工资、薪金所得外，无其他需要按综合所得缴税的收入。

要求：请帮菲菲选择最优的年终奖计税方式。

①按单独计税方式。

菲菲取得的36 000元年终奖除以12月得到商3 000元，按照月度税率表适用税率3%，其应纳个人所得税为36 000×3%＝1 080（元）。

2023年其他月份收入不到每月5 000元免征额，不交个人所得税；

所以菲菲在2023年全年应纳个人所得税为1 080元。

②按合并计税方式。

菲菲取得的36 000元年终奖与1月份工资4 000元合并后扣除5 000元和3 000元专项附加扣除得到应纳税所得额32 000元，再参照年度税率表使用3%税率按累计预扣法预缴，因此，1月份菲菲需预缴的个人所得税为32 000×3%＝960（元）。

2023年2月到12月，收入不到每月5 000元免征额，不交个人所得税。

年终汇算清缴时，年度综合所得的应纳税所得额＝收入额－免税收入－减除费用－专项扣除－专项附加扣除－依法确定的其他扣除＝（4 000×12＋36 000－5 000×12－3 000×12）＝－12 000（元）。

③筹划方案。

综上，菲菲全年的累计应纳税所得额是－12 000元。这表示菲菲在2023年根本不需要缴纳个人所得税，其预缴的960元可以在2024年汇算清缴时申请退回。故在该案例中，菲菲选择合并计税方式更划算，可节税1 080元。

（2）平时收入较低，年终奖较高。

【案例6-9】资料：假定2023年1月，菲菲从单位获得50 000元年终奖（税前），单位允许其自行选择采用单独计税或合并计税的方式。假设菲菲每月扣除"三险一金"后的收入为4 000元，并且能享受3 000元每月专项费用扣除。假设菲菲在2023年除工资、薪金所得外，无其他需要按综合所得缴税的收入。

要求：请帮菲菲选择最优的年终奖计税方式。

①按单独计税方式。

菲菲取得的50 000元年终奖除以12个月得到商4 167元，按照月度税率表适用10%的税率和210的速算扣除数。

菲菲应纳个人所得税＝50 000×10%－210＝4 790（元）。

全年其他月份收入不到每月5 000免征额，不用交税，所以2023年菲菲全年共需缴纳个人所得税4 790元。

②按综合计税方式。

菲菲取得的50 000元年终奖和1月份收入4 000元合并后，扣除5 000元和3 000元专项附加扣除，得到应纳税所得额46 000元，参照年度税率表使用10%税率和2 520速算扣除数。

1月份菲菲需预缴的个人所得税=46 000×10%-2 520=2 080（元）。

因全年其他月份收入不到5 000元，2—12月份不用交税。

菲菲可以在2024年汇算清缴时按2023年综合收入计算实际应该缴纳的个人所得税。计算如下：

菲菲累计应纳税所得额=（50 000+4 000×12-5 000×12-3 000×12）=2 000（元）。

再按照年度税率表适用3%的税率，全年应纳税额为2 000×3%=60（元），菲菲已经预缴2 080元，故可以申请退税2 020元。

③筹划方案。

综上，菲菲全年的累计应纳税所得额是2 000元。这表示菲菲在2023年共应缴纳个人所得税60元，其已经预缴2 080元，可以在2024年汇算清缴时申请退回2 080-60=2 020（元）。故在该案例中，菲菲选择合并计税方式更划算，可节税4 790-60=4 730（元）。

（3）年终奖较低，平时收入较高。

【案例6-10】资料：2023年1月，菲菲从单位获得36 000元年终奖（税前），单位允许其自行选择采用单独计税或合并计税的方式。假设菲菲每月扣除"三险一金"后的收入为9 000元，并且能享受3 000元每月专项费用扣除。假设菲菲在2023年除工资、薪金所得外，无其他需要按综合所得缴税的收入。

要求：请帮菲菲选择最优的年终奖计税方式。

①按单独计税方式。

菲菲取得的36 000元年终奖除以12得到商3 000元，参照月度税率表适用税率3%。

菲菲需要缴纳个人所得税=36 000×3%=1 080（元）。

菲菲全年工资、薪金收入的应纳税所得额=（9 000×12-5 000×12-3 000×12）=12 000（元）。

参照年度税率表适用税率3%，其应纳税额为12 000×3%=360（元），故菲菲在2023年共需要缴个人所得税=1 080+360=1 440（元）。

②按合并计税方式。

菲菲取得的36 000元年终奖需和1月份收入9 000元合并后扣除5 000元和3 000元专项附加扣除，故菲菲的应纳税所得额为37 000元，参照年度税率表适用税率10%和2 520的速算扣除数。

菲菲在1月份需要预缴个人所得税=37 000×10%-2 520=1 180（元）。

2024年，菲菲汇算清缴时按2023年综合收入计算实际应缴纳的个人所得税，其累计应纳税所得额=（36 000+9 000×12-5 000×12-3 000×12）=48 000（元），适用10%的税率和2 520速算扣除数。

菲菲全年应纳税额=48 000×10%-2 520=2 280（元）。

③筹划方案。

综上，利用合并计税方式，菲菲在2023年的税负为2 280元，比单独计税方式下的税额高了840元。显然在此案例中，菲菲选择单独计税方式更加划算。

（4）年终奖和平时收入都较高。

【案例6-11】资料：假定2023年1月，菲菲从单位获得50 000元年终奖（税前），单位允许其自行选择采用单独计税或合并计税的方式。假设菲菲每月扣除"三险一金"后的收入为 9 000 元，并且能享受 3 000 元每月专项费用扣除。假设菲菲在 2023 年除工资、薪金所得外，无其他需要按综合所得缴税的收入。

要求：请帮菲菲选择最优的年终奖计税方式。

①按单独计税方式。

菲菲取得的 50 000 元年终奖除以 12 月得到商 4 167 元，按照月度税率表适用税率 10% 和 210 的速算扣除数，则年终奖应纳税额为 50 000×10%-210=4 790（元）。

菲菲全年的工资、薪金所得的应纳税所得额为（9 000×12-5 000×12-3 000×12）= 12 000（元），参照年度税率表适用税率 3%，其应纳税额=12 000×3%=360（元）。

故菲菲在 2023 年共需缴纳个人所得税 5 150 元。

②按合并计税方式。

菲菲取得的 50 000 元的年终奖和 1 月份收入 9 000 元合并后，扣除 5 000 元和 3 000 元专项附加扣除，得到应纳税所得额为 51 000 元，再参照年度税率表适用税率 10% 和 2 520 的速算扣除数，故 1 月份菲菲需预缴的个税为 51 000×10%-2 520=2 580（元）。

菲菲在其他月份采用累计预扣方法动态计算个人所得税。

2024 年，菲菲汇算清缴时按 2023 年综合收入计算实际应该缴纳的个人所得税得到的累计应纳税所得额为（50 000+9 000×12-5 000×12-3 000×12）= 62 000（元），参照年度税率表适用税率 10% 和 2 520 的速算扣除数，其全年应纳税额为 62 000×10%-2 520=3 680（元）。

③筹划方案。

综上，利用合并计税方式，在 2023 年菲菲的税负为 3 680 元，比单独计税方式反而减少了 1 470 元。所以，此时菲菲选用合并计税方式更加恰当。

综上所述，第一，当个人平时收入较低，扣除"三险一金"后的除年终奖外的全年收入不能完全覆盖全年 60 000 元的基本费用减除和个性化的全年专项附加扣除时（除年终奖外全年应纳税所得额为负数），不论年终奖金额大小，均应选择并入当年综合收入，参照年度税率表按累计预扣法计税。第二，当个人平时收入相对较高，扣除"三险一金"后的除年终奖外的全年收入可以完全覆盖全年 60 000 元的基本费用减除和个性化的全年专项附加扣除时（除年终奖外全年应纳税所得额为正数或零），若年终奖的金额和除年终奖外应纳税所得额之和≤36 000 元时，两种计税方式无差别，可任意选择。若两者之和>36 000 元时，如单独计税方式下年终奖适用税率等于除年终奖外全年应纳税所得额适用税率，则应选用单独计税方式；如两者税率不相等，则需对采用不同方式计税时全年综合收入应缴纳的个人所得税进行仔细测算后方能进行选择。

五、劳务报酬所得纳税筹划

【案例 6-12】资料：2023 年 1 月，飞天航空有限责任公司为提高职工的专业技能，聘请专家为职工进行为期一周的技能与安全培训，成本预算为 28 000 元。

要求：请从劳务报酬的发放金额、次数与其他费用的支付形式等方面进行纳税筹划。

（1）方案一：培训费为 4 000 元/天，该专家培训期间的住宿、交通等费用 3 500 元自行承担。

该专家本次授课的应纳税额=28 000×（1-20%）×30%-2 000=4 720（元）。

本次授课净收入=28 000-4 720-3 500=19 780（元）。

（2）方案二：培训费为 3 500 元/天，该专家的培训期间的住宿、交通等 3 500 元费用由甲企业承担。

该专家本次授课的应纳税额=24 500×（1-20%）×20%=3 920（元）。

本次授课净收入为24 500-3 920=20 580（元）。

综上，两种方案中，企业的实际成本均为28 000元，但方案二的应纳税额减少4 720-3 920=800（元），专家的净收入增加800元，并且如果专家住宿交通等发票符合增值税规定的抵扣标准，也可以在一定程度上降低企业的增值税税负。由此可见，劳务报酬所得纳税筹划可在不影响企业成本的情况下，达到同时降低纳税人与企业税负、增加纳税人实际收益的目的。

六、公益性捐赠税务筹划

对于工资、薪金收入较高的人群通过灵活地运用捐赠扣除额降低自身应纳税所得额，可以避免个税税率"跳档"带来的税负成本增加。对收入项目较多、捐赠支出频繁、捐赠数额较大的个人来说，要保证精准扣除，就需要根据各项所得的收入、公益捐赠支出、适用税率等情况，自行决定在综合所得、分类所得、经营所得中扣除的公益捐赠支出的顺序和数额。在实务中，纳税人注意公益性捐赠需要遵循以下原则：一是捐赠支出不能重复扣除；二是全额捐赠和比例捐赠，先扣哪个都一样；三是尽量用高税负的所得扣除捐赠；四是全年一次性奖金用于捐赠，用好"后悔期"；五是多笔捐赠，享优惠需要统筹考量。

1. 合理选择扣除项目顺序

【案例6-13】资料：王总平时除了在公司里上班，自己还是个体工商户（有经营所得）。假设王总2022年综合所得应纳税所得额是100万元，经营所得应纳税所得额是50万元，2022年限额扣除的捐赠支出为20万元，王总选择在汇算清缴时扣除捐赠支出。

要求：帮王总设计个税税务筹划方案。

案例分析：王总有两个方案可以选择：方案一，选择捐赠支出先在经营所得中扣除，扣除不完的再在综合所得中扣除；方案二，选择捐赠支出先在综合所得中扣除，扣除不完的再在经营所得中扣除。

（1）方案一：王总2022年捐赠支出在经营所得中扣除限额是50×30%=15（万元），经营所得汇算清缴时应缴纳个税=（500 000-150 000）×30%-40 500=64 500（元），经营所得应纳税所得额扣减了150 000元捐赠支出，扣除完后还有50 000元捐赠支出可扣除，综合所得汇算清缴时应缴纳个税=（1 000 000-50 000）×35%-85 920=246 580（元）。

方案一情况下，王总2022年合计应缴纳个税64 500+246 580=311 080（元）。

（2）方案二：王总2022年捐赠支出在综合所得中扣除限额是100×30%=30（万元），故捐赠支出20万元能全部在综合所得应纳税所得额中扣除，综合所得汇算清缴时应缴纳个税=（1 000 000-200 000）×35%-85 920=194 080（元），经营所得汇算清缴时应缴纳个税=500 000×30%-40 500=109 500（元）。

方案二情况下，王总2022年合计应缴纳个税=194 080+109 500=303 580（元）。

可见，方案二较方案一少交个税7 500元，即王总选择方案二的扣除顺序税负更低，更划算。

2. 预缴时扣除比汇算清缴时扣除能获取时间价值

既有工资、薪金所得又有经营所得的居民个人对外捐赠，面临在预缴税款时扣除还是汇算清缴时扣除两种选择。同一项所得在预缴税款时扣除与在汇算清缴时扣除捐赠支出税负有差异吗？答案是税负相同，没有差异。只是预缴税款时扣除可以在预缴税款时少交点税，而汇算清缴时扣可以在汇算清缴时少交点税，只是一个交税早晚的时间差异。

【案例6-14】资料：小张2022年每月工资薪金应纳税所得额均为20 000元，2022年1月小张发生比例扣除公益捐赠支出50 000元，除工资薪金外，小张无其他收入来源，计算小张2022年公益捐赠支出在预缴税款时扣除和汇算清缴时扣除应缴纳的个税分别是多少。

方案一：预缴税款时扣除，具体计算见表6-8。经计算可知在预缴税款时扣除，2022年小张应缴纳个人所得税合计21 080元。

方案2：选择在汇算清缴时扣除，2022年小张应缴纳个人所得税=（240 000-50 000）×20%-16 920=21 080（元）。

可见，小张可以选择在预缴税款时扣除，享受每月少交点个人所得税的时间效益。在同等税负条件下享受税收的时间效益，在不同税负条件下选择税负最低的。

任务思考与自测

1. 整理笔记，并通过查找和阅读其他资料，绘制本节课思维导图，厘清知识脉络。

2. 资料：阅读微信公众号"成都财税代理"微信推文《个人所得税筹划方法汇总，助您税收利益最大化》，扩展学习个人所得税税务筹划思路。（https://mp.weixin.qq.com/s/IfLolETWvqrUOqbnatsl0w）

3. 阅读微信公众号"无忧税企"微信推文《个税的5大筹划法，您知道有几个？》，学习个人所得税税务筹划思路，领会税务筹划原则，感受税务筹划风险。（https://mp.weixin.qq.com/s/68Jm-yZJE-ctdrSi6_y60g）

4. 资料：2022年1月，飞飞从单位获得20 000元年终奖（税前），单位允许其自行选择采用单独计税或合并计税的方式。假设飞飞每月固定工资3 000元，无其他各项扣除也无其他收入。要求：飞飞的年终奖选择何种计税方式比较合适？

5. 资料：居民李总2022年共取得利息股息红利（于2022年12月取得）所得应纳税所得额20万元，综合所得（工资薪金）应纳税所得额140万元，经营所得应纳税所得额90万元，12月发生可全额扣除的公益慈善捐赠支出30万元，假设李总均选择汇算清缴时在综合所得、经营所得中扣除公益慈善捐赠支出。

备选方案如下：

方案一：按照分类所得、综合所得、经营所得的顺序。

方案二：按照分类所得、经营所得、综合所得的顺序。

方案三：按照综合所得、分类所得、经营所得（或综合所得、经营所得、分类所得）的顺序。

方案四：按照经营所得、分类所得、综合所得（或经营所得、综合所得、分类所得）的顺序。

要求：李总应如何选择公益慈善捐赠支出扣除顺序才能让2022年个税税负最低？

单位：元

表 6-8　方案 1 计算表

月份	捐赠支出扣除前累计应纳税所得额	捐赠支出扣除限额	捐赠支出累计扣除额	累计应纳税所得额	预扣率	速算扣除数	累计应缴税额	累计已缴税额	当月应缴税额
1 月	20 000	6 000	6 000	14 000	3%	0	420	0	420
2 月	40 000	12 000	12 000	28 000	3%	0	840	420	420
3 月	60 000	18 000	18 000	42 000	10%	2 520	1 680	840	840
4 月	80 000	24 000	24 000	56 000	10%	2 520	3 080	1 680	1 400
5 月	100 000	30 000	30 000	70 000	10%	2 520	4 480	3 080	1 400
6 月	120 000	36 000	36 000	84 000	10%	2 520	5 880	4 480	1 400
7 月	140 000	42 000	42 000	98 000	10%	2 520	7 280	5 880	1 400
8 月	160 000	48 000	48 000	112 000	10%	2 520	8 680	7 280	1 400
9 月	180 000	54 000	50 000	130 000	10%	2 520	10 480	8 680	1 800
10 月	200 000	60 000	50 000	150 000	20%	16 920	13 080	10 480	2 600
11 月	220 000	66 000	50 000	170 000	20%	16 920	17 080	13 080	4 000
12 月	240 000	72 000	50 000	190 000	20%	16 920	21 080	17 080	4 000

课程前沿 · 公平效率视角谈个人所得税法改革历程

阅读与思考

6.9 公平效率视角谈个人所得税法改革历程

一、梳理个人所得税改革历程

思考：搜集资料，梳理个人所得税改革历程，体会个人所得税的公平效率。

个人所得税改革历程

二、把握个税改革未来方向

思考：查找资料，从个税未来改革趋势中，领会国家秉承人民中心理念、实现共同富裕所做出的努力。

认知情境七
其他小税种纳税申报与筹划

情境学习目标

○ 了解房产税、印花税等小税种开征背景、意义。熟悉房产税、印花税等小税种的概念、征税范围、税率及计税方法等基础知识。

○ 具备综合运用房产税、印花税等小税种的法律规范完成房产税、印花税等小税种的纳税申报的能力，具备综合运用房产税、印花税等小税种知识进行税务筹划的能力。

○ 理解房产税、印花税等小税种开征的意义，体会国家强化经济合同的监督管理，提高企业合同的履约率的税收导向，具备诚信纳税意识，提高自身法制观念，践行契约精神。

情境工作任务

根据企业的实际情况，完成以下工作任务：

○ 确定房产税、印花税等小税种的征税范围、税目、税率，进行应纳税额的计算，做好知识储备。

○ 根据公司特点，填制房产税、印花税等小税种申报表，规范纳税申报流程，锻炼实操能力。

○ 明确税务会计岗位职能，具备税务会计工作的认知态度和团队理念。捕捉税收立法前沿，具备及时更新知识、自主学习、独立思考的能力。

情境结构图

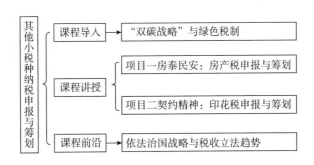

课程导入 "双碳战略" 与绿色税制

阅读与思考

7.1 "双碳战略" 与绿色税制

一、人民中心理念与 "双碳战略"

思考：搜集资料，梳理 "双碳战略" 提出的背景，体会 "双碳战略" 的内涵，感悟人民中心理念。

双碳战略

二、"双碳战略" 与绿色税制

思考：通过梳理绿色税收制度，感受国家通过税收政策导向、产业结构调整、税收优惠政策等措施引导企业节能减排，参与环境保护的决心。

项目一　房泰民安：房产税申报与筹划

项目认知目标

○ 能够分析和评价房产税开征的深层次原因和开征原则。
○ 准确识别房产税的征税范围，识别从价计征和从租计征对应的税率。
○ 准确阐释房产税的计税方法，准确描述房产税应纳税额的计算公式。
○ 准确评价房地产税试点办法中对部分个人住房征收房产税试点的改革趋势，对主要变化和试点成效有一定的关注和把握。

项目技能目标

○ 通过房产税基本认知模块学习，深化对房产税开征动因、意义的理解。
○ 通过房产税基本认知模块的学习，强化房产税征税范围、税率、计税方法的应用能力。

项目价值目标

○ 理解房产税开征意义。体会国家为拓展税源、增加财政收入，强化房产市场管理，提高公共资源配置效率所做的努力。领会国家"集中力量办大事"的税收精神，通过税收政策引导，逐步削弱和缓解贫富悬殊，实现共同富裕的决心。
○ 通过房产税构成要素的学习，能正确认识房产税法，树立诚信纳税的职业观念。
○ 关注房产税法的试点成效及变革情况，对未来几年房产税立法趋势有准确的把握，具备及时更新知识、自主学习、独立思考的能力。

 **导入案例**

房地产税试点政策解读

《上海市开展对部分个人住房征收房产税试点的暂行办法》第六条规定：本市居民家庭在本市新购且属于该居民家庭第二套及以上住房的，合并计算家庭全部住房面积（指住房建筑面积）人均不超过60平方米（即免税住房面积，含60平方米）的，其新购住房暂免征收房产税；人均超过60平方米的，对属新购住房超出部分的面积，按本暂行办法规定计算征收房产税。合并计算的家庭全部住房面积为居民家庭新购住房面积和其他住房面积的总和。

比如，一个三口之家的本市居民家庭（夫妻双方加上未成年子女），原已拥有一套50平方米的住房，现又新购一套110平方米的住房，将这两套住房面积合并计算后，该居民家庭全部住房面积为160平方米，人均住房面积为53.33平方米，全部住房面积未超出人均60平方米的免税住房面积标准，因此，该家庭此次新购的这一套110平方米的住房可暂免征收房产税。

如果这个居民家庭原来已拥有一套150平方米的住房，现又新购一套110平方米的住房，将这两套住房面积合并计算后，该居民家庭全部住房面积为260平方米，人均住房面积为86.67平方米，全部住房面积已超过人均60平方米的免税住房面积标准，因此，该居民家庭新购住房中超出上述标准的部分面积（260平方米−180平方米，即80平方米）须按规定缴纳房产税。

如果这个居民家庭原来已拥有一套250平方米的住房，现又新购一套110平方米的住房，由于该居民家庭原有人均住房面积达83.33平方米，已超过人均60平方米的免税住房面积标准，因此，该家庭此次新购的这一套住房的全部面积（即110平方米），须按规定缴纳房产税。

要求：根据上述背景，请同学们搜集相关资料，讨论房产税未来改革趋势。

任务一　国实民富：房产税基本认知

一、房产税开征状况

 7.2　房产税基本认知

房产税最早是17世纪初由英国人发明的。为缓解圈地运动带来的贫富差距，伊丽莎白女王签署的贫困救济法案中，要求按家中炉灶数目收取"炉造税"，然后将收上来的钱用于为平民提供救济。

第二次世界大战后，日本借鉴美国建立了中央政府定基准、地方政府为主导的房产税征收制度，用于政府对环境教育、基础设施等社会公共服务的投入。

当城市化进程和房地产开发达到一定程度，政府则需要有一个常态化的、可持续的方式，创造财政收入。此时，房产税对于地方政府而言，是一种拓展税源、保障财政收入的稳定税种。土地财政直接助推房地产经济，政府征收房产税，才有更多的钱去修路、修桥、建学校、建医院、建地铁、建高铁，完善城市的基础设施，更好地提供居民福利、营商环境基础设施，建设和改善居住环境，吸引更多外来投资，进而刺激当地经济整体发展正向循环。

我国现行房产税法的基本规范，是 1986 年 9 月 15 日国务院颁布的《中华人民共和国房产税暂行条例》。2011 年 1 月 8 日国务院令第 588 号进行修改。征收房产税是国家通过税收手段调节社会经济行为和促进公共资源配置效率的重要手段，有利于我国地方政府筹集财政收入，也有利于加强房产管理，促进公共资源配置效率和实现共同富裕。

二、纳税义务人和征收范围

房产税是以房屋为征税对象，按照房屋的计税余值或租金收入，向产权所有人征收的一种财产税。房产税以在征税范围内的房屋产权所有人为纳税人。

房产税以房产为征税对象。所谓房产，是指有屋面和围护结构（有墙或两边有柱），能够遮风避雨，可供人们在其中生产、学习、工作、娱乐、居住或储藏物资的场所。房地产开发企业建造的商品房，在出售前，不征收房产税；但对出售前房地产开发企业已使用或出租、出借的商品房应按规定征收房产税。

房产税的征税范围为城市、县城、建制镇和工矿区。房产税的征税范围不包括农村，主要是因为农村的房屋，除农副业生产用房外，大部分是农民居住用房。对农村房屋不纳入房产税征税范围，有利于减轻农民负担，繁荣农村经济，促进农业发展和社会稳定。

三、计税依据、税率和应纳税额计算

（一）计税依据

房产税的计税依据是房产的计税余值或房产的租金收入。按照房产计税余值征税的，称为从价计征；按照房产租金收入计征的，称为从租计征。

（二）税率

我国现行房产税采用的是比例税率。

（1）从价计征。按房产原值一次减除 10%～30% 后的余值计征，税率为 1.2%。

（2）从租计征。按房产出租的租金收入计征，税率为 12%。

（3）低税率。对个人出租住房（自 2008 年 3 月 1 日起），不区分用途，均按 4% 的税率征收房产税。对企事业单位、社会团体以及其他组织向个人、专业化规模化住房租赁企业出租住房的，减按 4% 的税率征收房产税。

（三）应纳税额计算

1. 从价计征应纳税额计算

从价计征是按房产的原值减除一定比例后的余值计征，其计算公式为：

$$应纳税额 = 应税房产原值 \times (1 - 扣除比例) \times 1.2\%$$

2. 从租计征应纳税额计算

从租计征是按房产的租金收入计征，其计算公式为：

$$应纳税额 = 租金收入 × 12\%（或4\%）$$

【案例 7-1】 资料：飞天航空有限责任公司从甲公司处租赁一套商业房，支付甲公司房租 10 万元，后又转租给乙公司，收取房租 12 万元，飞天航空有限责任公司应纳房产税多少？

案例分析：飞天航空有限责任公司转租环节不征房产税。房产税由产权所有人缴纳。承租者承租房产后再转租的，由于转租者不是产权所有人，因此对转租者取得的房产转租收入不征收房产税。

$$甲公司应缴纳房产税 = 10 × 12\% = 1.2（万元）$$

【案例 7-2】 资料：飞天航空有限责任公司房产原值共 1 800 万元，2022 年 4 月 1 日将原值为 1 000 万元的临街房出租给某连锁商店，月租金 6 万元。5 月 1 日将另外的原值 100 万元的房屋出租给个人用于经营，月租金 0.6 万元。当地政府规定允许按房产原值减除 20% 后的余值计税。计算飞天航空有限责任公司应缴纳的房产税。

案例分析：对于同一个房产在既有自用的也有出租的情况下，自用部分按房产原值×（自用建筑面积/总建筑面积）来作为计税房产原值。出租部分，按租金收入 12% 计算缴纳房产税。

（1）从价计征房产税

$$= （1 800-1 000-100）×（1-20\%）×1.2\% + 1 000×（1-20\%）×3÷12×1.2\% + 100×（1-20\%）×4÷12×1.2\% = 9.44（万元）。$$

（2）从租计征房产税 $= 6×9×12\% + 0.6×8×12\% = 7.06（万元）。$

（3）该企业 2020 年应缴纳房产税 $= 9.44 + 7.06 = 16.50（万元）。$

【案例 7-3】 资料：飞天航空有限责任公司出租自有门面房，房产原值 1 200 万元，每年租金 30 万元，约定三个月免租期，这三个月免租期如何缴纳房产税？

案例分析：对出租房产，租赁双方签订的租赁合同约定有免收租金期限的，免收租金期间由产权所有人按照房产原值缴纳房产税，因此，企业在免租期内应当正常按照从价方式计算缴纳房产税。

故这三个月免租期由飞天航空有限责任公司缴纳房产税。

一个季度的房产税 $= 1 200×70\%×1.2\%/4 = 10.08/4 = 2.52（万元）。$

【案例 7-4】 资料：飞天航空有限责任公司租赁了老板个人自有门面房，房产原值 1 200 万元，每年 0 租金，飞天航空有限责任公司如何缴纳房产税？

案例分析：无租金使用其他单位房产的应税单位和个人，依照房产余值代缴纳房产税。

故每个季度飞天航空有限责任公司代为缴纳的房产税 $= 1 200×70\%×1.2\%/4 = 10.08/4 = 2.52（万元）。$

【案例 7-5】 资料：飞天航空有限责任公司有一宗地，占地面积 2 000 平方米，支付土地价款及相关税费合计 2 000 万元，每平方米平均地价 1 万元。请根据下列两种情况分别计算应计入房产原值的土地价值。

（1）地上房屋总建筑面积为 800 平方米。

（2）地上房屋总建筑面积为 1 200 平方米。

案例分析：对按照房产原值计税房产，房产原值均应包含地价，包括为取得土地使用权支付的价款、开发土地发生的成本费用等。计入房产原值计征房产税的地价，与该宗地的容积率密切相关。①如果企业宗地容积率大于或等于0.5，地价全额计入房产原值计征房产税。②如果宗地容积率小于0.5，可允许将部分土地的地价计入房产原值，即按房产建筑面积的2倍计算土地面积，并据此确定计入房产原值的地价。

　　案例计算过程：

　　（1）情况1：地上房屋总建筑面积为800平方米。

　　该宗地容积率=800/2 000=0.4，小于0.5。因此，应计入房产原值的地价=800×2×1=1 600（万元）。

　　（2）情况2：地上房屋总建筑面积为1 200平方米。

　　该宗地容积率=1 200÷2 000=0.6，大于0.5。因此，应计入房产原值的地价=1 200×1=1 200（万元）。

任务思考与自测

　　1. 整理笔记，并通过查找和阅读其他资料，绘制本节课思维导图，厘清知识脉络。

　　2. 资料：某企业经营用房产原值为5 000万元，按照当地规定允许减除30%后按余值计税，适用税率为1.2%。请计算其应纳房产税税额。

　　3. 资料：某公司出租房屋10间，年租金收入为300 000元，适用税率为12%，请计算其应纳房产税税额。

任务二　学用相长：房产税申报实务

一、征收管理

（一）纳税义务发生时间

　　（1）纳税人将原有房产用于生产经营，从生产经营之月起，缴纳房产税。

　　（2）纳税人自行新建房屋用于生产经营，从建成之次月起，缴纳房产税。

　　（3）纳税人委托施工企业建设的房屋，从办理验收手续之次月起，缴纳房产税。

　　（4）纳税人购置新建商品房，自房屋交付使用之次月起，缴纳房产税。

　　（5）纳税人购置存量房，自办理房屋权属转移、变更登记手续，房地产权属登记机关签发房屋权属证书之次月起，缴纳房产税。

　　（6）纳税人出租、出借房产，自交付出租、出借房产之次月起，缴纳房产税。

　　（7）房地产开发企业自用、出租、出借本企业建造的商品房，自房屋使用或交付之次月起，缴纳房产税。

　　（8）纳税人因房产的实物或权利状态发生变化而依法终止房产税纳税义务的，其应纳税款的计算应截至房产的实物或权利状态发生变化的当月末。

（二）纳税期限

房产税实行按年计算、分期缴纳的征收方法，具体纳税期限由省、自治区、直辖市人民政府确定。

（三）纳税地点

房产税在房产所在地缴纳。房产不在同一地方的纳税人，应按房产的坐落地点分别向房产所在地的税务机关申报纳税。

二、申报流程

 7.3 房产税申报实操

一般来说，房产税和城镇土地使用税一起申报。

（一）税源信息采集

首次申报房产税、城镇土地使用税（以下简称"房地两税"）的纳税人应先填报税源信息采集表，用于采集纳税人基本信息、房屋、土地等相关涉税信息。若纳税人的房地两税涉税信息发生变化，应及时对税源信息进行修改。一般来说，先进行城镇土地使用税税源采集，再进行房产税的税源采集。

注意：若与房地两税相关的税源信息未发生变化的，无须重复填报（即"一次填报，长期有效"）。

1. 城镇土地使用税税源采集

登录电子税务局，依次选择"我要办税"→"综合信息报告"→"房产税城镇土地使用税税源信息报告"→"新增土地"选项，逐项录入基本信息（＊为必录项），单击"保存"按钮。保存成功后提示"信息保存成功，是否维护应税明细"，单击"确定"按钮跳转后采集应税明细，选择正确的土地等级，单击"保存"按钮。如有减免，请在"减免税信息"栏中单击"+"增行后选择相应减免。

2. 房产税税源采集

登录电子税务局，依次选择"新增房产"→"房屋所在土地编号"→"获取"选项，选择房屋坐落的宗地编号，单击"确定"按钮后，逐项录入基本信息（＊为必录项），单击"保存"按钮。保存成功后提示"信息保存成功，是否维护应税明细"，单击"确定"按钮跳转后采集应税明细，录入房产原值、纳税义务有效期，单击"保存"按钮。如有出租房产，需要在维护从价税源明细时候采集"出租房产原值"和"出租面积"，单击"保存"按钮，返回到基本信息界面选择需要维护的应税记录后，单击"维护从租明细"按钮进入从租税源信息维护界面，逐条如实采集出租信息，单击"保存"按钮。如有减免在"减免税信息"栏中单击"+"增行后选择相应减免。

（二）申报

（1）登录电子税务局，依次选择"我要办税"→"税费申报及缴纳"→"财产和行为税合并纳税申报"选项。或者在"房产税城镇土地使用税税源信息报告"中直接单击"申报"按钮进行跳转。或者在搜索栏中搜索"财产和行为税合并纳税申报"。

（2）选择正确的所属年度和税款属期（房土两税是按半年申报的税种，所以税款属期应该是半年），系统会根据企业性质自动预填"本期是否适用小微企业'六税两费'减征政策"。（请根据企业状况进行核实，如果预填结果与实际情况不符，请手动选择进行更改）勾选需要申报的房产税和城镇土地使用税，单击"下一步"按钮。

（3）核对金额无误后，依次单击"申报"→"确定"按钮。申报成功后跳转划款界面，选择后进行税款缴纳。

任务思考与自测

1. 整理笔记，并通过查找和阅读其他资料，绘制本节课思维导图，厘清知识脉络。

2. 阅读微信公众号"会计网"微信推文《税局：房产税、土地使用税税源信息采集和申报纳税详细操作步骤！》，进一步学习房产税申报实操。（https://mp.weixin.qq.com/s/u9rR3CnXrYDE0Jn5XcoU9g）

任务三　实践为要：房产税税务筹划

一、从价计征降低房产原值

7.4　房产税税务筹划

房产税征收范围中的房产是指有屋面和围护结构，能够遮风避雨，可供人们在其中生产、学习、工作、娱乐、居住或储藏物资的场所，但独立于房屋之外的建筑物，如围墙、暖房、水塔、烟囱、室外游泳池等，则不属于房产。如果将不符合上述有屋面和围护结构的建筑物在会计账簿中单独核算，则这部分建筑物的造价不计入房产原值，不缴纳房产税。

【案例7-6】 资料：飞天航空有限责任公司有一厂房，工程造价500万元，其中厂房建筑成本400万元，厂区围墙、护栏、烟囱等建筑成本100万元。假设当地政府规定的扣除比例为30%。

要求：根据上述资料，出具房产税筹划方案。

案例分析：

方案一：将所有的建筑物都作为房产计入房产原值，此时应纳房产税＝500×（1-30%）×1.2%＝4.2（万元）。

方案二：将厂区围墙、护栏、烟囱等建筑成本100万元在会计账簿中单独核算，此时应纳房产税＝（500-100）×（1-30%）×1.2%＝3.36（万元）。

筹划结果：应选择方案二，将厂区围墙、护栏、烟囱等建筑成本 100 万元在会计账簿中单独核算，此时总体节省税费 0.84 万元。

二、从租计征降低租金收入

企业租赁房产要按租金收入的 12% 缴纳房产税。但大多数企业出租的不仅只是房屋设施，还有房屋内部或外部的一些附属设施，比如机器设备、办公家具、附属用品等。现行税法对附属设施并不征收房产税。如果把附属设施与房屋不加区别地同时写在一张租赁合同里，附属设施也要缴纳房产税，这样企业在无形中就增加了税负负担。

【案例 7-7】资料：飞天航空有限责任公司将其拥有的一层写字楼对外出租，写字楼和写字楼内的办公家具、家电等附属用品附属设施整体年租金 300 万元。

要求：根据上述资料，出具房产税筹划方案。

案例分析：

方案一：双方签订房屋和附属设施的整体租赁合同，则飞天航空有限责任公司应缴房产税 = 300×12% = 36（万元），缴纳增值税 = 300×9% = 27（万元）。

不考虑附加税费情况下，飞天航空有限责任公司税费支出共 63 万元。

方案二：房屋租赁和附属设施租赁分开签订两份合同，则

一份为房屋租赁合同 200 万元，一份为附属设施租赁合同金额 100 万元。整体年租金仍为 300 万元，则飞天航空有限责任公司应缴纳房产税 = 200×12% = 24（万元），应缴纳增值税 = 200×9%+100×13% = 31（万元）。

不考虑附加税费情况下共计支出 55 万元。

筹划结果：应选择方案二，将房屋与附属设施进行分拆，由于附属设施不用缴税，则总税负节省 8 万元。

三、避免两种方式同时计税，规避无效支出

租赁双方签订的租赁合同约定有免收租金期限的，在免收租金期间，产权所有人按照房产原值缴纳房产税。

【案例 7-8】资料：飞天航空有限责任公司将其一商铺出租给某培训机构，双方约定月租金 20 万元，但由于该培训机构需要重新装修，前 3 个月无法正常营业，现该培训机构要求 3 个月免租期。

要求：根据上述资料，出具房产税筹划方案。

案例分析：

方案一：选择前三个月免租金方式。

双方约定租赁期自 2022 年 1 月 1 日至 2022 年 12 月 31 日，月租金 20 万元，前 3 个月免租金，租金共计 20×9 = 180（万元）。

（1）前三个月房产税计算。

2022 年 1—3 月为免租期，此时需要按房产原值计征房产税，假设房产原值 500 万元，当地政府规定的扣除比例为 30%。2022 年 1—3 月按照房产原值计税 = 500×（1-30%）× 1.2%×3/12 = 1.05（万元）。

（2）后9个月房产税计算。

4—12月按租金收入计税＝180×12%＝21.6（万元）。

（3）房产税共计1.05+21.6＝22.65（万元）。

方案二：选择全年租金平摊方式。

租赁期自2022年1月1日至2022年12月31日，月租金15万元，全年租金也是180万元，此时房产税全部采用从租计征，180×12%＝21.6（万元）。

筹划结果：应选择方案二，采用全年租金平摊方式，节省支出1.05万元。

四、改变业务，选择最优计征方式

【案例7-9】资料：飞天航空有限责任公司有一闲置库房，房产原值1 000万元，当地房产原值的扣除比例为30%。

要求：根据上述资料，出具房产税筹划方案。

案例分析：

方案一：将该库房出租收取租赁费，年租金100万元。

$$应纳房产税＝100×12\%＝12（万元）$$
$$应纳增值税＝100×9\%＝9（万元）$$

不考虑其他税费，共计税费支出21万元。

方案二：配备保管人员将库房改为仓库，为客户提供仓储服务，收取仓储费，年仓储收入为100万元。

$$应纳房产税＝1 000×（1-30\%）×1.2\%＝8.4（万元）$$
$$应纳增值税＝100×6\%＝6（万元）$$

不考虑其他税费，共计税费支出14.4万元。

筹划结果：应选择方案二，节省税费支出6.6万元。

五、利用免税政策及税收优惠

（1）利用房屋大修期间免征房产税的税收优惠。根据规定，房屋大修停用在半年以上的，经纳税人申请，税务机关审核，在大修期间可免征房产税。因此企业如存在上述情况要充分利用该政策。

（2）利用免税区域筹划。房产税是以城镇中的房产为课税对象，可以考虑将一些不影响企业正常生产经营的建筑物建在城郊附近的农村。如公司仓库，若建在城镇每年都要按规定缴纳房产税；如果建在农村就可以节省这笔费用，当然企业要考虑运输等成本的增加。

（3）利用大修理支出分拆成收益性支出，降低房产计税基础进行筹划。根据规定，对于修理支出达到取得固定资产时计税基础50%以上，或修理后固定资产的使用年限延长2年以上的，应增加固定资产的计税基础。因此，公司进行房产修理时，将房产的资本性大修理支出分解成多次收益性小修理支出，使每次修理费低于限额，这样每次修理费可以直接从损益中扣除，不须增加房产的计税基础，从而相应减少房产税税负。

任务思考与自测

1. 整理笔记，并通过查找和阅读其他资料，绘制本节课思维导图，厘清知识脉络。

2. 阅读微信公众号"法盛金融投资"微信推文《税筹 | 房地产税收筹划全流程（含最全案例分析）》，进一步优化房产税税务筹划方案。（https://mp.weixin.qq.com/s/khJDQ_NFWUoA3DN2n5F7TQ）

3. 资料：飞天航空有限责任公司位于某市市区，企业除厂房、办公用房外，还包括厂区围墙、烟囱、水塔、变电塔、游泳池、停车场等建筑物，总计工程造价100 000万元，除厂房、办公用房外的建筑设施工程造价20 000万元。假设当地政府规定的扣除比例为30%。

要求：请为飞天航空有限责任公司出具房产税税务筹划方案。

4. 飞天航空有限责任公司欲投资建新厂，房产原值为10 000万元。现有两种方案可供选择：一是建在市区，当地政府规定的扣除比例为30%；二是建在农村。假设该厂不论建在哪里都不影响企业生产经营。

要求：请为飞天航空有限责任公司出具房产税税务筹划方案。

5. 飞天航空有限责任公司拥有一幢写字楼，配套设施齐全，对外出租。全年租金共3 000万元，其中含代收的物业管理费300万元，水电费500万元。

要求：请为飞天航空有限责任公司出具房产税税务筹划方案。

项目二 契约精神：印花税申报与筹划

○ 能够分析和评价印花税开征的深层次原因和开征原则。

○ 准确识别印花税的征税范围及对应的税率。

○ 准确阐释印花税的计税方法，准确描述印花税应纳税额的计算公式。

○ 准确评价印花税法的改革现状，对主要变化有一定的关注和把握。

📍 **项目技能目标**

○ 通过印花税基本认知模块学习，深化对印花税开征动因、意义的理解。

○ 通过印花税基本认知模块的学习，强化印花税征税范围、税率、计税方法的应用能力。

◎ **项目价值目标**

○ 理解印花税开征意义。体会国家为拓展税源、增加财政收入，强化经济合同监督管理，提高企业合同的履约率所做的努力。领会国家"集中力量办大事"的税收精神，通过税收政策引导，逐步实现共同富裕的决心。

○ 通过印花税构成要素的学习，能正确认识印花税法，养成自身的契约精神和纳税意识，提高自身法制观念。

○ 关注印花税法变革情况，对未来几年印花税立法趋势有准确的把握，具备及时更新知识、自主学习、独立思考的能力。

 **导入案例**

新《中华人民共和国印花税法》主要变化

2021年6月10日，全国人大常委会正式通过了《中华人民共和国印花税法》（以下简称《印花税法》），并于2022年7月1日正式实施。《印花税法》的颁布完成了印花税征管法制化，在进一步减轻企业税负的同时，使得印花税的征收管理更加科学规范。印花税立法是我国加快推进落实税收法定原则的重要举措，也是我国的税收相关法律体系不断完善、国家治理体系和治理能力现代化建设稳步推进的重要证明。

《印花税法》的颁布是印花税征收法制化的开端，其对印花税的征收对象、征收依据、征管要求、税目、税率等方面进行了原则性的规定。《印花税法》部分合同税率降低，减轻了纳税人的纳税负担，比如为鼓励企业大力发展科技创新，《印花税法》适当降低了商标专用权、著作权、专利权、专有技术使用权转让书据的适用税率。

《印花税法》对税目结构进行调整，为准确适用不同税目的税率，要求企业在签订合同时，对提供不同服务内容的描述以及金额列示有了更高的要求。

要求：根据上述背景，请同学们搜集相关资料，梳理新《印花税法》的变化。

任务一 一诺千金：印花税基本认知

一、印花税开征状况

 7.5 印花税基本认知

印花税源于1624年的荷兰。目前世界上大多数国家普遍征收印花税。中华人民共和国成立后，1950年公布《印花税暂行条例》，在全国范围内开征印花税。1952年曾征收3.29亿元，1953年和1956年两次修订条例，缩小征收范围，减少税目，1958年将印花税并入了工商统一税。1988年8月6日，国务院发布《中华人民共和国印花税暂行条例》。2021年6月10日，第十三届全国人民代表大会常务委员会第二十九次会议通过《中华人民共和国印花税法》，新《印花税法》自2022年7月1日起施行。

印花税是对在经济活动和经济交往中书立、领受具有法律效力的凭证的行为征收的一种税。其因采用在应税凭证上粘贴印花税票作为完税的标志而得名。开征印花税，有利于增加财政收入，有利于配合和加强经济合同的监督管理，促进企业提高合同的兑现率，有利于培养纳税人的契约精神和纳税意识，提高纳税人的法制观念，也有利于配合对其他应纳税种的监督管理。

二、纳税义务人和征收范围

（一）纳税义务人

在中华人民共和国境内书立应税凭证、进行证券交易的单位和个人，为印花税的纳税人，应当依照《印花税法》规定缴纳印花税。在中华人民共和国境外书立在境内使用的应税凭证的单位和个人，应当依照《印花税法》规定缴纳印花税。

书立应税凭证的纳税人，为对应税凭证有直接权利义务关系的单位和个人。所以，印花税一般是双向征收的。具体表现为：

（1）采用委托贷款方式书立的借款合同纳税人，为受托人和借款人，不包括委托人。

（2）按买卖合同或者产权转移书据税目缴纳印花税的拍卖成交确认书纳税人，为拍卖标的的产权人和买受人，不包括拍卖人。

（3）证券交易印花税对证券交易的出让方征收，不对受让方征收，此时印花税是单向征收。

（二）征税范围

印花税的征收范围主要包括书立应税凭证和进行证券交易。应税凭证，是指《印花税法》所附《印花税税目税率表》列明的合同、产权转移书据和营业账簿。证券交易，是指转让在依法设立的证券交易所、国务院批准的其他全国性证券交易场所交易的股票和以股票为基础的存托凭证。

下列情形的凭证，不属于印花税征收范围。

（1）人民法院的生效法律文书、仲裁机构的仲裁文书、监察机关的监察文书。

（2）县级以上人民政府及其所属部门按照行政管理权限征收、收回或者补偿安置房地产书立的合同、协议或者行政类文书。

（3）总公司与分公司、分公司与分公司之间书立的作为执行计划使用的凭证。

三、税目、税率和计税依据

印花税税目、税率和计税依据见表7-1。

表7-1　印花税税目、税率、计税依据

税目		计税依据	税率	备注
书面合同	借款合同	借款金额	0.5‰	指银行业金融机构、经国务院银行业监督管理机构批准设立的其他金融机构与借款人（不包括同业拆借）的借款合同
	融资租赁合同	租金	0.5‰	
	买卖合同	价款	3‰	指动产买卖合同（不包括个人书立的动产买卖合同）
	承揽合同	报酬	3‰	
	建设工程合同	价款	3‰	
	运输合同	运输费用	3‰	指货运合同和多式联运合同（不包括管道运输合同）
	技术合同	价款、报酬或者使用费	3‰	不包括专利权、专有技术使用权转让书据
书面合同	租赁合同	租金	1‰	
	保管合同	保管费	1‰	
	仓储合同	仓储费	1‰	
	财产保险合同	保险费	1‰	不包括保险合同

续表

税目		计税依据	税率	备注
产权转移书据	土地使用权出让书据	价款	5 ‰	转让包括买卖（出售）、继承赠与、互换、分割
	土地使用权、房屋等建筑物和构筑物所有权转让书据（不包括土地承包经营权和土地经营权转让）	价款	5 ‰	
	股权转让书据（不包括应缴纳证券交易印花税）	价款	5‰	
	商标专用权、著作权、专利权、专有技术使用权转让书据	价款	3 ‰	
营业账簿	实收资本（股本）、资本公积合计金额	—	2.5 ‰	
证券交易	成交金额	—	1‰	

四、应纳税额计算

应纳税额＝计税依据 × 适用税率

【案例7-10】 资料：飞天航空有限责任公司2021年12月开业，当年发生以下有关业务事项：与其他企业订立转移专有技术使用权书据1份，所载不含增值税金额100万元；订立产品购销合同1份，所载不含增值税金额200万元；与银行订立借款合同1份，所载不含增值税金额400万元。

要求：计算飞天航空有限责任公司上述业务应缴纳的印花税税额。

案例分析：

（1）订立产权转移书据应纳税额：

应纳税额＝1 000 000×3‰＝300（元）

（2）订立购销合同应纳税额：

应纳税额＝2 000 000×3‰＝600（元）

（3）订立借款合同应纳税额：

应纳税额＝4 000 000×0.5‰＝200（元）

（4）全年应纳印花税税额：

应纳印花税税额＝300+600+200＝1 100（元）

知识小百科：同一应税凭证载有两个以上税目事项并分别列明金额的，按照各自适用的税目税率分别计算应纳税额；未分别列明金额的，从高适用税率；同一应税凭证由两方以上当事人书立的，按照各自涉及的金额分别计算应纳税额；已缴纳印花税的营业账簿，以后年度记载的实收资本（股本）、资本公积合计金额比已缴纳印花税的实收资本（股本）、资本公积合计金额增加的，按照增加部分计算应纳税额。

任务思考与自测

1. 整理笔记，并通过查找和阅读其他资料，绘制本节课思维导图，厘清知识脉络。

2. 阅读微信公众号"正保会计网校税务师"微信推文《2023年印花税最新优惠政策，一文说清!》，进一步学习印花税法的变化趋势。（https://mp.weixin.qq.com/s/LhTl15Cb1PfWYD5z0bdT5g）

3. 资料：2022年8月10日，甲、乙、丙三方签订建筑合同，甲企业为业主，乙企业为建筑业企业，丙企业为设计企业。该合同总额3亿元（不含增值税），其中乙企业负责施工业务，工程款2.5亿元，丙企业负责设计业务，设计费用0.5亿元。

要求：请为甲、乙、丙三家公司计算应纳印花税税额。

4. 资料：飞天航空有限责任公司2022年将增加注册资本2 000万元，全部缴纳到位。原来注册资本金为3 000万元，资本公积1 500万元。

要求：根据最新印花税法，计算飞天航空有限责任公司增资部分应纳印花税税额。

任务二　智慧申报：印花税申报实务

一、印花税申报流程

> 7.6　印花税申报流程

2011年7月，包含印花税、城镇土地使用税、房产税、车船税、耕地占用税、资源税、土地增值税、契税、环境保护税、烟叶税在内的财产和行为税合并申报。纳税人在申报多个财产和行为税税种时，可在一张纳税申报表上同时申报，实现"简并申报表，一表报多税"。合并申报不仅简化报送资料、减少申报次数，同时还缩短办税时间。

以印花税为例，其申报流程主要包括以下7个步骤。

（1）登录电子税务局，依次选择"我要办税"→"税费申报及缴纳"→"综合申报"→"财产和行为税合并申报"选项。

（2）选择印花税"税源采集"选项。

（3）进入印花税税源明细表，单击"新增采集信息"按钮。

（4）新版印花税采集：选择税款所属期，单击"增加"按钮，进行税源明细数据采集。

（5）进入税源明细录入页面进行填写，打"*"的为必填项，纳税期限可选择"按期"或"按次"。填写后请单击"确定"按钮并保存。

（6）填写完毕后，勾选采集的印花税数据，单击"下一步"按钮。

（7）选择"六税两费"减征政策相关情况后，单击"申报"按钮。

二、印花税税源采集案例

（一）数量较多且属同一税目，可以合并填写印花税税源明细表

纳税人应当根据书立印花税应税合同、产权转移书据和营业账簿情况，填写印花税税

源明细表，进行财产行为税综合申报。合同数量较多且属于同一税目的，可以合并汇总填写印花税税源明细表。

【案例7-11】资料： 飞天航空有限责任公司按季申报缴纳印花税，2022年第三季度书立买卖合同5份，合同所列价款（不包括列明的增值税税款）共计100万元，书立建筑工程合同1份，合同所列价款（不包括列明的增值税税款）共计1000万元，书立产权转移书据1份，合同所列价款（不包括列明的增值税税款）共计500万元。

要求： 计算飞天航空有限责任公司2022年10月应缴纳印花税。

案例分析： 该纳税人应在书立应税合同、产权转移书据时，填写印花税税源明细表，在2022年10月纳税申报期，进行财产行为税综合申报。

（1）进行税源采集，见表7-2。

（2）应纳税额计算。

飞天航空有限责任公司2022年10月纳税申报期应缴纳印花税：

$$100×3‰+1000×3‰+500×5‰=0.58（万元）=5800（元）$$

（二）书立合同时未列明金额，需实际结算才能确定金额时如何报税

经济活动中，纳税人书立合同、产权转移书据未列明金额，需要后续实际结算时才能确定金额的情况较为常见。纳税人应于书立应税合同、产权转移书据的首个纳税申报期申报应税合同、产权转移书据书立情况，在实际结算后下一个纳税申报期，以实际结算金额计算申报缴纳印花税。

【案例7-12】资料： 飞天航空有限责任公司按季申报缴纳印花税，2022年8月25日书立钢材买卖合同1份，合同列明了买卖钢材数量，并约定在实际交付钢材时，以交付当日市场报价确定成交价据以结算；2022年10月12日按合同结算买卖钢材价款100万元，2023年3月7日按合同结算买卖钢材价款300万元。

要求： 讨论飞天航空有限责任公司应如何缴纳印花税。

案例分析： 该纳税人应在书立应税合同以及实际结算时，填写印花税税源明细表，分别在2022年10月、2023年1月、2023年4月纳税申报期，进行财产行为税综合申报。

（1）2022年10月申报期申报实务。

①进行税源采集，见表7-3。

②应纳税额计算。

飞天航空有限责任公司2022年10月纳税申报期应缴纳印花税：

$$0×3‰=0（元）$$

（2）2023年1月申报期申报实务。

①进行税源采集，见表7-4。

②应纳税额计算。

飞天航空有限责任公司2023年1月纳税申报期应缴纳印花税：

$$1000000×3‰=300（元）$$

（3）2023年4月申报期申报实务。

①进行税源采集，见表7-5。

②应纳税额计算。

飞天航空有限责任公司2023年4月纳税申报期应缴纳印花税：

$$3000000×3‰=900（元）$$

纳税人识别号（统一社会信用代码）：*******

纳税人（缴费人）名称：飞天航空有限责任公司

表7-2 印花税税源明细表

金额单位：人民币元（列至角分）

序号	应税凭证税务编号	应税凭证编号	*应税凭证名称	*申报期限类型	应税凭证数量	*税目	子目	*税款所属期起	*税款所属期止	*应税凭证立书日期	*计税金额	实际结算日期	实际结算金额	*税率	减免性质代码和项目名称	对方书立人信息		
																对方书立人名称	对方书立人纳税人识别号（统一社会信用代码）	对方书立人涉及金额
1	**	**	办公桌椅买卖合同	按期申报	1	买卖合同		2022/7/1	2022/9/30	2022/7/5	30 000			3‰				
2	**	**	打印机买卖合同	按期申报	1	买卖合同		2022/7/1	2022/9/30	2022/7/15	20 000			3‰				
3	**	**	乘用车买卖合同	按期申报	1	买卖合同		2022/7/1	2022/9/30	2022/8/5	500 000			3‰				
4	**	**	电脑买卖合同	按期申报	1	买卖合同		2022/7/1	2022/9/30	2022/8/15	50 000			3‰				
5	**	**	PVC塑料颗粒买卖合同	按期申报	1	买卖合同		2022/7/1	2022/9/30	2022/9/5	400 000			3‰				
6	**	**	XX道路施工合同	按期申报	1	建设工程合同		2022/7/1	2022/9/30	2022/9/10	10 000 000			3‰				
7	**	**	股权转让协议	按次申报	1	产权转移书据		2022/9/30	2022/9/30	2022/9/30	5 000 000			5‰				

表7-3　印花税税源明细表

纳税人识别号（统一社会信用代码）：********
纳税人（缴费人）名称：飞天航空有限责任公司

金额单位：人民币元（列至角分）

序号	应税凭证税务编号	应税凭证编号	*应税凭证名称	*申报期限类型	应税凭证数量	*税目	子目	*税款所属期起	*税款所属期止	*应税凭证立书日期	*计税金额	实际结算日期	实际结算金额	*税率	减免性质代码和项目名称	对方书立人名称	对方书立人纳税人识别号（统一社会信用代码）	对方书立人涉及金额
1	**		钢材买卖合同	按期申报	1	买卖合同		2022/7/1	2022/9/30	2022/8/25	0			3‰				
2																		
3																		

表7-4　印花税税源明细表

纳税人识别号（统一社会信用代码）：*********

纳税人（缴费人）名称：飞天航空有限责任公司

金额单位：人民币元（列至角分）

序号	应税凭证税务编号	应税凭证编号	*应税凭证名称	*申报期限类型	应税凭证数量	*税目子目	*税款所属期起	*税款所属期止	*应税凭证立书日期	*计税金额	实际结算日期	实际结算金额	*税率	减免性质代码和项目名称	对方书立人信息		
															对方书立人名称	对方书立人纳税人识别号（统一社会信用代码）	对方书立人涉及金额
1	*		钢材买卖合同	按期申报	1	买卖合同	2022/10/1	2022/12/31	2022/10/12	1 000 000	2022/10/12	1 000 000	3‰				
2																	
3																	

表7-5　印花税税源明细表

纳税人识别号（统一社会信用代码）：********

纳税人（缴费人）名称：飞天航空有限责任公司

金额单位：人民币元（列至角分）

序号	应税凭证税务编号	应税凭证编号	*应税凭证名称	*申报期限类型	应税凭证数量	*税目子目	*税款所属期起	*税款所属期止	*应税凭证立书日期	*计税金额	实际结算日期	实际结算金额	*税率	减免性质代码和项目名称	对方书立人信息			对方书立人涉及金额
															对方书立人名称	对方书立人纳税人识别号（统一社会信用代码）	对方书立人涉及金额	
1	*	*	钢材买卖合同	按期申报	1	买卖合同	2023/1/1	2023/3/31	2023/3/7	3 000 000	2023/3/7	3 000 000	3‰					
2																		
3																		

任务思考与自测

1. 整理笔记，并通过查找和阅读其他资料，绘制本节课思维导图，厘清知识脉络。

2. 阅读微信公众号"上海税务"微信推文《印花税法实施后，电子税务局印花税申报最新操作指南》，进一步学习印花税法申报流程。（https://mp.weixin.qq.com/s/29h-xPjSVkPgzA0yP81zFw）

3. 阅读微信公众号"国家税务总局"微信推文《税务总局明确实施〈中华人民共和国印花税法〉等有关事项，2022 年 7 月 1 日起施行》，进一步学习印花税法申报案例。（https://mp.weixin.qq.com/s/YRFJ-HrLdY3UfadDHnHW5g）

4. 资料：飞天航空有限责任公司按季申报缴纳印花税，2022 年第三季度书立财产保险合同 100 万份，合同所列保险费（不包括列明的增值税税款）共计 100 000 万元。该纳税人应在书立应税合同时，填写印花税税源明细表，在 2022 年 10 月纳税申报期，进行财产行为税综合申报。

要求：填制印花税税源明细表，并计算飞天航空有限责任公司 2022 年 10 月应缴纳印花税。

任务三　诚信履约：印花税税务筹划

一、签订合同尽量用不含税金额

7.7　印花税税务筹划

以合同所载金额作为印花税的计税依据。合同中只有不含税金额，以不含税金额作为印花税的计税依据；合同中既有不含税金额又有增值税金额，且分别记载的，以不含税金额作为印花税的计税依据；未分别记载的，以合同所载金额（即含税金额）作为印花税的计税依据。如果购销合同所载金额中包含增值税金额，但未分别记载的，合同所载金额即含税金额作为计税依据。

【案例 7-13】资料：飞天航空有限责任公司与 B 公司签订了一笔电器购销合同，在合同中注明的货物含税金额总计 11 300 万元。

第一种方案：直接标明货物含税金额 11 300 万元。

第二种方案：在合同中注明货物不含税金额 10 000 万元，增值税额 1 300 万元。

要求：讨论飞天航空有限责任公司应如何筹划印花税。

通过对比两种方案应纳税额（见表 7-6），飞天航空有限责任公司应选择方案二，分别标注不含税价和增值税额，可以节税 3 900 元。

表7-6　两种方案对比

合同方案	印花税应纳税额
第一种方案：直接标明含税价	113 000 000×3‰＝33 900（元）
第二种方案：分别标注不含税价和增值税额	100 000 000×3‰＝30 000（元）
节税效果	33 900−30 000＝3 900（元）

二、根据不同项目印花税税率差异进行税务筹划

同一应税凭证载有两个以上税目事项并分别列明金额的，按照各自适用的税目税率分别计算应纳税额；未分别列明金额的，从高适用税率。所以，不同项目的印花税税率不同，在签订合同时要尽可能按每个项目签订，否则会造成多缴纳印花税情况。

【案例7-14】资料：飞天航空有限责任公司租用乙公司仓库保管一年，仓储费是500万元，另外购买乙公司的周转容器具300万元，签订一个总合同，并列明了保管合同和购买包装箱的事项，合同支付金额共计800万元。

要求：讨论飞天航空有限责任公司应如何筹划印花税。

案例分析：由于租赁合同和购销合同适用不同的印花税税率，而且购销合同的印花税税率要远小于租赁合同印花税税率，所以将一个合同分别签订为两个不同税率的合同就会省税。

具体操作：分别签订500万元的仓储租赁合同和300万元的容器具购销合同，这样就可以分别计算印花税，降低税负（见表7-7）。

表7-7　两种方案对比

合同方案	印花税应纳税额
第一种方案：签署一个合同，仓储（500万元）和购销（300万元）合计数，从高计征	8 000 000×1‰＝8 000（元）
第二种方案：拆分两个合同，仓储（500万元）和购销（300万元）分别适用各自税率	5 000 000×1‰＋3 000 000×3‰＝5 900（元）
节税效果	8 000−5 900＝2 100（元）

通过对比两种方案应纳税额，飞天航空有限责任公司应选择方案二，将总合同拆分为仓储（500万元）和购销（300万元）两个合同，分别适用各自税率，可以节税2 100元。

三、尚未确定事项先不要签合同，不确定的金额不要高估

（1）印花税依据合同征收，一旦合同签订，印花税的纳税义务就成立了。至于合同是否履行、何时履行、能否完全履行，不影响合同贴花。如果印花税纳税完成了，合同却不履行，已交的印花税不得申请退回，也不得申请抵扣。

（2）尽量不要高估合同金额。如果金额估高了，已交的印花税是退不回来的，可以暂且低估，后续跟实际合同金额的差额可以补签合同，对补签合同部分金额补交印花税。

四、技术服务合同中所载的报酬金额与研究开发经费分拆

技术服务主要是当事人一方委托另一方就解决有关知识、信息、技术问题，如为优化

产品结构、改良工艺流程、提高产品质量、推进系统研究与试验开发、实现安全操作、提高经济效益等，给出实施意见、实施指导所订立的技术合同，该类合同仅以合同中约定的报酬金额征收印花税，不对研究开发费用征税。所以，在签订本类合同时，要尽量将报酬金额与开发经费分拆。

任务思考与自测

1. 整理笔记，并通过查找和阅读其他资料，绘制本节课思维导图，厘清知识脉络。

2. 阅读微信公众号"每日税务"微信推文《小小印花税，税收筹划竟有大空间！后悔知道的太晚了》，进一步学习印花税筹划方法。

课程前沿 · **依法治国战略与税收立法趋势**

阅读与思考

7.8　依法治国战略与税收立法趋势

一、我国税收立法原则及税收立法现状

思考：搜集资料，梳理我国目前的 13 部税收法律立法的背景和变化，体会税收立法的原则。

01 中华人民共和国税收征收管理法	**08** 中华人民共和国车辆购置税法
02 中华人民共和国个人所得税法	**09** 中华人民共和国耕地占用税法
03 中华人民共和国企业所得税法	**10** 中华人民共和国资源税法
04 中华人民共和国车船税法	**11** 中华人民共和国城市维护建设税法
05 中华人民共和国环境保护税法	**12** 中华人民共和国契税法
06 中华人民共和国烟叶税法	**13** 中华人民共和国印花税法
07 中华人民共和国船舶吨税法	

我国现存 13 部税收法律

二、2022 年税收立法现状及未来立法趋势

思考：通过梳理 2022 年税收立法现状，预测我国未来立法趋势，感受我国依法治国的决心。

参 考 文 献

［1］傅文清，等. 纳税申报与筹划学 ［M］. 北京：中国人民大学出版社，2021.

［2］盖地. 税务会计与纳税筹划 ［M］. 大连：东北财经大学出版社，2022.

［3］全国税务师职业资格考试教材编写组. 涉税服务实务 ［M］. 北京：中国税务出版社，2022.

［4］中国注册会计师协会. 税法 ［M］. 北京：经济科学出版社，2022.

［5］栾庆忠. 企业税务处理与纳税申报真操实练 ［M］. 北京：中国市场出版社，2021.

［6］梁文涛. 企业纳税方案设计 ［M］. 北京：中国人民大学出版社，2022.

［7］国家税务总局 12366 纳税服务平台. https://12366.chinatax.gov.cn/.

［8］微信公众号资源：中华会计网校、东奥会计在线、大白学会计、博士财税、办税宝典、梅松讲税等.